在华英美报刊与五四运动

Anglo-American Newspapers in China
and the May Forth Movement

熊玉文 著

社会科学文献出版社
SOCIAL SCIENCES ACADEMIC PRESS (CHINA)

本书为国家社会科学基金一般项目
"在华英美报纸与'五四运动'的关系研究"（14BZS114）成果

目 录

绪 论 ··· 001

第一章　在华外报与外交 ····································· 021
　一　外国人在华办报目的 ······································ 023
　二　五四运动前在华外报的势力分布状况 ················ 026
　三　在华外报的立场 ·· 029

第二章　在华外报与华报 ····································· 038
　一　五四运动前的华报生存状态 ···························· 040
　二　华报的"洋"字旗 ·· 047
　三　华报对在华外报翻译的差别 ···························· 052

第三章　在华英美报刊与威尔逊"十四点" ············ 061
　一　威尔逊抢占道德制高点 ·································· 062
　二　在华英美报刊对"十四点"的宣传 ··················· 067
　三　在华英美报刊的反日宣传 ······························· 083

第四章　在华英美报刊与中国提案 ······ 100
    一　和会召开前在华英美报刊对中国提案的讨论 ······ 104
    二　和会召开后在华英美报刊对中国提案的支持 ······ 112

第五章　在华英美报刊与中国代表团 ······ 133
    一　在华英美报刊与联合代表团 ······ 134
    二　在华英美报刊与代表团成员人选 ······ 143
    三　后果 ······ 154

第六章　在华英美报刊与五四事件 ······ 178
    一　中日两国眼中的青岛问题 ······ 181
    二　在华英美报刊与"日使恫吓事件" ······ 190
    三　在华英美报刊与"卖国贼" ······ 210

第七章　在华英美报刊与五四运动结束 ······ 229
    一　在华英美报刊眼中的五四学生运动 ······ 230
    二　抵货运动与在华英美报刊态度的转变 ······ 239
    三　在华英美报刊与五四运动结束 ······ 247

结　语 ······ 268

参考文献 ······ 273

绪 论

在华英美报刊与五四运动的关系

中国自鸦片战争被迫开埠后,外国在华势力逐渐成为中国权势结构的组成部分。外报作为一种外力,与使馆、教会等机构一样,成为列强影响中国的一支重要力量,却又在传媒特性的作用下,比使馆和教会的影响更即时、更广泛、更便利。

对中国而言,外报有两种情况。第一种是创办和发行都在外国,读者也在外国的报刊。它们派遣记者来华,如《泰晤士报》《每日电报》《纽约时报》《纽约先驱报》在北京、上海等中国重要城市都有派驻记者,记者将新闻稿件发回母国,向母国介绍发生在中国的事情。这类外报面向的是母国受众,中国受众不在其列。显然,这种外报对中国人的认知几乎没有影响,中国人除驻外使节、留学生以及在外经商游历的少数人外,也没有人能接触和阅读到这类外报,是以这种外报不在本书研究范围之内。

第二种是创办和发行都在中国,读者以侨民和少数中国人为主,有的母国也会有少量订户。这类报刊由于创办和发行都在中国,可以称之为在华外报。在华外报若以性质来区分,可分为宗教性报刊与商业性报刊,由于宗教性报刊主要传播基督教教义和介绍西方伦理、社会、科学知识,对中国近代政治事件发生的直接影响甚微，因此也不在本书研究范围之内。在华外报若以语言来区分，可分为在华中文报刊和在华外文报刊。到五四时期，在华中文报刊除日本继续出版外，其他国家的中文报刊基本不在自己掌握之中，或停刊，或转让于中国人，而日本人掌握的中文报刊由于信誉差，几不被中国人信任，因而在华中文报刊也不在本书研究之列。在华外报若以国别来区分，可分为在华英国报刊、在华美国报刊、在华日本报刊等，在华英美报刊即为在华英国报刊与在华美国报刊的合称。结合上述情况，本书所言在华英美报刊仅指五四时期的在华英美外文商业报刊，如英国人在中国创办和发行的《北华捷报》《字林西报》，美国人在中国创办和发行的《密勒氏评论报》《大陆报》等。本书之所以选择在华英美报刊作为研究重点，是因为其对五四运动从爆发到结束所起的作用不可忽视，却又一直为人们所忽视。

众所周知，巴黎和会上中国外交失败是五四运动爆发的导火线，而点燃这根导火线的是中国报刊刊登了梁启超一封有关中国外交吃紧的电报和林长民的《外交警报敬告国民》社论。诚然，就五四运动爆发而言，中国报刊的新闻报道、内幕揭秘、热点追踪和舆论动员功不可没，但从当时中国报刊的信息来源看，如果没有在华英美报刊着鞭在先，中国报刊所能激起五四运动爆发的新闻要么成无米之炊，要么语焉不详。通过对比五四时期的中外新闻报道，我们可以发现凡是涉及中日关系的事件，往往是在华英美报刊率先进行探秘和报道，中国报刊随后跟进，形成报道前呼后应和舆论风云激荡的局面，为五四运动的爆发做了层层铺垫。至于五四运动坚持56天后结束，两大目标的实现是关键，在华英美报刊对"三罢"运动的态度对此也有一定的影响。

在华英美报刊与五四运动关系的具体问题，主要表现在以下几个方面。

（1）在华英美报刊与威尔逊"十四点"。威尔逊及其"十四点"是中国参加巴黎和会的精神支柱和心理后盾，然而"十四点"并非一传入中国就应者云集，其经历了一个由在华英美报刊策划与宣传的过程。在这一过程中，在华英美报刊最终使"十四点"作为公理被中国民众接受，培育了中国民众的亲美心理，使中国民众对山东问题的解决产生浓烈的美国情结,进而将威尔逊视为"现在世界上第一个好人"。这也导致了在山东问题上威尔逊立场刚一动摇,中国民众就心理崩溃的局面。

(2) 在华英美报刊与中国对和会要求。中国对和会的提案和提案过程,学术界始终没有彻底研究清楚。中国最初对和会的期望并不高,只是要求列席会议,但到最后提出了青岛必须直接收回,甚至民族自决的要求。在这一过程中,在华英美报刊对中国利益的借箸代筹,实为中国民众提供了有利的认知环境。在在华英美报刊的激励下,中国民众对和会的要求越来越激越,致使外交失去弹性。于是在巴黎和会对山东问题最终裁决的消息还没传回国内的情况下,梁启超一封措辞含糊的电报使中国民众跌入失望的深渊。

(3) 在华英美报刊与中国代表团。① 中日密约《山东问题换文》中的"欣然同意"与青岛问题并不相关。② 然而,由于中国代表团成员中没有知日外交家,尽管做了巨大努力,始终没能向和会解除"欣然同意"与青岛之间的关联。中国出席巴黎和会,明知和会会讨论中日之间的问题,为何代表团成员没有一位是知日外交家?再者,中国代表团级别不高,成员性质单一,这些都与在华英美报刊对段祺瑞集团的攻击存在一定的关系。

(4) 在华英美报刊与"日使恫吓事件"。巴黎和会期间,中日关系的转折点是"日使恫吓事件"。1919年1月28日中日专使在和会发生出乎日本预料的辩论后,日本驻华公使小幡酉吉2月2日赴中国外交部质问,诘责顾维钧在会议上发言"并未与日本代表接洽",告诫中国代表欲发表中日密约,"必须得两方面之同意"。③ 那时中国报刊对中日关系的新闻不是不知消息,就是不敢报道。在华英美报刊对北京政府受日本威胁而隐瞒的"日

---

① 巴黎和会中国代表团有广义与狭义之分。广义的中国代表团指由5位全权代表、17位专门委员、35位秘书和5位外籍顾问,共62人组成的外交团体;狭义的中国代表团仅指具有代表权的5位全权代表构成的委员会,其余人员可看作代表团的随员和助手。在现有研究中,中国代表团基本指狭义上的中国代表团。本书也指狭义的中国代表团。

② 关于"欣然同意"与青岛问题并不相关的观点与论证,见熊玉文《无辜与不赦:"欣然同意"与章宗祥》,《江汉论坛》2012年第12期;邓野《巴黎和会与北京政府的内外博弈——1919年中国的外交争执与政派利益》,社会科学文献出版社,2014,第139~140、243页。

③ 《收次长会晤日本小幡公使〔酉吉〕问答》(1919年2月5日到),中研院近代史研究所编《中日关系史料——巴黎和会与山东问题》,台北:中研院近代史研究所,2000,第40页。

使恫吓事件"的揭秘,引起中国民众的骚动,为五四运动的爆发做了一次预演。

(5)在华英美报刊与五四运动结束。五四运动的两大目标是"外争国权,内惩国贼"。从五四运动爆发的初衷看,"外争国权"即中国代表要在和会上从德国手里直接收回青岛;"内惩国贼"即要严惩出卖国家利权给日本的三个卖国贼,在这里严惩的含义是诛杀。然而,五四运动结束时,"外争国权"只达到拒签和约的地步,"内惩国贼"只停留在罢免了三个人公职的层面。导致这种结果的原因是多方面的,在华英美报刊对学生运动态度的前后变化是不可忽视的因素。

上述前四点是五四运动爆发的关键因素,如果没有弄清楚这四点,五四运动的爆发就会显得偶然而又突然,如果清楚了这四点,则会发现五四运动的爆发是必然的,也是自然的。弄清楚上述第五点,则可发现免职和拒约是当时各种力量唯一可以接受的妥协,从而能理解五四运动为何在这个层面上收场。

总之,通过对在华英美报刊与五四运动关系的考察,我们能够发现五四运动从酝酿、爆发到结束,每一步都有在华英美报刊引导、支持和企图控制的痕迹。而在华英美报刊对中国有限支持的背后,既有战后英、美与日对华重新争夺的现实考虑,也有正义和公理的道义考量。

五四运动的界定

研究五四运动,首先要消除这样一个困惑,或者说解决这样一个麻烦:什么是五四运动?有人将五四运动限定为从1919年5月4日学生示威游行至6月28日中国代表拒绝和会签字56天的政治运动,有人将其设定为从1915年9月《青年杂志》创办到1923年12月科玄论战结束8年多的门类齐全的运动,甚至还有人将其界定为从新文化运动到五卅运动近乎10年的包罗万象的运动。

一篇论文,一本著作,论说之前如果不把概念界定清楚,就像大厦之基没有打牢一样,立论会随着不同读者的质疑而摇晃。因此周策纵在毕一生精力于其功的名作《五四运动史》中开篇就花了数页篇幅讨论五四运动定义的演化，最终认为"'五四运动'是一个复杂现象，它包括新思潮、文学革命、学生运动、工商界的罢市罢工，抵制日货运动，以及新知识分子所提倡的各种政治和社会改革"。① 与此定义相匹配的是，周将五四运动的时间限定在1917年白话文运动兴起后至1921年政治运动兴起前。鉴于同一事件有众多的定义，周在《五四运动史》英文初版序言中感慨道："在中国近代史上，再没有任何的主要事件像'五四运动'这样惹起各种的争论。"

五四运动之所以会"惹起各种的争论"，是因为与其说它是一个历史名词，倒不如说它更像一个概念，外延在逐渐扩大，致使其定义有广义与狭义之分。最早将这场运动命名为五四运动的罗家伦，在运动爆发的当月所写的文章里仅指学生在5月4日的运动，② 即"火烧赵家楼，痛打章宗祥"事件。然而，在后人的研究中，五四运动的外延远远突破了最初限制，从周策纵所下定义看，除学生运动外，还包括新思潮、文学革命、罢市罢工、各种政治和社会改革。与周的观点相同的是，张灏认为五四运动毫无疑问是"一个多层面的运动"，包括"思想文化改造运动""新文学运动""民族主义运动"。③ 余英时认为不应把五四运动看作单一运动，而应该从"多重面相性"和"多重方向性"来考察。④

毋庸讳言，上述定义，除了罗家伦的为狭义说之外，其余的都是广义说。广义说尽管丰富了五四运动的内容，但其立论之基并不坚固，一不小心会自相矛盾，滑落到狭义说上来。如周策纵的《五四运动史》是从广义说来界定五四运动，可是他在总结五四运动的"成就与不足"时，却说对这

---

① 〔美〕周策纵：《五四运动史》，陈永明等译，岳麓书社，1999，第6页。上段对五四运动时间跨度的论述，参考氏著。周策纵的《五四运动史》英文原著最早由美国哈佛大学出版社于1960年出版，最早中译本由江苏人民出版社于1996年出版，书名为《五四运动：现代中国的思想革命》，周子平等人翻译。
② 毅：《"五四运动"的精神》，《每周评论》第23号，1919年5月26日，第1版。
③ 张灏：《重访五四：论五四思想的两歧性》，余英时等：《五四新论：既非文艺复兴，亦非启蒙运动》，台北：联经出版事业股份有限公司，1999，第33～34页。
④ 余英时：《文艺复兴乎？启蒙运动乎？——一个史学家对五四运动的反思》，余英时等：《五四新论：既非文艺复兴，亦非启蒙运动》，第26页。

样一场"事先未经计划"的事件不能用成功还是失败这种"超简单化认识"来评价,① 又回到了狭义说。可见某些持广义说者,内心深处是从狭义说出发的。

既然五四运动的本质还是狭义说,那么我们在剥掉众多"面相性"后就要追问它爆发的原因。主流观点将其归因于新文化运动上。如果真是这样,这里存在几个疑问:一是新文化运动是反封建性质的,五四运动是反帝国主义性质的,二者在性质上不同。二是新文化运动以理性的"民主"与"科学"启蒙,为何受此启蒙的学生的行为显得十分感性,不仅发生了5月4日当天毁屋伤人事件,而且出现了后来的北京学生寻殴报馆主笔和天津学生欲捣毁电报局事件;三是把参加运动的学生看作受新文化运动的影响,可是未受到影响的商人、工人也参加了运动,这如何解释;四是新文化运动领袖除陈独秀后来投身于北京市民运动外,其他人都与此无缘,胡适一生对五四运动基本持否定观点。新文化运动确实解放了人们的思想,成为五四运动爆发的背景之一,但不足以引起一场与此性质相反的群体性运动。

对于五四运动在全国范围内爆发的原因,参与者中有人认为"如果说是文化人激动起'五四'爱国运动,这功绩应归之于当时的新闻记者,而不是《新青年》、《新潮》等刊物"。② 方汉奇在编写《中国新闻事业通史》时总结道:"正是因为新闻界的积极报道和呐喊,才造成了这场空前广泛的群众运动。"③ 甚至有的文章干脆将五四运动看作媒体"诱发的一个新闻事件"。④ 这些认识在1919年2月北京政府对日本和会代表牧野宣言的驳斥中能得到印证,北京政府在驳斥中向日本人指出违背事实和颠倒黑白无济于事,"近来中国日刊报纸已甚发达,每日电报消息亦多,是以中国人民对于

---

① 〔美〕周策纵:《五四运动史》,第503页。
② 王抚洲:《我所记得的五四运动》,《传记文学》(台北)第10卷第5期,1967年5月。
③ 方汉奇主编《中国新闻事业通史》第2卷,中国人民大学出版社,1996,第34页。
④ 陈志强:《媒体诱发新闻——媒体与"五四"运动的个案研究》,《南昌大学学报》(人文版)2000年第3期。

世界无论何处发生之事均能洞悉。彼等深知违犯民族主义,施者、受者双方均伤害"。① 后来的中日关系被北京政府言中,而中国人民能深知日本违反民族主义的原因在于报刊发达和每日消息增多。

综合上述分析,本书给五四运动下一定义:因巴黎和会而起、由学生主导的从1919年5月4日开始到6月28日结束的全国性反日爱国运动。为了研究精确和表述准确,把其中5月4日这一天所发生之事称为"五四事件"。"五四事件"在陈占彪的研究中,被称为五四运动的"原点"。② 至于上述众人广义五四运动定义中所跨的时段,本书称为"五四时期"。

本书所下定义,突出了巴黎和会这一五四运动爆发的直接原因。没有巴黎和会上没能收回青岛的消息传来,何来群情激愤?没有威尔逊在巴黎和会上立场动摇,何来学生向美国驻华使馆请愿?没有巴黎和会各种不利消息的披露,何来舆情动员,最终运动爆发?本书所下定义还突出五四运动的性质,即它仅是一场反日爱国运动。当时众多列强在华,为何日本特别遭中国人愤恨?如果没有对日本的愤恨,何来五四运动的爆发?然而,巴黎距离北京1万多公里,巴黎的消息如何传到北京?日俄战争后,中国曾掀起"以日为师"的高潮,留学生大量东渡,但对日本的态度为何在五四时期由学习变成憎恨且敢于憎恨?从五四运动发生的原因及其性质来看,对五四运动的研究需要研究者多从国际视角出发,在华英美报刊便是国际视角之一。

研究现状

五四运动深刻改变了中国历史走向,国内外史学界把它当作研究的重点是理所当然之事,因而在中国近现代史研究领域中,对五四运动的研究相对比较充分。在五四运动相关研究中存在两大共性:第一,除中华人民共和国成立后相关研究的第一部专著——华岗的《五四运动史》是狭义的五四运

---

① 《发法京陆总长〔征祥〕电》(1919年2月26日),《中日关系史料——巴黎和会与山东问题》,第55页。
② 陈占彪编《五四事件回忆稀见资料》,三联书店,2014,第6页。

动研究外,① 其他所有专著皆为广义的五四运动研究,如周策纵的《五四运动史》,彭明的《五四运动史》;② 第二,大多研究者注意到《新青年》等新文化运动阵营的杂志在五四运动中所扮演的角色,却忽视了信息流量(指发行量)和信息质量(指与一战和国内战争相关的新闻)均胜于《新青年》的中国本土报刊,更不用说对在华外报的关注了。

其实,近代中国所发生的大事,没有逃脱西方记者的眼睛。不论他们是作为派驻中国的西方大报记者,还是作为在华外报的记者,其对中国的观察报道构成了一幅近代中国政治、经济、文化、社会的变迁图。西方记者的观察报道既是近代中国走向世界和融入世界的见证,也是我们研究近代中国的他者视角和珍贵资料。目前,对这类资料的研究利用已经开始,可分为两种情况。

第一种情况是针对西方大报对近代中国的报道,近年来开始有人按照某一主题对之进行搜集、整理和翻译。仅笔者所见,这方面的成果如下。

郑曦原等人编译的《帝国的回忆:〈纽约时报〉晚清观察记》以《纽约时报》对晚清政治与社会长时段观察记录为视角,收录了131篇《纽约时报》新闻报道和评论,时间跨度从1857年1月到1911年10月,涉及事件包括第二次鸦片战争、太平天国运动、中日甲午战争、八国联军侵华战争、辛亥革命及宫廷政变、帝后驾崩、社会变革等。③

郑曦原编、蒋书婉等人翻译的《共和十年:〈纽约时报〉民初观察记(1911~1921)》侧重《纽约时报》对中华民国初期的观察记录,收录了220篇报道,展现了中国激变时期的制度变换、思想碰撞、势力交替。④

方激根据《泰晤士报》对中国的报道编译了该报报道近代中国重大事

---

① 华岗:《五四运动史》,华东人民出版社,1954。从现有资料来看,华岗《五四运动史》一书的出版情况是:1951年1月海燕第1版4000册,1951年11月海燕第6版29000册,1952年4月新一版修订34000册,1953年4月新五版101000册。
② 彭明:《五四运动史》(修订本),人民出版社,1998。
③ 郑曦原等编译《帝国的回忆:〈纽约时报〉晚清观察记》,三联书店,2001。
④ 郑曦原编《共和十年:〈纽约时报〉民初观察记(1911~1921)》,蒋书婉等译,当代中国出版社,2018。

件的两本资料集。第一本《帝国的回忆:〈泰晤士报〉晚清改革观察记》收录了78篇该报对晚清改革的观察报道,涵盖1901~1911年清末"新政"和"立宪"运动的历史。① 第二本《龙蛇北洋:〈泰晤士报〉民初政局观察记》收录了387篇该报对民初中国的观察报道,涵盖了1912~1919年共和初肇、清帝退位、二次革命、帝制复辟、中国参战、五四运动等一系列重大事件,全景式地重现了这段历史的重要画面。②

窦坤等人译著的《〈泰晤士报〉驻华首席记者莫理循直击辛亥革命》是对《泰晤士报》驻华记者莫理循1911~1912年发表在《泰晤士报》上的报道进行收集和整理,选译的94篇文章反映了当时波澜壮阔的辛亥革命所引起的社会变动。③

第二种情况与第一种情况相似,只是将工作对象聚焦在在华外报上。在华外报(主要是在华英美报刊)资料比较丰富,主要有《北华捷报》《字林西报》《京津泰晤士报》《大陆报》《密勒氏评论报》《华北明星报》等。这些资料目前只处于利用阶段,基本谈不上研究。利用情况还可分甲、乙两种。甲种是对在华外报按某一主题进行资料的收集和整理。这方面做得较好的是《北华捷报》。"中国近代经济史参考资料丛刊"是一套包括近代工业、农业、手工业、外债、对外贸易、铁路、航运以及近代经济史统计资料共8个种类的经济史资料集,是研究中国近代经济史的基础性史料。在每种资料集中,丛刊或多或少收集、整理和翻译了《北华捷报》的相关报道,其中以《中国近代工业史资料》最为突出。④ 20世纪50年代上海社会科学院历

---

① 方激编译《帝国的回忆:〈泰晤士报〉晚清改革观察记》,重庆出版社,2014。
② 方激编译《龙蛇北洋:〈泰晤士报〉民初政局观察记》,重庆出版社,2017。
③ 窦坤等译著《〈泰晤士报〉驻华首席记者莫理循直击辛亥革命》,福建教育出版社,2011。
④ 这套丛刊有:严中平等编《中国近代经济史统计资料选辑》,孙毓棠编《中国近代工业史资料(1840~1895)》,汪敬虞编《中国近代工业史资料(1895~1914)》,李文治编《中国近代农业史资料(1840~1911)》,章有义编《中国近代农业史资料(1912~1927)》与《中国近代农业史资料(1927~1939)》,彭泽益编《中国近代手工业史资料(1840~1949)》,姚贤镐编《中国近代对外贸易史资料(1840~1895)》,徐义生编《中国近代外债史统计资料(1853~1927)》,宓汝成编《中国近代铁路史资料(1863~1911)》,聂宝璋编《中国近代航运史资料(1840~1895)》,聂宝璋、朱荫贵编《中国近代航运史资料(1895~1927)》,皆为科学出版社2016年出版。

史研究所编辑的《上海小刀会起义史料汇编》所用史料有革命文献、档案、报刊、私人论著、笔记等，其中《北华捷报》资料约有 16 万字。① 上海社会科学院历史研究所编译的《太平军在上海——〈北华捷报〉选译》是有关太平军进军上海的资料，包括太平军的文告、传教士的报告、《北华捷报》的报道和评论等。② 乙种情况是利用现代技术对在华外报进行扫描，制成电子版，提供在线阅读。在上述 6 种在华外报中，除《京津泰晤士报》笔者未见到电子版外，其他外报都有电子版面世。在乙种情况下，在华外报仍处于最原始生存状态，除将纸质版变成电子版外，整理、翻译、研究工作亟须跟进。目前，除极少量的论文外，对在华外报宏观研究的通史性专著的问世还有待将来，微观研究的专著凤毛麟角，也没有按某一主题对在华外报资料进行加工的成果诞生，因此对在华外报的研究具有非常大的空间。

这样说，并不否定中国新闻通史性著作对在华外报所做的研究贡献。在这方面的研究成果主要有以下一些。

戈公振著《中国报学史》。③ 此书成书于 1927 年，对中国自古代至近现代新闻事业进行了全面系统的论述。该书共有六章，其中第三章专门讲述在华外报。在第三章第一节"外报之各类"研究中，作者按照语言分门别类地梳理在华外报的发展过程。戈氏将语言分为中文和外文，外文又分为葡、英、法、德、俄、日六种，每种文字之下按照城市分类集中叙述在华外报的发展和分布概况。在其他三节"当时报界之情形""当时国人对外报之态度""外报对于中国文化之影响"中，戈氏对外报的编辑形式、记者地位、营业状况、国人对外报态度，以及外报对中国政治、文化、外交等方面的影响皆有深入考察，对中国报业在编辑、发行、印刷、报道等方面需向外报学习提出期望。作者在写作此书前，有在上海时报馆工作 15 年的经历，又有在上海国民大学讲授新闻学和到外国考察新闻业的阅历。丰富的办报实践经验、深厚的新闻

---

① 上海社会科学院历史研究所编《上海小刀会起义史料汇编》，上海人民出版社，1980。
② 上海社会科学院历史研究所编译《太平军在上海——〈北华捷报〉选译》，上海人民出版社，1983。
③ 戈公振：《中国报学史》，三联书店，1955。

理论修养及严肃认真的治学态度，开阔了戈氏的写作视野。此书内容翔实，考订精细，被视作中国新闻学的奠基之作、中国新闻史研究的开端。从对在华外报研究状况看，此书也是在华外报研究的开山之作和奠基之作。

赵敏恒撰写的《外人在华新闻事业》。① 此书不是关于在华外报史研究的专著，而是介绍日、英、美、法、德、俄等国在华新闻事业分布状况的小册子。作者为参加1931年在杭州举行的太平洋国际学会第四届会议而准备，从搜集资料到完成书稿只花了一个月时间，类似于对当时在华外报生存状态的一种报道。与当时外国在华新闻事业分布相一致，作者对日、英、美三国在华新闻事业论述比较详细，而对另外三国的论述相对薄弱。鉴于西方国家通讯社和报刊对中国新闻事业的渗透和控制，以及近代中国新闻竟然需要依赖在华外报报道才显得真实可信的荒唐现象，作者在书中强调中国建立通讯社和发展独立健全的新闻传播系统的重要性和紧迫性。在作者眼里，新闻传播系统所起的作用不亚于军事力量，记者的作用有时会大于外交官。因此，此书表面看是对外人在华新闻事业的调查，实质上是借他人之酒杯，浇自己之块垒。

方汉奇主编的《中国新闻事业通史》。② 此书是一部全面评述中国新闻事业历史的专著，共分为三卷，纵贯中国新闻事业从古代、近代到现当代的各个历史时期，所研究的内容包括报纸、期刊、通讯社、广播、电视、新闻纪录电影等新闻媒介，编辑、采访、印刷、出版、广告、发行、经营管理等新闻业务，以及新闻人物、新闻教育、新闻法规、新闻学研究等新闻事业的各个领域。在有关在华外报的研究方面，此书系统论述了在华外报从无到有、从少到多、从小到大的开创、扩张、结束过程，也全面考察了在华外报的政治倾向、宣传报道思想、宣传策略、业务及对中国政治、外交、科学文化思想等方面的影响。此外，方汉奇著《中国近代报刊史》、刘家林著《中国新闻通史》和马光仁主编《上海新闻史（1850~1949）》等全国性或地方

---

① 赵敏恒：《外人在华新闻事业》，王海等译，暨南大学出版社，2011。
② 方汉奇主编的《中国新闻事业通史》由中国人民大学出版社出版，各卷出版时间如下：第1卷1992年出版，第2卷1996年出版，第3卷1999年出版。

性新闻通史类著作都涉及在华外报活动情况。①

与对在华外报研究相关的是对在华外国记者的研究。张功臣的《外国记者与近代中国（1840~1949）》选择近代少数对中国历史有影响的外国记者，如莫理循、端纳、斯诺，考察他们对中国的报道、态度以及在华活动，从中发现外国记者对中国社会的影响以及他们对华立场的异同。此书犹如幻灯片将外国记者与近代中国的变化联系起来，但在整体性、系统性和严密性方面存在一定的不足。②英国人保罗·法兰奇的《镜里看中国：从鸦片战争到毛泽东时代的驻华外国记者》撷取某些历史镜头，着重讲述1840~1949年在华西方记者，主要是英美两国记者对中国的观察及其观察中国的立场，在华外报不是其考察的重点。法兰奇认为英美两国记者观察中国的立场，总体上看，英国比较保守，美国相对开放，在某些问题上在华外国记者与其本国政府的立场也不一致。③

如果说上述研究带有通史宏观性质的话，那么下述与在华外报研究有关的著作则属于微观和局部的研究。

冯悦的《日本在华官方报：英文〈华北正报〉（1919~1930）研究》以1919年12月五四运动后日本在北京创办的英文报纸《华北正报》为个案研究来考察那个时期日本在华报刊与外交的关系。一战结束之后，日本实行"协调外交"，日本外务省在华创办英文版《华北正报》是执行这一外交政策的产物，企图以此改变国际舆论，重塑国家形象，消除世界对日本的"恶感"。作者对《华北正报》资料的梳理以及对《华北正报》的新闻业务和经营状况的分析，是对中国近代新闻史，特别是对在华日本报刊研究一个有益的补充。④

---

① 方汉奇：《中国近代报刊史》（上、下），山西人民出版社，1981；刘家林：《中国新闻通史》，武汉大学出版社，2005；马光仁主编《上海新闻史（1850~1949）》，复旦大学出版社，2014。
② 张功臣：《外国记者与近代中国（1840~1949）》，新华出版社，1999。
③ 〔英〕保罗·法兰奇：《镜里看中国：从鸦片战争到毛泽东时代的驻华外国记者》，张强译，中国友谊出版公司，2011。
④ 冯悦：《日本在华官方报：英文〈华北正报〉（1919~1930）研究》，新华出版社，2008。

吴义雄在《在华英文报刊与近代早期的中西关系》一书中，以鸦片战争前西人在广州创办的英文报刊为依托，考察西方商人与传教士在构建近代中国保守愚昧形象和鼓动西方国家发动对华侵略战争中所扮演的角色和所起的作用。作者所使用在华英文报刊主要有《广州纪事报》（又称《广东纪事》）、《广州周报》、《中国信使报》和《中国丛报》。这些报刊既是在华西人的舆论空间，也是在华西人研究中国的学术阵地。它们在鸦片贸易上虽然观点相左，但在怂恿对华采取强硬政策，甚至发动战争上立场一致，中英战争正是在这种舆论环境中爆发。①

魏舒歌的《战场之外：租界英文报刊与中国的国际宣传（1928～1941）》是一部研究中日两国从国民党统一中国到太平洋战争爆发之间争夺国际话语权的专著。作者以租界英文报刊这一国民政府难以管辖的在华外国媒体为视角，考察了国民政府和知识精英如何在国弱言微和新闻理念冲突的情况下，成立国际宣传机构，力挫日本在国际舆论界的优势地位，获得西方大国的同情，在军事战场之外进行的一场没有硝烟的战斗历程。作者通过探讨租界英文报刊在维护中国主权上所做的贡献，突出中国自身在促成世界对华舆论改变所做的努力和所起的作用。②

郑保国的《〈密勒氏评论报〉：美国在华专业报人与报格（1917～1953）》是一部系统研究美国报纸《密勒氏评论报》在中国出版活动的专著，完整呈现了《密勒氏评论报》在华创办的历史和以汤姆斯·密勒（Thomas F. Millard）、约翰·鲍惠尔（John B. Powell）为代表的"密苏里新闻帮"职业报人在华推行美国新闻专业主义所付出的努力。③ 作为一名崇尚"新闻专业主义"理念的讲授外国新闻史的教师，作者在该书中不仅着墨于《密勒氏评论报》报人在华的活动，而且着力于对《密勒氏评论报》的报格进行挖掘，

---

① 吴义雄：《在华英文报刊与近代早期的中西关系》，社会科学文献出版社，2012。
② 魏舒歌：《战场之外：租界英文报刊与中国的国际宣传（1928～1941）》，魏舒歌等译，社会科学文献出版社，2020。
③ 郑保国：《〈密勒氏评论报〉：美国在华专业报人与报格（1917～1953）》，北京大学出版社，2018。

指出尽管密勒在办报伊始就宣称秉持走新闻专业主义道路的理念，但报纸在当时的中国不可能完全独立于国内外各种政治势力之外，其独立性呈现间歇性缺失的特点。

美国人何振模（James L. Huskey）的《上海的美国人：社区形成与对革命的反应（1919～1928）》主要考察20世纪20年代上海美国人社区的形成、美国对华政策及中美关系的演变，也涉及20年代前上海租界中"社区主义者"与"世界主义者"对上海华人的态度之别。① 在上海租界中，"社区主义者"以英国人为主，倾向于在上海租界保持种族隔离传统和文化殖民主义，采取强硬政策保护外国条约特权；"世界主义者"以美国人为代表，采取开放立场，主张脱离帝国主义政策，拒绝殖民生活方式，与中国上海人中的精英合作，对中国兴起的民族主义运动持欢迎和合作态度。尽管此书不是研究在华外报的著作，但其对在上海的美国报人汤姆斯·密勒、约翰·鲍惠尔、卡尔·克劳等"世界主义者"的研究，有助于我们了解英美两国侨民在中国发生重大事件时做出不同选择的原因。

英国人米德尔顿·史密斯（Middleton Smith）的《在华英国人与远东贸易》和库林（S. Couling）的《上海史》两书虽然也都不是专门论述在华外报的著作，然而其中涉及在华外报的内容也颇具参考价值。② 《在华英国人与远东贸易》在在华外报问题上扼要论及英国人主要在上海、香港、北京三个中国重要城市办报的情况、原因及目的。《上海史》对在华外报的论述，可以弥补中国新闻通史类著作中对在华外报统计的某些疏忽。如书中提及的1859年3月创刊而仅存在3个月的《上海趣事与真幻纪事报》（*The Shanghai Chronicle of Fun, Fact and Fiction*），在戈公振的《中国报学史》里没有提到，在方汉奇的《中国新闻事业通史》中同样没有注意到。

由此看来，在华外报在中国新闻学和新闻史研究中属于薄弱环节，而仅

---

① 〔美〕何振模：《上海的美国人：社区形成与对革命的反应（1919～1928）》，张笑川等译，上海辞书出版社，2014。
② C. A. Middleton Smith, *The British in China and Far Eastern Trade* (London: Constable & Co. Ltd, 1920); S. Couling, *The History of Shanghai* (Shanghai: Kelly & Walsh, Limited, 1923).

有的研究成果对五四时期在华外报的研究近乎空白。对在华外报的研究，戈公振、刘家林的研究下限都为清末民初，方汉奇在《中国新闻事业通史》第 1 卷中将研究下限界定为辛亥革命前，而第 2 卷的研究又从五四运动之后开始，因此在中国新闻通史类著作中对五四时期在华外报的研究是需要弥补的领域。

在华外报对中国民众产生影响的主要途径，是其新闻和评论被国人翻译并登载于中国本土报刊上。只有这样，在华外报所持的观点、报道的事实才会被国人知晓，对中国民众的认知产生重大影响，进而影响到中国民众的态度和立场。对于本书而言，在华英美报刊既是引起五四运动爆发的信息源头和导致五四运动结束的外部压力，也是研究五四运动的基本史料。

在华外报传播条件

在华外报在中国新闻事业史上具有重要地位，其得以在中国创办，除需要一定的传播技术外，人文环境是决定性因素。人文环境分为三个部分：一是中国政府的政策能够允许外报在本土活动；二是外侨在中国要有一定的人口规模；三是中国民众从利用外报中能得到满足。①

由于清政府的闭关锁国政策，最早来华办报的英国传教士马礼逊（Robert Morrison）和米怜（William Milne）只得把第一个中文近代报刊，也是第一个以中国人为宣传对象的报刊——《察世俗每月统记传》办报地点放在马六甲。鸦片战争后，中国逐渐沦为半殖民地，导致新闻传播事业也带有半殖民地性质，西方殖民主义者凭借不平等条约和各种特权，打破清政府原来对外国人活动的种种限制，在通商口岸和租界获得了自由办报的权利。不受中国政府管辖，这是外报在华诞生的前提条件之一。

外国人在华办报的初衷是为生活在中国的外国侨民提供中国与世界其他国家的信息。1850 年《北华捷报》在上海创办时，主要为旅居在上海的一

---

① "使用与满足"理论是传播学理论之一。它从受众角度出发，通过分析受众接触媒介的动机和受众从媒介接触中满足了哪些需求来分析大众传媒给受众带来的心理和行为效用。

百多名侨民提供信息服务。① 1917年鲍惠尔来中国帮助密勒创办《密勒氏评论报》时，上海的英美侨民有8000～10000人。鲍惠尔发现不仅英美人需要报纸，"那时住在上海的外国人，还有好几千名法国人、德国人、俄国人、葡萄牙人、荷兰人、北欧人以及很多东方犹太人……这些外国人，很多都能识英文，而且也很渴望看到一份登载美国新闻消息和评论的报纸"。②

外国人在华办报除了为了满足在华侨民的信息需求外，还为了影响那些能够阅读英文报纸的中国知识分子。19世纪中国兴起两次"英语热"，一次在19世纪30～50年代，中心在香港和广州，另一次在19世纪60～80年代，中心在上海。形成两次"英语热"的主要原因是中国开关后急需懂得外语的人才。以上海为例，1865年傅兰雅（John Fryer）创办"英华书馆"（又称"英华书院""英华学塾"），当年招收到10名学生，分为日班和夜班两个班级，学费每年50两白银。如此高昂的学费，并没有阻挡住中国人学习英语的步伐。第二年，书馆竟开设22个日班和20个夜班，生源全是富家子弟，分别来自上海、苏州、宁波、厦门和广州。③ 所以鲍惠尔在调查中意外地发现"最大的一群英文报纸阅读者"不是西方侨民，而是"中国的知识分子"，他们是"年轻一代的中国人"，他们是"市立学校和教会学校的毕业生和在校生……所有这些中国年轻人那时都在研读英文"。更令鲍惠尔高兴的是，"我不久之后发现，好多中国学生都把《密勒氏评论报》当做教科书"。④ 1919年8月至1922年6月担任《密勒氏评论报》金融版编辑和业务经理（financial editor and business manager）的唐纳德·帕特森（Donald D. Patterson）1922年回到美国后对这段经历的回忆与鲍惠尔的观察很相似，"每一份外文出版物都具有故国的共同特征，并在很大程度上吸引故国同胞。当然一小部

---

① 马光仁主编《上海新闻史（1850～1949）》，第11页。
② 〔美〕约翰·本杰明·鲍惠尔：《在中国二十五年——上海〈密勒氏评论报〉主持人鲍惠尔回忆录》，尹雪曼等译，黄山书社，2008，第13页。
③ 邹振环：《19世纪下半期上海的"英语热"与早期英语读本及其影响》，马长林主编《租界里的上海》，上海社会科学院出版社，2003，第93、99页。
④ 〔美〕约翰·本杰明·鲍惠尔：《在中国二十五年——上海〈密勒氏评论报〉主持人鲍惠尔回忆录》，第13页。

分受过教育的中国人和一些美国教会大学的中国学生也会阅读外报"。① 戈公振在研究中也发现在华外报的中国读者群，"此种外国文报纸之发行，当然系供给其本国人阅览，然外人在华所设学校之中国学生及少数注意外事之华人，亦有购而读之者"。②

在华外报为何在中国人中具有相当的需求？首先，报纸在中国人的生活中变得越来越重要。中国是世界上最早有报纸的国家，与出版报纸相关的造纸和印刷技术也最早诞生在中国，然而在儒家"民可使由之，不可使知之"的思想支配下和在"鸡犬之声相闻，老死不相往来"的自然经济限制下，不论是政府的邸报，还是民间的邸抄、京报，很难满足民众对信息的需要。鸦片战争爆发后，战乱频仍，民不聊生，民众对通过新闻来了解身边环境的需求变得十分急迫，旧式的邸报和京报完全不能适应形势的变化和民众的需求，在外报的示范效应下，逐渐被近代化的新式报纸取代。而一些有识之士为了改变中国落后挨打的局面，意识到报纸在启蒙宣传中的重要性，也开始走上了创办近代化报纸之路。梁启超认为"中国受侮数十年"，原因之一在于没有报纸"去塞求通"，一个国家"报馆愈多者，其国愈强"，"阅报愈多者，其人愈智"。③ 孙中山在创办同盟会机关刊物《民报》时把报纸看作"舆论之母"，把办报将"理想输灌于人心而化为常识"看作革命党人之"天职"。④ 这样，到民国成立的时候，中国民众阅报之习惯已经养成。"凡具文字之知识者，几无不阅报。偶有谈论，辄为报纸上之纪载。盖人民渐知个人以外，尚有其他事物足以注意。"⑤

其次，在华外报成为中国民众获取信息的重要来源。中国近代新闻业受制于西方，不仅因为起步晚、经济实力差，还因为缺乏全国性的新闻通讯

---

① Donald D. Patterson, "The Journalism of China," *The University of Missouri Bulletin*, Vol. 23, No. 34, 1922, p. 71.
② 戈公振：《中国报学史》，第81页。
③ 梁启超：《论报馆有益于国事》（1896年8月9日），陈书良编《梁启超文集》，北京燕山出版社，1997，第26~27页。
④ 《〈民报〉发刊词》（1905年10月20日），《孙中山全集》第1卷，中华书局，1981，第288~289页。
⑤ 戈公振：《中国报学史》，第198页。

社，也没有特派驻外记者，在华外报就成为中国民众获悉国外信息的重要来源。至五四运动发生时，中国还没有一家像样的通讯社，中国报纸主要从路透社（Reuters）获得世界各国的新闻，也有少量从合众社（United Press）和日本东方通讯社（Toho）获取美、日信息。由于没有全国性的通讯社，国内新闻也依赖在华外报的报道。一个国家的新闻需要外报提供报道，而本国的报纸倒显得无足轻重，至赵敏恒写作《外人在华新闻事业》时情况仍未改变。时任美联社东京分社经理服安（Miles W. Vaughn）不理解为何中国的新闻由外国通讯社"越俎以专访"，而且只有这样才能使中国的读者"满意"，将这种情况称为"怪事""荒唐"。①

最后，受众对媒介的选择和使用，一定是媒介满足了受众的某种需求。1919年5月3日晚，北大新闻学研究会导师邵飘萍被邀请到北大法科礼堂介绍巴黎和会有关山东问题的处理决定。在关键时刻，学生对外交问题不请政界人物而请新闻记者来做报告，反映了受众与媒体之间的"使用与满足"关系。民众对华报态度如此，在华外报因具有比华报更明显的优势，民众对其态度更是如此。在近代中国，在华外报普遍被中国民众依赖。

由此可见，在华外报在五四运动时期具有良好的传播条件，这种良好的传播条件促进了五四运动的发生。

以报刊研究五四运动的利与弊

与以往研究不同的是，本书主要利用报刊资料来研究五四运动，其具有以下好处。

（1）关于五四运动的爆发和推进，民众不是从政府公文中获得信息，而是从报刊上了解到"国将不国"的危险境地。若从公共危机视角来看，五四运动更像是一场突发群体性事件。利用报刊来研究五四运动，更能还原运动爆发和推进时的现场。

（2）五四运动是一场爱国运动，也是一场民族意识觉醒运动。报刊，

---

① 赵敏恒：《外人在华新闻事业》，第5页。

被安德森称为"印刷资本主义",从三个方面奠定了民族意识的基础:一是创造了"统一的交流与传播"的民族语言;二是赋予民族语言一种"新的固定性",这种永恒的形态有助于民族认同;三是与民族语言相近的"比较不幸的表亲们"最终都会被民族语言同化与吸收,因而民族语言被提到"一种新的政治文化的崇高地位"。在近代民族形成过程中,报刊为构建民族"这种想象的共同体","提供了技术上的手段"。① 以报刊来研究五四运动,可从"印刷资本主义"角度考察五四时期民族主义觉醒及其缘由。

(3)以报刊研究五四运动,并不是简单将报刊资料作为史料进行考证,而是利用一定的传播学理论来解释一些历史现象,而这些现象仅从历史学角度是不能自圆其说的。如在"卖国贼"问题上,"二十一条"已于1915年签字,全国皆知,为何4年后才将责任算在曹汝霖头上?为何为梁启超辩护能真相大白,而为曹汝霖等三人辩护就显得强词夺理?传播学的"议程设置"环境认知理论和"沉默的螺旋"舆论生成理论也许要比历史学更能合理地解答这些问题。

利用在华外报研究五四运动,除上述三个好处外,还有一个特殊的好处,即当时关于中国的报道,尤其是涉及中日关系和政府内幕的信息,中国报纸要么无缘采访,要么不敢报道,所有这类性质的信息只能译自在华外报。从在华外报的角度来研究五四运动,能开阔视野,把巴黎和会与五四运动联系得更加紧密。

报刊传播的信息毕竟是瞬时的、表面的、碎片的,甚至有时是错误的和虚假的,利用报刊资料研究历史问题必须时刻保持警惕,要与档案、日记、书信等多种史料对照参考,防止被不实的消息蒙蔽。如"日使恫吓事件",在华英美报刊报道中认为日使小幡威胁中国时曾扬言,如果中国政府不限制专使发言,"日本则近在咫尺,有陆军百万人,海军五十万吨",② 一时引起

---

① 〔美〕本尼迪克特·安德森:《想象的共同体——民族主义的起源与散布(增订版)》,吴叡人译,上海人民出版社,2011,第43~44、23页。
② "Peking Believes Japanese Threat Doomed to Fall," *The China Press*, February 7, 1919, p. 4.

中国民众极大恐慌,这种恐慌甚至传到在巴黎的中国代表团成员耳中。查阅档案记录,小幡谈话确实盛气凌人,也语含威胁,但未曾涉及军事力量。

另外,在研究中还要注意外报的立场问题,只有明白外报的立场,才能客观地使用其报道资料。如字林洋行的英文报纸《北华捷报》虽标榜"公正而不中立"(Impartial, Not Neutral),但是其中文报纸《上海新报》在"谨启"栏中说"此外如近日贼踪,以及中国军务,不分远近巨细,探有的信,本馆亦即附刊闻报"。[①] 字林洋行称太平天国为"贼",政治立场已经隐入其中。所以,在使用报刊资料时要小心谨慎,只有将报刊资料与其他史料进行对比,才能去伪存真。

[①] 转引自马光仁主编《上海新闻史(1850~1949)》,第36页。

第一章

在华外报与外交

近代中国报刊是在外国人助产下诞生的。英国在工业革命后，试图用各种方式与中国进行自由贸易，但遭到了清政府闭关锁国政策的顽强抵制。在将"坚船利炮"开进中国前，英国人一方面利用鸦片打开中国大门，另一方面派遣传教士来华活动，企图从思想上征服中国。

传教士来华肩负宗教使命和救世情怀，但现实与理想之间存在着鸿沟。如同清政府不需要与西方贸易一样，清政府也明令禁止基督教的传教活动，"如有洋人秘密印刷书籍，或设立传教机关，希图惑众，及有满汉人等受洋人委派传扬其教，及改称名字，……为首者立斩"。① 在中国，传教还有另一大困难，中国"独尊儒术"两千多年，不会在传教士的宣教下轻易取下孔子牌位。

欲粉碎中国政府闭关自守政策和中国文化的双重抵制，实现商业活动和福音传播的正常进行，军事征服和思想征服是两个必要前提。只有把中国纳入西方殖民体系，在政策上逼迫清政府承认贸易和传教的合法性，在思想上消除中国人对基督教的排斥，才能为西方在华商业活动和宗教布道活动扫清

---

① 麦沾恩：《中国最早的布道者梁发》，胡簪云译，上海广学会重译，《近代史研究》1979年第2期。

障碍，而办报为军事征服和思想征服提供了最好的辩护。因此，外国人在华办报从一开始就与外交有一种天然的关系。

晚清第一位来华的传教士是受伦敦布道会（London Missionary Society）派遣的英国传教士马礼逊，他与另一位同受伦敦布道会派遣来华的英国传教士米怜，在清政府禁止传教和印书的情况下，于1815年8月在马六甲创办了第一个中文近代报刊《察世俗每月统记传》（Chinese Monthly Magazine），此刊物虽不在中国境内出版，但其宣传对象主要是中国民众，且时常输入中国，所以将其列入在华外报。《察世俗每月统记传》7年后停刊，伦敦布道会在南洋又创办了《特选撮要》（Monthly Magazine）和《天下新闻》（Universal Gazette），这两份刊物存在时间都不算长。等到先受荷兰布道会派遣，后转为英国效力的普鲁士传教士郭实腊（Karl Friedrich August Gutzlaff）在19世纪20年代末来华，清政府对国门的防守已力不从心，大量外国人可以长住广州。于是，郭实腊借机于1833年8月在广州创办了第一个在中国境内刊行的中文报刊《东西洋考每月统记传》（Eastern Western Monthly Magazine）。当然，出于内部交流和统一意见的需要，来华传教士也创办了少量外文报刊，如由美国第一位来华传教士裨治文（Elijah Coleman Bridgman）主持的《中国丛报》（The Chinese Repository）于1832年5月在广州创刊。

来华的外国人，除了传教士外，还有与华贸易的商人。在迫切需要商业信息的情况下，他们在澳门和广州创办了外文报刊。如1827年11月创刊于广州的《广州纪事报》（Canton Register）即为英国大鸦片商马地臣（James Matheson）所有，1831年7月同样创刊于广州的《中国差报与广州钞报》（Chinese Courier and Canton Gazette）为美国商人威廉·伍德（William W. Wood）所有。

不论是传教士还是商人，尽管他们办报的宗旨不同，但从办报的目的来看，都与外交有着千丝万缕的联系。当西方国家的外交获胜后，反过来又促进了在华外报的繁荣。随着西方列强在中国竞争的加剧和中国人民族意识的觉醒，不同国家的在华外报在殖民者权益和中国民族利益问题上出现了裂痕，同一国家的在华外报与母国政府在殖民者利益与本国政府政策之间也出现了裂痕。

一　外国人在华办报目的

马礼逊1807年来到广州，初期工作是翻译出版《圣经》和布道，希望借此改变中国人的信仰。然而这项工作充满了风险和艰辛，直到1814年才有一位名叫蔡亚高的中国人成为基督徒。① 自1815年起，来华传教士致力于办报，于是《察世俗每月统记传》《东西洋考每月统记传》等中文教会刊物相继诞生。这些刊物因欲从思想上对中国人进行改变，登载的内容便超出了宗教领域，为外交服务，配合外交进行活动。

米怜在《察世俗每月统记传》自述办报目的，"鄙刊宗旨，首在传播常识、弘扬宗教和砥砺道德。至于当今公共听闻（notices of the public events）足以促进吾人之反思和激励吾人去探索者，亦兼收并蓄焉"。② 这里促使人们去反思和探索的"公共听闻"已逸出宗教道德范畴了。

美国传教士林乐知（Young J. Allen）1868年9月5日在上海创办中文《教会新报》（*Church News*）。这是一份纯粹的教会报纸，然而林乐知编辑的方针在于改变中国人的思想，逐渐将报纸从宗教性刊物转变成政治和社会评论性刊物。《教会新报》共出6卷，林乐知本人没有对其内容进行分类，研究者将它归纳成四个方面：宗教类内容、世俗新闻、科学和技术类内容、批评与建议。在第1卷中，宗教内容占48%，世俗新闻占26%，科学和技术内容占22%，批评和建议占4%；第2卷，这四类内容所占比例各为36%、36%、9%、19%；第3卷，宗教内容下降到18%，世俗新闻上升到68%；后3卷，宗教内容保持在16%～20%，世俗新闻分别为64%、46%、50%，科学和技术内容保持在13%～30%，批评和建议保持在4%～15%。③ 可见，

---

① 麦沾恩：《中国最早的布道者梁发》，胡簪云译，上海广学会重译，《近代史研究》1979年第2期。
② "Literary Notices," *The Chinese Repository*, Second Edition, Vol. II, No. 5, Sept., 1833, p. 235.
③ 〔美〕贝奈特：《传教士新闻工作者在中国：林乐知和他的杂志（1860～1883）》，金莹译，广西师范大学出版社，2014，第103页。

从第 3 卷起,《教会新报》已成为一份非宗教性新闻读物了。至 1874 年 9 月 5 日,林乐知将刊名改为《万国公报》(*Chinese Globe Magazine*),则完全脱离了宗教报刊的轨道。

如何改变中国人的思想?林乐知在主持《教会新报》时,亲自撰文论述基督教与儒家的相似相通之处,自创刊第二年起,更集中把基督教教义与儒家经典不断对照,用中国《礼记》与基督圣训圣诫逐一对照,以证明基督教与儒家学说"'有相通,无相背',两者是'万国一本'、'中西同源'"。第三年下半年起,渐涉中国时政,分期连续刊登清海关总税务司赫德的《局外旁观论》、英驻华公使阿利国的《〈新议论略〉照会》、英驻华公使馆参赞威妥玛的《呈〈新议论略〉说帖》和《新议论略》。林乐知将这些旧作重新发表,表明他"编辑思想发生了深刻变化,决心参与中国的内部事务"。①

外国人在华办的中文刊物因要面对中国读者,其内容处处呈现仁爱、友谊、中外一家、四海兄弟之类美好动听的言辞,可是在其所办的外文刊物上,因面对的是自己人,则是另外一副面孔,毫无顾忌地发表他们的真实看法。

郭实腊为创办《东西洋考每月统记传》曾拟定了一份办刊意见书,他以相当坦率的态度说明创刊的宗旨是为在华外国人的利益辩护,以宣扬西方先进技术来征服中国人的夜郎自大思想,以争取当地意见领袖的友谊来消除中国人的敌视心理。郭实腊意见书中写道:

> 这个月刊现在是在广州和澳门的外国人社群赞助下开办的。它出版的意图在于通过使中国人知晓我们的工艺、科学和道义,来消除他们高傲和排外的观念。刊物不必论及政治,也不要打算在任何话题上使用严厉的语言去激怒他们。我们这里有一个较为巧妙的途径表明我们并非真正的"蛮夷",即编者更愿意用摆事实的方法让中国人相信他们还有许

---

① 马光仁主编《上海新闻史 (1850~1949)》,第 43~44 页。

多东西需要向我们学习，也知道尽力去调和外国人和当地权威人士之间的友谊，希望最终证明这种努力是成功的。①

1856年中英之间发生的"亚罗号"事件是第二次鸦片战争的导火线之一。在香港和上海的英文报纸批评英国政府保守，鼓噪英国政府对华使用武力，在侵略中国的态度上比母国政府还要激烈，"可以说，这些报刊对第二次鸦片战争之发动，是发挥了积极作用的"。②

戈公振对在华外报这副面孔批评道："外人之在我国办报也，最初目的，仅在研究中国文字与风土人情，为来华传教经商者之向导而已；而其发荣滋长，实亦借教士与商人之力。今时势迁移，均转其目光于外交方面矣。"然而在外交上，"初外报对于中国，尚知尊重，不敢妄加评议。及经几度战事，窘象毕露，言论乃肆无忌惮。挑衅饰非，淆乱听闻，无恶不作矣"。③

经过对在华中文外报与在华外文外报的比较，方汉奇也有类似总结，"在英文报刊上，我们看到的则是偷运鸦片，传递情报，窥测形势，研究策略，为商讨如何对付中国而议论纷纷。不时听到战争的叫嚣，宣扬对中国只有用大炮来辩论，整个中国不堪一击等等。它们毫无顾忌地宣扬中国社会黑暗落后，中国官吏昏庸腐败；漫骂中国人愚昧自大、野蛮残忍。而它们自己之间又时而爆发起一阵阵互相责难的激烈争吵。因为这些报刊是办给自己人看的，一切伪装都可以抛开"，因此"外文报刊比起中文报刊其侵略性要强烈得多、明显得多"。④

报纸与外交之间的关系并非仅为后来研究者所知晓，当时中国的有识之士已有切肤之痛，进而提出自办外文报刊主张。洋务运动重要人物郑观应在《盛世危言》中感慨道："中国通商各口，如上海、天津、汉口、香港等处，

---

① "Literary Notices," *The Chinese Repository*, Second Edition, Vol. II, No. 4, Aug., 1833, p. 187. 此处译文参考方汉奇主编《中国新闻事业通史》第1卷，第265页。
② 方汉奇主编《中国新闻事业通史》第1卷，第432页。
③ 戈公振：《中国报学史》，第81、109页。
④ 方汉奇主编《中国新闻事业通史》第1卷，第280、376页。

开设报馆,主之者皆西人,每遇中外交涉,间有诋毁当轴,蛊惑民心者。"①晚清政论家、报人王韬看见在华外报的言论"往往抑中而扬外,甚至黑白混淆,是非倒置",而"泰西之人,只识洋文,信其所言为确实,遇中外交涉之事,则有先入之言为主,而中国自难与之争矣",认为为了澄清事实真相,中国人自己应创办外文报。"今我自为政,备述其颠末,而曲直则自见。彼又何从以再逞其鼓簧哉?"②

熊希龄更进一步,主张把外文报纸办到海外去,以助中国外交。他在1907年为申请设立环球通讯社上书四川总督赵尔巽,"外交之术,不外乎通。通者,知彼知己之谓也"。要想做到知己知彼,必须创办报纸,有了报纸,则能消息灵通,"甲国之密议初开,乙国则新闻缕载;丙国之报章方出,丁国则诋辩旋来。捕风捉影之谈,转瞬而冰释。秣马厉兵之说,当时立见调和"。在熊希龄看来,报馆的功效"几若操各国和战之权,不独耸世界人民之观听已也"。于是,熊希龄向赵尔巽建议中国先在日、英、美、德、法、俄、奥、意八国首都创办驻在国文字的报纸,"每月一册,赠送各国政府官绅及各报馆,余则售诸民间","遇有关于各国政治之交涉者,则先为登述;遇有各国报纸之误疑中国政策者,则曲为申辩。使之洞然于理之是非,时之难易,事之曲直,而更正焉,而扶助焉"。③

中国有识之士的呼声在当时的条件下虽不可能实现,但外报与外交的关系促使社会精英主动去接触外报。

二 五四运动前在华外报的势力分布状况

在华外报从无到有,从少到多,从南到北,从东到西,其势力分布状况可从时间、语种、地域几个维度来观察。从时间上看,在华外报的发展以鸦片战争和甲午战争为界分为三个阶段。

---

① 郑观应:《盛世危言》,陈志良选注,辽宁人民出版社,1994,第76页。
② 王韬:《上方照轩军门书》,转引自戈公振《中国报学史》,第104页。
③ 周秋光编《熊希龄集》(上),湖南出版社,1996,第175~176页。

鸦片战争前，受条件限制，外国人在中国境内办报举步维艰。最早出现在中国大地的外报是 1822 年 9 月在澳门创办的葡文《蜜蜂华报》（*A Abelha da China*）。从 1822 年至 1840 年这 19 年中，在华外报（包括中文和外文）加起来只有 19 种，平均每年只有一种。鸦片战争爆发后至甲午战争前，在华外报（包括中文和外文）共有约 175 种。在 54 年内增加了 130 种，其中中文报刊约 70 种（海外不计），在华外报平均每年创办近 2.9 种。日本在中日甲午战争中取得胜利后，日本报业在中国崛起。"三国干涉还辽"使中国东北落入俄国的势力范围，俄国便在中国东北创办报刊。1897 年，德国染指山东，在上海之外增加京、津、鲁办报地点。甲午战争后至中华民国成立之前 17 年内，在华外报共增加约 104 种，平均每年增加不下 6 种。① 在华外报呈现加速发展的势头，与列强在华殖民势力的增长相一致。

从语种上看，在在华外文报刊中，英文报刊力量最为强大，日文次之；在在华中文报刊中，日本虽然起步晚，但发展迅速，一枝独秀。

最早在中国本土办报的国家是葡萄牙，紧随其后的是英国。鸦片战争前，在华外报 19 种中，中文 3 种，外文报刊只有葡文和英文两种，其中葡文和英文各 8 种。鸦片战争爆发后至甲午战争前，在新增的 130 种在华外报中，中文报刊约 70 种，外文报刊 60 种，其中葡文新增 17 种，法、德、日文合有 8 种，其余 35 种为英文。甲午战争后到中华民国成立前新增加的约 104 种外报中，中文大约 30 种，外文 74 种，其中日文 31 种，英文 20 种，德文 12 种，法文 8 种。② 虽然缺乏准确统计，这个数据从张玉法对新文化运动时期的新闻舆论研究中可得到一定的印证。张玉法认为新文化运动时期全国的报纸数目，"1915 年 222 家，其中中文报纸 165 家；1919 年 362 家，其中中文报纸 280 家"。③ 由此可知，1915 年在

---

① 上述统计数字参见方汉奇主编《中国新闻事业通史》第 1 卷，第 285、800～814 页。
② 数据来源于方汉奇主编的《中国新闻事业通史》第 1 卷，第 285～318、801～814 页。
③ 张玉法：《新文化运动时期的新闻与言论（1915～1923）》，《中央研究院近代史研究所集刊》第 23 期上册，1994 年 6 月，第 287 页。

华外文报纸57家，1919年82家。上述数字说明，在19世纪末20世纪初，在华德、日文外报发展迅猛，这与19世纪末德日两国在中国势力增长一致。尽管外文报刊在中国的竞争错综复杂，但在整个近代中国，在华外报对中国的影响，首推英文，其次是日文，其他语种的报纸影响较小。

至于在华中文报刊，外国人在中国本土创办的只有4种，全为英国人创办。到鸦片战争爆发前夕，这4家中文报刊也停办了。鸦片战争到甲午战争前这段时间内，共有70家中文报刊诞生。甲午战争后，日本在华中文报刊发展异常迅速。至辛亥革命发生，日本在华中文报刊即达20多种，成为在华创办中文报刊最多的国家，而在甲午战争前，日本在华中文报刊只有1种，即上海的《佛门日报》。在日本大力发展中文报刊的同时，英美在华中文报刊不仅没有新的诞生，而且原有的中文外报产权先后被出售转让，《申报》和《新闻报》在此阶段产权先后易手。英国人美查（Ernest Major）1872年4月在上海创办《申报》，1908年美查病故，第二年《申报》被售与报馆买办席裕福，但名义上还属于外人。1912年席裕福将《申报》售与史量才，从此《申报》完全为中国人所有。《新闻报》于1893年2月在上海创办，初为中外合资，后报纸股权为英商丹福士（A. W. Danforth）独有，由于经营不善，1899年廉价转售美国传教士福开森（John C. Ferguson）。福开森不问报馆的具体事宜，提出"不偏不党"的办报宗旨，一切事务委任给经理汪汉溪，将35%的股权让与中国人。中华民国成立后，福开森成为历届北京政府总统府政治顾问，长住北京。《新闻报》虽为福开森所有，但办报全凭中国人自己做主，其"从不试图干涉报道内容"，① 俨然一份中国人的报纸。因此，五四时期在华中文报刊呈现日本独霸的局面。

从地域来看，中国最早接受外人办报的城市只有两个：澳门和广州。澳门主要是葡文报纸。中国在鸦片战争中失败，外报出版地点在中国大地铺展开来。据戈公振在《中国报学史》一书中所载，英文报刊分布在

---

① 〔美〕顾德曼：《上海报纸的跨国现象》，马长林主编《租界里的上海》，第113页。

广州、香港、福州、厦门、上海、汉口、烟台、天津、北京9个城市，共有67家，其中上海最多，达26家；法文报刊分布在上海、北京、天津3个城市，共有9家；德文报刊分布在上海和北京两地，共有3家；俄文报刊分布在哈尔滨和上海两地，大概有9家，其中7家在哈尔滨；日本报刊，剔除五四运动后创办的，分布在大连、沈阳、上海、北京、天津等17个城市，共25家，其中东北地区有14家。① 从在华外报在中国的整体分布来看，数量居前三位的是上海、香港、天津，然后是沿海的福州、厦门、宁波、烟台和长江沿岸的汉口等通商口岸。② 可见，外国人在华办报的地点随着列强在中国开放城市的增多而增多，随着列强在中国势力从南向北、从沿海到内地的展开而展开，也随着殖民城市地位的变化而变化。

综合来说，从时间上看，在华外报的发展以甲午战争后最为迅速，此时西方列强从自由竞争走向垄断，德日作为后起之秀，与老牌殖民国家在中国的利益矛盾加剧，打破了英文报刊在中国称霸的局面。从语种上看，在华外报实力最雄厚的是英国，其次是日本。英国在一战前一直保持着在华优势，日本趁欧洲列强内斗，加强了对中国的侵略，成为在华办报发展最快的国家。从地域分布来看，上海作为新型半殖民地化城市，由于地理位置和经贸关系的重要性，吸引了大量的外国冒险者，成为中国近代最大的出版基地。天津作为北京的门户，在北京不欢迎外人办报的情况下，快速成为北方的办报中心。

三　在华外报的立场

因为有广州"十三行"的存在，晚清时期外国商人比传教士更早来到中国。鸦片战争前，在华外国人可分为商人与传教士两种人，他们的办报活

---

① 戈公振：《中国报学史》，第81~95页。
② 方汉奇主编《中国新闻事业通史》第1卷，第370页。

动都与当时最畅销的商品——鸦片有着紧密的联系,二者对鸦片的态度并没有多大区别。

在华第一家英文报纸《广州纪事报》为当时最大的鸦片供应商马地臣所有,报纸自然倡导自由贸易,支持鸦片买卖。紧接着《广州纪事报》诞生的是《中国差报与广州钞报》,此报1831年7月在广州创办时得到美国鸦片商行——旗昌洋行的资助,创办人美国商人威廉·伍德曾在19世纪20年代在旗昌洋行做过职员,后来成为《广州纪事报》首任编辑。英国记者保罗·法兰奇对此研究认为,早期外国人在华办报"就如同欧洲许多其他在华早期事务一样也是鸦片贸易的反映"。①

传教士虽不是鸦片商,但在华办报,与鸦片的关系也十分紧密。《中国丛报》是传教士主办的第一家在中国出版的专门研究中国的外文报刊,其主编裨治文来华的船票是美国一家鸦片公司提供的。普鲁士传教士郭实腊创办的《东西洋考每月统记传》曾得到怡和洋行(Jardine Matheson & Co. Led.)6个月的资助,怡和洋行是鸦片商渣甸(William Jardine)和马地臣等人合伙创办的公司。郭实腊本人还是怡和洋行进行鸦片贸易时的翻译。对于这种既献身上帝又为魔鬼办事的情况,保罗·法兰奇评论道:"19世纪30年代,基督新教传教士们曾担任怡和洋行和'东印度公司'的翻译通事,此一事实表明上帝和财富之间的界限已经模糊:传教士们在中国沿海登陆,一边忙着走私鸦片,一边偷偷地四处散发传教的小册子。一方面这似乎是在用魔鬼的金币为上帝做事,另一方面这是一种利益上的结合,即把西方的物品和思想双双强加给中国人。"②

然而,上帝毕竟是传教士心目中不可忘却的符号,传教士与鸦片商这种友好关系到第一次鸦片战争爆发时难以为继。鸦片战争爆发后,双方观点出现分歧,英文报纸阵营分裂,传教士成了"商人的绊脚石"。③

裨治文虽是靠鸦片商提供的船票来到中国的,但他并没有因为受鸦片商

---

① 〔英〕保罗·法兰奇:《镜里看中国:从鸦片战争到毛泽东时代的驻华外国记者》,第3页。
② 〔英〕保罗·法兰奇:《镜里看中国:从鸦片战争到毛泽东时代的驻华外国记者》,第11页。
③ 〔英〕保罗·法兰奇:《镜里看中国:从鸦片战争到毛泽东时代的驻华外国记者》,第23页。

之惠而放弃对鸦片贸易的愤慨。刚到中国时,裨治文立足未稳,谨慎地避免公开自己的观点,但随着其在华威望逐渐扩大,开始公开抨击鸦片贸易的危害。美国另一在华传教士伯驾(Peter Parker)在鸦片战争发生后,回国向美公理会和美国公众介绍鸦片贸易及鸦片战争的最新信息,受到了美国总统马丁·范布伦(Martin Van Buren)、国务卿约翰·福塞思(John Forsyth)和后来成为下一任国务卿的丹尼尔·韦伯斯特(Daniel Webster)参议员的接见。裨治文和伯驾反对鸦片贸易的态度得到美国政府的肯定。在中美《望厦条约》谈判中,美公理会秘书长鲁弗斯·安德森(Rufus Anderson)向美国政府代表团推荐了裨治文和伯驾,裨治文和伯驾等人提出的协议草案成为《望厦条约》的核心内容,尤其是关于鸦片贸易方面的规定。《望厦条约》第 33 款明确规定:"合众国民人凡有擅自向别处不开关之港口私行贸易及走私漏税,或携带鸦片及别项违禁货物至中国者,听中国地方官自行办理治罪,合众国官民均不得稍有袒护;若别国船只冒合众国旗号做不法贸易者,合众国自应设法禁止。"①

鸦片贸易与基督教教义不符,在英国也受到部分传教士的反对。在英国传教士的努力下,1840 年"反鸦片协会"开始有了雏形,1874 年"英东力除鸦片贸易协会"(The Anglo-Oriental Society for the Suppression of the Opium Trade)成立,该协会出版的《中国之友》(*The Friend of China*)刊登了大量对鸦片的控诉。英国传教士雒魏林(William Lockhart)1838 年被派到中国传教,第二年到达中国后,一再谴责鸦片"无害论",认为吸食鸦片是道德沦丧的表现。②

除在华传教士与鸦片商人之间渐行渐远外,在华外国人与母国政府对中国的立场也有不一致之处。在开发和掠夺中国方面,在华外国人与母国政府立场没有什么两样,但在如何获取对华利益的政策上有时会出现分歧,这些分歧体现在在华外报对待母国政策的言论上。英国是在华最大利益国,英国

---

① 《五口贸易章程:海关税则》,王铁崖编《中外旧约章汇编》第 1 册,三联书店,1957,第 56 页。
② 王效:《19 世纪英国对鸦片认识的转变》,硕士学位论文,东北师范大学,2018。

政府与英国在华商人在侵占中国利益方面意见一致，可是在时机与步骤等策略问题上有时并不完全一样。在华商人身处现场，切实感受到巨大的市场和诱惑，对政府不能满足他们不断扩大侵华范围的要求强烈不满，常常利用报刊对政府政策提出批评，如前述在"亚罗号"事件中上海和香港报界对英国政府的指责。这种不满还会引发报界之间在对待政府态度问题上的分裂。方汉奇发现在香港的英国报刊对港英当局的态度分裂成这样一种状况：《香港纪录报》（Hongkong Register）和《孖剌报》（Hongkong Daily Press）"基本上站在批评政府的一面"，《德臣报》（The China Mail）"则基本上站在支持政府一方的"。①

与英国在华报刊不同的是，美国在华报刊在很长时期内与母国政府的立场保持一致，坚持执行政府的"门户开放"政策与自由平等的理念。美国职业报人密勒1911年8月在上海创办英文《大陆报》（The China Press），《大陆报》转让后，1917年6月又于上海创办了英文《密勒氏评论报》（Millard's Review of the Far East）。密勒在中国的目标是通过自己的努力促进美国在中国扮演更加积极的角色。他在1909年就认为"美国政治家的眼光不应局限于本国疆土"，当他们审视全球的商业市场时，"不能遗漏了占世界人口三分之二和刚刚出现新条件和新机会的东方"，中国拥有巨大的市场，"谁能想象美国人民将不去恰当应对中美关系的各种可能性呢？"② 密勒对中国和远东问题的研究，引起美国政府对他的重视，美国各界名流，从总统西奥多·罗斯福（Theodore Roosevelt）到一般政要，都曾咨询过他。然而，当总统威尔逊在巴黎和会上违背了自己提出的"十四点"原则时，《大陆报》《密勒氏评论报》等美国在华报刊为中国鸣不平，抨击美国政府背信弃义。

与英美在华主要创办外文报刊不同的是，日本在华创办的主要是中文报刊；与英美在华报刊更大的不同是，日本在华报刊与母国政府保持高度一

---

① 方汉奇主编《中国新闻事业通史》第1卷，第290~291页。
② Thomas F. Millard, *America and the Far Eastern Question* (New York: Yard and Company, 1909), p. 12.

致。为达到侵华目的，日本在华中文报刊有时以中国人的口吻发表评论，混淆视听，挑拨离间，引起中国人民的极端愤怒。

五四运动接近尾声时，针对日本在华中文报刊的表现，《晨报》通过调查，把日本在华通讯社和中文报刊罗列出来，指出它们搬弄是非，为害甚大，提醒国人注意，不要被其迷惑而上当。

《晨报》的调查报告如下：

> 日本在华所设立之通信社及汉字新闻为数甚多，是以每遇有问题发生时，彼则利用此种通信社新闻播弄是非，扰乱我舆论，为祸之烈，过于炮火，此拿破仑所以谓一枝笔胜于三千毛瑟也。兹经本社调查得日本在华所办之通信社及汉字新闻，列举于左，愿国人注意，勿为所惑也可。
>
> （甲）日人在我国所设之通信社：一东方通信社，二共同通信社，三上海通信，四东满通信，五内外通信，六满洲通信。
>
> （乙）日人在我国所设之华文报：

报目	出版地	主事人
顺天时报	北京	渡边某
盛京时报	奉天	佐藤善雄
亚洲日报	上海	
泰东日报	大连	金子平吉
芝罘日报	芝罘	桑名贞次郎
湖广新报	汉口	
闽报	福建	津田七郎
济南日报	济南	
民国报	广东①	

---

① 《日本在华之新闻政策》，《晨报》1919年6月23日，第2版。

日本在华中文报刊这种迷惑伎俩,戈公振认为最不可忍。"夫报纸之自攻击其政府与国民可也,彼报之攻击我政府与国民亦可也,今彼报代表其政府,以我国之文字与我国人之口吻,而攻击我政府与国民,斯可忍,孰不可忍!"① 日本这种做法并未取得预期效果,反而引起中国人民的警惕,成为国人提防的对象。五四时期一位中国人对日本外务省官方报《华北正报》(North China Standard)抨击道:"从一家日本的宣传机关报那里,读者看到的除了谎言还能有什么?"②

与英、美等西方国家在华报刊相比,日本在华报刊还有一个特点就是受官方控制特别严密,有的就是官方出版的,有的虽属于私人,但与官方有着千丝万缕的联系。"所以这些报刊的宣传,带有明显的为日本国策辩护的倾向,成为日本政府的喉舌。"③

近代中国是一个受列强侵略的半殖民地国家。各国在华的利益不同,势力有别,它们之间的矛盾导致各国在华外报对中国的立场也不一样。英国实力雄厚,来华最早,在华利益最多,顽固维护不平等条约所带来的特权,形成一种凌驾于中国人之上的"殖民地"心态,被称为"条约口岸心理"(treaty-port mentality)或"上海心理"(Shanghai mind)。这种心理几乎所有在华外国人都有。但作为年轻且在华利益较少的国家,美国对华态度与英国有所差别。在"条约口岸心理"问题上,只有美国人对此持批评态度,甚至厌恶,他们反过来拥抱中国人民的民族意识觉醒,"更开放积极地对待中国人以及稍后兴起的中国民族主义"。④ 在上海,《密勒氏评论报》与英国《字林西报》(The North China Daily News)针锋相对,展开了辩论和斗争。《字林西报》的编辑亨利·瑟尔本·蒙塔古·贝尔(J. T. Montague Bill)维护外国人在华的"治外法权",《密勒氏评论报》编辑鲍惠尔对外国人在中

---

① 戈公振:《中国报学史》,第110页。
② 冯悦:《近代京津地区英文报的舆论与外交评析》,《北京航空航天大学学报》(社会科学版)2010年第3期。
③ 方汉奇主编《中国新闻事业通史》第1卷,第806页。
④ 〔美〕何振模:《上海的美国人:社区形成与对革命的反应(1919~1928)》,第38、49页。

国享有不平等权利感到吃惊,不由自主地"鄙视"贝尔所持的"治外法权"观念。①

英美两国在华外报不但对"条约口岸心理"凿枘不投,而且在上海租界关于新闻自由展开了一场旷日持久的斗争。

租界是西方列强侵略中国的产物,是帝国主义国家在中国的"国中之国"。上海租界由公共租界和法租界两部分构成,其特殊地位使租界内发生的事情中国政府都无权过问。上海被迫开放后,新闻业之所以发达,迅速超越广州、香港,成为中国最大的新闻中心和舆论阵地,这与租界的作用是分不开的。新闻自由是资产阶级新闻事业的基本理念,移植于母国租界内的新闻自由是上海新闻业发达的另一原因,对开设于租界内的中国进步报刊无疑也是有利的。1903年"苏报案"发生,清政府要求上海租界交出章太炎和邹容就遭到拒绝,未能成功。

然而,租界内的新闻自由是有一定限度的。为了维护殖民者在华统治,加强对租界内新闻出版的控制,"苏报案"发生后不久,英国殖民主义者便向北京公使团提出给公共租界工部局管理报刊更大权利的要求,十年后正式提出在《土地章程》中增加"印刷附律"议案。所谓"印刷附律",是上海公共租界工部局在租界《土地章程》的附律中添增新闻出版管理的条款。因帝国主义国家之间意见未达成一致,这一议案一直未能通过。

五四运动发生后,6月中旬上海公共租界发生"山东路口惨案",游行群众遭到公共租界工部局镇压,造成1死9伤;此外北京也发现排英的传单。"山东路口惨案"的发生,促使被搁置多年的"印刷附律"再次被英国租界当局提上日程。"印刷附律"规定,"以后租界内中西报纸须由工部局发给执照",其发给此等执照之条件及则例,"由该局斟酌规定",并"工部局对于意在煽动破坏治安之任何印刷物,得有立即行动阻止其印行之全权,

---

① 〔英〕保罗·法兰奇:《镜里看中国:从鸦片战争到毛泽东时代的驻华外国记者》,第124页。

不必知会其他当局"。①

"印刷附律"一出笼，即遭到中国人民的反对，也遭到一些在华外报的唾弃。《大陆报》批评工部局，"以后租界报纸之存在须受组织工部局之人物之容许，若报纸之言论不与工部局同意，即不能享自由"，这种"与盎格鲁撒逊人之公道观念如冰炭之不相容"的法律，"今工部局旧事重提，又欲设法通过此章程"，其目的"乃不在华报而在西报"。《大陆报》强硬表示："虽然他报如何态度吾不敢知，本报则宣言于此，对于此种钳制言论之举必尽力抵抗，如必要时或且诉诸华盛顿当局，因本报系美国报纸，依美国法律发行于上海，并上海、美国人民一日在治外法权之下，即一日有为一种自由报纸所代表之权利故也。"② 随后，《大陆报》再次发文抨击"印刷附律"，认为这种专制主义连德国"已不复有"，在世界各国中"惟日本有之"，质问工部局"今应否存在于上海租界？吾自由国之人民应否来至上海后即抛弃其根本权利之一？"③

在华外报突出反映了美日两国之间的矛盾。在华美国报刊全部反日，在华英国报刊在一战后期也加入反日行列。在华英美报刊的反日报道和评论，为中国报刊提供了信息，对中国民众反日活动给予了支持。在在华英美报刊与中国本土报刊的互动下，一场轰轰烈烈的反日爱国运动爆发。

1815年马礼逊在马六甲创办《察世俗每月统记传》，宣告了中国近代报刊时代的到来，到1833年郭实腊在广州创办《东西洋考每月统记传》，开创了外人在中国土地上办报的先河。由于中国人对外国势力的抵抗，在华外报从诞生的第一天起就与外交存在着天然的联系。从时间上看，甲午战争是分水岭，前慢后快；从语种上看，英语最强，日语次之；从性质上看，分为

---

① 《〈大陆报〉言论自由之主张》，《申报》1919年6月27日，第10版。
② "Is the Press to Be Muzzled in Shanghai?" *The China Press*, June 26, 1919, p. 10.
③ "American Chamber Protests to the Municipal Council Against Licensing of Press," *The China Press*, June 29, 1919, p. 1. 1925年五卅运动爆发，工部局再提"印刷附律"，受到中国人民和外国友好人士的联合抵制，持续近二十年的"印刷附律"闹剧至此以失败收场。

宗教性报刊和商业性报刊；从地域来看，上海分布最多，其次为香港和天津；从侵略性来看，外文报刊大于中文报刊，日本报刊大于欧美报刊；从发展过程来看，在华外报有一个从东向西、从南向北的扩展过程；从对中国的态度来看，可分为在华英美报刊与在华日本报刊。在华外报都与其母国有着千丝万缕的联系，是其母国对华政策的一个窗口。

第二章

在华外报与华报

中国虽然是世界上"最先有报纸的国家",[1] 但是近代意义的报刊是从西方学习和模仿而来的。中国人最早重视西方报刊并不是因为要创办类似报刊,而是认为在华外报上登载的"夷情"有利于"师夷制夷"。林则徐是我国近代第一个"睁眼看世界"的人,非常重视通过外报来了解外面的世界。他组织人员翻译的材料取自在广州的两家外报:《广州周报》(Canton Press)和《广州纪事报》。像林则徐这样利用外报的还有李鸿章、张之洞等洋务派官员。至洪仁玕主持太平天国政务,颁布的治国纲领《资政新篇》里有"设新闻馆"的主张,虽未能实现,但在中国人利用外报到自办报刊的过程中具有过渡意义。

一般认为中国人在国内创办的第一家报刊是1873年8月艾小梅在汉口创办的《昭文新报》,该报系"仿香港、上海之式而作",[2] 即《昭文新报》仿效的是在香港和上海的在华外报。在国人第一批自办的报刊中,影响最大的是王韬1874年2月在香港创办的《循环日报》。王韬创办此报也是出于

---

[1] 方汉奇主编《中国新闻事业通史》第1卷,第18页。
[2] 方汉奇主编《中国新闻事业通史》第1卷,第470页。

"对《伦敦泰晤士报》的羡慕和模仿"。① 至于康有为1895年8月创办的资产阶级维新派第一家报纸，干脆直接使用英国传教士所办报纸已用的名称《万国公报》。

从第一家在华外报到中国人自办近代报刊，中间间隔近60年。在这60年中，中外联系日益增多和紧密，西方办报的知识、经验和样式传入中国，西方打败清朝的事实与背后的制度、思想促使中国有识之士追求变革。自19世纪60年代洋务运动兴起，经济基础发生变动，国人自办报刊的条件趋向成熟。

自国人自办报刊起到五四时期，我国经历了三次办报高潮。

第一次办报高潮出现在戊戌变法时期。明治维新实行不到30年的日本打败了三千年文明古国，这一事实给中国人以极大的震惊和刺激。在巨大的民族危机面前，康有为、梁启超等维新党人将办报看作开启民智和宣传变法的利器，出现了国人办报高潮。据不完全统计，从1895年至1898年的3年时间里，全国出版的报刊有120种，其中80%以上是中国人自办的，打破了在华外报的优势，成为中国社会舆论的主要力量。

第二次办报高潮出现在民国初年。辛亥革命推翻封建帝制，建立资产阶级共和国，颁布《临时约法》，保障人民有言论、著作、刊行及集会、结社等权利，迎来了国人办报的第二次高潮。武昌起义爆发后，半年时间内全国报刊由十年前的100多种剧增到500种，总销售量达4200万份，被称为"报界黄金时代"。

第三次办报高潮出现在五四时期。袁世凯成为中华民国总统后，上台之初，根基未稳，故作姿态地保护新闻自由，甚至在国务院特设新闻记者接待室。待其专制统治巩固后，便利用各种手段压制、迫害和摧残不利于其专制统治的报刊，大批报馆被封，大量报人被捕被害。以"二次革命"失败为转折点，到1913年底，全国报刊锐减，由民国元年的500种减少到139种。在中国新闻史上，袁世凯对新闻界的这次大摧残被称为"癸丑报灾"。袁世

---

① 王润泽：《中国新闻媒介史（1949年前）》，北京大学出版社，2011，第89页。

凯死后，北洋军阀分裂，中央政府式微，袁世凯对新闻出版界的各项管压措施被废除，新闻业恢复繁荣，出现国人办报的第三次高潮。1916年全国报刊数量达到289种，比1915年增加了85%。1918年段祺瑞执政，加强对异己报刊的控制，封报捕人事件层出不穷，但已无力达到袁世凯极权的局面，全国报刊数量略有下降，为221种。①

1919年五四运动爆发，这一年全国到底有多少种报刊，大陆学者的研究付之阙如，目前唯一能见到的是台湾学者张玉法的研究，认为有362种，其中中文报刊280种。② 此处张玉法所言的280种中文报刊包括外国在华中文报刊，按照前面对外国在华中文报刊数目在甲午战争后到中华民国成立前有30种左右的推算，此时国人自办的报刊大约有250种，比1918年略有增加，与1919年总统徐世昌利用报刊与段祺瑞暗斗的中国政局相符合。五四运动爆发于5月4日，结束于6月28日。这250种报刊有多少种是在五四运动爆发前就存在的，又有多少种是受五四运动刺激而新增的，它们在办刊方针、传播内容、新闻思想、经营管理等方面有什么变化，这在中国新闻学研究上具有一定的意义，有待于研究的进一步深化。

与外报和在华外报称呼相对应，我们把国人自办报刊称为华报或中国报刊。中国近代报刊从无到有，从少到多，是中国人民努力学习、艰苦奋斗、自强不息的结果，然而其成长也与外国殖民势力入侵和外国在华势力的盛衰相关。本章主要关注五四运动前的中国报刊与在华外报之间的关系。

一　五四运动前的华报生存状态

群众运动的发生首在信息流动，五四运动的爆发缘于巴黎和会的消息源源不断地从巴黎传递到中国。五四运动因报刊所赋予的时间上的即时性、空

---

① 国人三次办报高潮中的数据引自方汉奇主编《中国新闻传播史》第2版，中国人民大学出版社，2009，第83、138、147页。
② 张玉法：《新文化运动时期的新闻与言论（1915~1923）》，《中央研究院近代史研究所集刊》第23期上册，1994年6月，第287页。

间上的共时性和地域上的广泛性这些新的特点载入史册。对五四运动前报刊生态的考察,有助于我们从新文化运动之外的角度来了解这场爱国运动是如何爆发的。

辛亥革命爆发,中华民国建立,中华民族的命运出现新的转机。南京临时政府颁布的法规和措施为国人办报提供了机会与保障,出现了中国报业的"黄金时代"。尽管袁世凯统治时期出现了"癸丑报灾",但袁世凯统治不到4年时间就结束了。袁世凯死后,中国统一局面出现危机,在五四运动爆发之时,中国已经分裂为北京和广州两个政府。北京政府(也被称为北洋政府)内部再分裂成各个军阀派系和政治集团,军阀派系有曹锟为首的直系、段祺瑞为首的皖系、张作霖为首的奉系,还有像张勋等大小庞杂的军阀,政治集团有交通系(后又分为新、旧两派)、安福系、研究系等。再加上总统与总理之间的"府院之争",北京政府内部的政治斗争错综复杂。南方的广州军政府内部也充斥着国会与西南实力派的矛盾,而西南实力派之间又钩心斗角。中国军阀所制造的分裂和混乱给中华民族带来了深重的灾难,"却为思想的多元化和对传统观念的攻击提供了大量机会,使之盛行一时。中央政府和各省的军阀都不能有效地控制大学、期刊、出版业和中国智力生活方面的其他机构"。① 中国报界在这极度分裂和混乱中获得了"自由"发展,变得"繁荣"起来。

导致中国报刊"繁荣"局面的出现,还有租界这一不可忽视的因素。近代中国专管租界有上海、厦门、天津、镇江等25处,公共租界有上海、厦门鼓浪屿两处。② 专管租界即某单一国家拥有的租界,公共租界即列强共同管理的租界。这些租界分属于英、法、美、德、俄、日、比、意、奥9国,在中国享有不平等权利,从晚清到民国,历届政府都对其鞭长莫及。不仅在华外国报馆建在租界,而且许多中国报馆也建在租界。上海租界在所有租界中历史最久、面积最大、发展最繁荣,其新闻事业也最发达,不仅有《北华捷报》

---

① 〔美〕费正清编《剑桥中华民国史(1912~1949)》上卷,杨品泉等译,中国社会科学出版社,1993,第356页。
② 费成康:《中国租界史》,上海社会科学院出版社,1991,第427~430页。

《字林西报》《密勒氏评论报》《大陆报》等众多外报，《申报》《新闻报》《时报》《时事新报》《民国日报》《神州日报》等十几家中国报馆也建在这里，望平街成了报业聚集之地。上海新闻业发达，离不开结托租界这一因素。"上海报纸发达之原因，已全出外人之赐，而况其最大原因，则以托足租界之故，始得免婴国内政治上之暴力。"①

第一次世界大战期间是中国民族经济发展的"黄金时代"。一战前，1913年中国近代企业工厂有698家，创业资本3.3亿元，工人27万人；一战结束后，1920年中国近代企业工厂数增加到1759家，创业资本为5亿元，工人达到55万人。②民族经济的发展给印刷业带来活力。1913年，我国印刷文具工业工厂只有25家，资本800多万元，工人8460人；1920年，印刷文具工业工厂发展到51家，资本1亿元，工人11825人。③纸张输入在1912年为48万担，1917~1920年每年分别为52万担、54万担、86万担及100万担。④

经济的发展使创办报刊容易起来。在五四运动发生时阮毅成还是一个"旧制中学二年级"的学生，与杭州28位中等以上学校的学生共同创办《浙江新潮》，办刊成本很低，"其时印刷一千份的八开刊物，连纸张在内，只要大洋三元，真是人人可以办刊物也"。⑤这种廉价办刊的情况到1927年也没有改变。1937年邵力子回忆十年前中国新闻事业的出版情况时谈道："十年前，中国的新闻事业，除少数在都市发行的几家报纸外，多不自备印刷机，所以要办一种报纸亦很容易，仅租几间房子作为社址，即可成立，印刷部分可以完全委托其他印刷所代印；其次，虽具备有一二架平版机，究亦不过粗具规模罢了。"⑥办报的门槛不高，使报刊的发行量在袁世凯死后的3

---

① 姚公鹤：《上海闲话》，吴德铎标点，上海古籍出版社，1989，第129页。
② 〔美〕费正清编《剑桥中华民国史（1912~1949）》上卷，第50页。
③ 陈真、姚洛合编《中国近代工业史资料》第1辑，三联书店，1957，第55~56页。
④ 王润泽：《北洋政府时期的新闻业及其现代化（1916~1928）》，中国人民大学出版社，2010，第14页。
⑤ 阮毅成：《从〈五四〉谈到〈浙江新潮〉》，《传记文学》（台北）第42卷第5期，1983年5月。
⑥ 邵力子：《十年来的中国新闻事业》，中国文化建设协会《抗战前十年之中国》，龙田出版社，1948，第488页。

年内以平均每年 900 万份的速度增长，1917 年的发行量为 0.54 亿份，1918 年为 0.59 亿份，1919 年达 0.68 亿份，1920 年达 0.81 亿份。①

办报成本低廉，使阅报也相应十分便宜。当时的北京大学旁听生许钦文回忆五四时期北京青年学生在中央公园的阅报状况：

> 在公园里，如果你喝一杯茶，或者吸一瓶汽水，坐在藤椅上，会有卖报的人把当天要看的报纸送来，放在你的面前，北京《晨报》、天津《益世报》、上海《民国日报》等叠起一大堆。翻阅以后只须出一个铜子压在报纸上，不用等到卖报的人来收取，你可以随时走掉。这样，不用多花钱，可以看到许多份报。报纸的利用率高，也是节约纸张的一法。②

报人顾执中回忆五四时期自己读报的情景时，同样认为阅报十分便宜：

> 我家虽然穷，但也天天看报，不过我们看的是早上出版而延至晚间看的报，在那时有很多人看不起报，路上又没有公共的阅报牌，因此把一份报分做几种时间来看，有的在早上一出版后就看，看毕由报贩收去，再交给中午和下午看报的人来看，我们看报的时间是在下午五六点钟后，那时看报取费既便宜，报纸也可为我们所有。③

从对媒介的"使用"获得满足，还必须考虑到人的"使用"能力，对报刊的"使用"基本要求是具备一定的识字能力。民国成立后，近代教育发展，学生规模逐渐扩大。1912 年全国小学生 280 万人，中学生 6 万人。④

---

① 戈公振：《中国报学史》，第 230 页。
② 钦文：《五四时期的学生生活》，中国社会科学院近代史研究所编《五四运动回忆录》（下），中国社会科学出版社，1979，第 984 页。
③ 顾执中：《报人生涯：一个新闻工作者的自述》，江苏古籍出版社，出版时间不详，第 175 页。
④ 〔美〕吉尔伯特·罗兹曼主编《中国的现代化》，国家社会科学基金"比较现代化"课题组译，江苏人民出版社，1988，第 527 页。

到 1915 年，全国大、中、小学生总数接近 426 万人。① 识字人数的增加提高了报纸的使用率，从而增强了受众的满足度。这一点文人和政客看得很清楚，军阀却未能跟上时代的步伐。五四时期，文人和政客的"纸弹"压倒了军阀的"子弹"。

民国初立，政党活跃。民初政党政治主要在宋教仁组建的国民党和以梁启超为首的进步党中博弈。袁世凯利用进步党挫败国民党，在镇压"二次革命"后，又利用北洋军人和交通系排挤进步党。袁世凯帝制失败，中国政坛迅速分化，段祺瑞成为各派军阀中的最大实力派，控制着北京政府，新的政治派别此时纷纷出笼。交通系中参与袁世凯帝制活动的人物如梁士诒受到惩罚，逃往国外，留日出身的曹汝霖、章宗祥和陆宗舆重找靠山，投靠段祺瑞，结托皖系干将徐树铮，脱颖而出，形成"以日本为主要奥援"和以江浙闽三省人为主的"新交通系"。② 而梁士诒、周自齐、叶恭绰等原交通系人物则被称为"旧交通系"。从进步党内分化出来的以梁启超为首的"宪法研究同志会"和以汤化龙为首的"宪法案讨论会"在恢复旧国会的刺激下，于 1916 年 9 月 12 日正式合并，名为"宪法研究会"，人称"研究系"。研究系保持与国民党对立的立场，与北洋军阀进行合作。

在中国参战与粉碎张勋复辟两件事上，梁启超力挺段祺瑞，尤其在粉碎张勋复辟时，梁不仅为段商借到急需的 100 万日元，而且还帮段赞襄军务。段也投桃报李，军事讨伐张勋成功后，在组阁时大量起用研究系人。梁启超、汤化龙、林长民、范源濂等研究系要角分任财政、内务、司法、教育总长，汪大燮虽非研究系，但曾隶籍进步党，与研究系有渊源，担任外交总长，形成显赫一时的"研究系内阁"。不仅如此，在对付国民党方面，双方态度高度一致。张勋复辟失败后，新政府要不要恢复旧国会？如果恢复旧国会，国民党势必卷土重来，这是段与梁都不愿面对的局势。共同的需要促使段最后采取了梁设计的以临时参议院代替旧国会的方案，迫使国民党议员离

---

① 数据来源于李华兴主编《民国教育史》，上海教育出版社，1997，第 596、621、643 页。
② 贾熟村：《北洋军阀时期的交通系》，河南人民出版社，1993，第 52 页。

开北京，南下广州，另立政府，形成南北分裂的严重后果。然而，段梁的合作到此为止。段的班底由两大支柱组成：以徐树铮为首的皖系军人和以曹汝霖为首的新交通系。徐树铮等人对研究系掌握内阁重要权力、与他们抢夺利益愤愤不平。① 在徐树铮的操纵下，1918年夏的新国会选举，指望能成第一大党的研究系大败，愤然离开了段祺瑞。离开段后的研究系以笔为武器对段派展开了猛烈攻击。

从1918年9月开始，以研究系机关报《晨钟报》为首的8家报刊陆续报道段派与日本多次借款的消息。9月21日《晨钟报》在揭露中日"大借款"之事时，没有忘记加上评论，"其条件较袁项城时代第五项为尤甚。呜呼！人之无良至此极矣。我中华民国何其不幸，乃有此败类"。② "大借款"之事被揭露后，段立即启用《戒严法》，以"损坏邦交，扰乱秩序，颠覆政府"的罪名对8家报馆进行查封。③ 在舆论的压力下，到10月15日，被封的8家报馆有5家准许恢复出版，但《晨钟报》仍在严禁之中。"同罪异罚，不知是何原因也？"④ 此为"大借款"风波。10月23日和平期成会成立，梁在接受记者采访时对以段为首的武力派发表公开谴责：

> 我国之为军国主义，乃由少数蠢如豕、贪如羊、狠如狼之武人，窃取名号以营其私，若此者无南无北，无新无旧，已一邱之貉也。更质言之，则现在拥兵弄兵之人，实我国民公敌，其运命与国家之运命不能并存，今举国共痛恨于武人之干政矣。⑤

段、梁分裂无疑让10月10日刚就任总统职位的徐世昌在与段的暗斗中捡到了便宜，徐、梁迅速结盟，很快就有了成果。一是1918年12月1日，

---

① 刘以芬：《民国政史拾遗》，台北：文海出版社，1972，第19~20页。
② 《人言凿凿之大借款》，《晨钟报》1918年9月21日，第2版。
③ 《北京报界之借款厄》（一），《申报》1918年9月28日，第6版。
④ 《京华短简》，《申报》1918年10月15日，第6版。
⑤ 《梁任公之平和谈》，《申报》1918年10月26日，第6版。

一直被段严禁复刊的《晨钟报》改头换面后以《晨报》继续出版；二是12月18日，徐接受梁启超等人的建议，在总统府内另设一条绕开外交部的以研究系人员为骨干的外交委员会，旨在指导巴黎和会中国外交，又接受林长民的建议派遣梁启超以个人资格赴法。这两个成果对不到5个月后的五四运动爆发都有直接关系。

徐世昌是民国时代唯一的文人总统，其任期竟然相当于三个武人总统黎元洪、冯国璋和曹锟的任期之和，① 这与他擅于笼络媒体，运用舆论来装扮自己和打击敌人不无关系。其在做总统之前，亲身经历和参与了戊戌变法和辛亥革命，对这两次运动中报刊所起作用的认识比一般人要深刻。徐曾对记者谈道，"近睹戊戌以来，每次政治上变革之功，咸归于报章鼓吹之力。明效大验，炳然若此"，因此"舆论者政府之后援，报纸者人民之喉舌"。② 徐就任总统后不久，便在总统府中添设"新闻记者招待所"，派员星期二、五接待本国新闻记者，星期三、六接待外国记者，③ 还邀请新闻记者出席招待会。④ 徐世昌对新闻媒体的亲近态度与段祺瑞的专横形成鲜明对比，大得新闻界的好感，被视作中国新闻业的希望所在。当时媒体对徐接待新闻记者的举动评价道：

> 新闻事业，欧美日本诸邦，莫不重视，因之新闻界之发达蒸蒸而日上。我国新闻事业，本尚幼稚，加以官场之仇视，有力者动以摧残舆论为能事，而新闻事业乃益奄奄而不振。
> 现政府一反前辙，忽有招待新闻界茶会之举，是政府亦渐知重视新闻事业矣。自时厥后，我新闻界庶几有发达之望，不致再受意外之横

---

① 黎元洪总统任期为1916年6月7日至1917年7月30日、1922年6月11日至1923年6月13日，冯国璋总统任期为1917年7月30日至1918年10月7日，徐世昌总统任期为1918年10月10日至1922年6月2日，曹锟总统任期为1923年10月10日至1924年11月3日。
② 《昨日怀仁堂盛会》，《晨报》1918年12月1日，第6版。
③ 《招待新闻记者办法》，《晨报》1918年12月15日，第3版。
④ 《昨日怀仁堂盛会》，《晨报》1918年12月1日，第6版。

逆乎！①

徐世昌与梁启超的结盟等于与舆论界话语权结盟，没有"子弹"的一方准备用"纸弹"与武人派一较高低。五四运动前研究系拥有机关报《晨报》，能够控制和影响的报纸还有《国民公报》和《时事新报》，国民党拥有机关报《民国日报》，安福国会虽有机关报《公言报》，但段祺瑞从来不认为自己是安福系的首领。研究系与总统、国民党、段派三方各以自己的强项欲致对方于死地，在在华外报的参与下，战斗达到白热化程度，最终有人倒下。

二 华报的"洋"字旗

鸦片战争后，中国人的民族观念逐渐由"华夷"之辨转为"中外"之别。报刊作为一种文化载体和文化产品，办报人与注册国之间存在跨国现象，很难给当时的报刊从国籍属性上定性是"中国的"还是"外国的"，因此只能从创办人的国籍、报社的资金来源与立场几方面来综合判断其国家属性。换个角度说，不能因为华报向外国注册而不将其看作中国报刊。

总的来说，在华外文报刊主要是为母国人服务的，华报是为中国人服务的。在北洋政府的专制统治下，华报为了避免迫害，不得不设法将报馆设在租界内，并向外国领事馆注册，挂上"洋"招牌作为护身符。据英国情报透露，1918年在上海有7家名声很响的华报在日本总领事馆注册，它们是《申报》《时报》《时事新报》《神州日报》《民国日报》《中华新报》《亚洲日报》。② 尽管它们向日本注册，但从上述判断标准来看确实是"中国的"报纸。这样的"洋"字招牌虽然能给它们带来非常多的便利，但在某些时

---

① 无妄：《新闻界之前途希望》，《大公报》1918年12月2日，第2张。
② 〔美〕顾德曼：《上海报纸的跨国现象》，马长林主编《租界里的上海》，第111页。

刻也会给其带来麻烦。在中国人看来，华报向哪一个国家注册，多少含有一定的政治含义。五四运动期间，向日本注册的华报的处境极为尴尬。1919年6月，抵制日货运动发生，《申报》不得不将日本注册改为法国注册。①

挂"洋"旗不是华报所特有的现象，近代中国企业为了防止和减少官府军阀和土匪流氓的压榨与盘剥，也想法挂上"洋"旗。1898年，镇江一位道员联合商人创办立生洋行，托名麦边洋行，成为第一个开拓内河航运的华资公司。第二年，泰昌轮船公司开辟镇江至清江浦航线时，挂上美商的旗号。1898~1899年，在镇江到清江浦的航线上航行的十多家民族航运公司中，挂英、美、法、日"洋"旗的就有10家之多。②

华报挂"洋"旗的另一种表现是对在华外报内容的翻译。翻译外报是那些没有能挂上"洋"旗的华报借外人力量对付政府封报抓人的首选和必选。

近代反侵略战争失败的教训，从国外寻找救国药方，为中国有识之士的觉悟。翻译西方学术被梁启超视为"强国第一义"。③至五四时期，我国翻译西方的学术、思想等内容大概可划分为在甲午战争前侧重科技方面，戊戌时期偏重于了解外情和社会科学，20世纪初重点转向法律、政治等社会科学领域三个阶段。④这些翻译作品使中国人改变了对世界的看法，也改变了中国人对自己的看法，使中国逐渐走上全球化的征程，融入世界大家庭。五四时期国人改变了以往的救国方式，从西方社会科学中明白民族国家之义，害怕"国将不国"而将救亡主题诉诸"外争国权"，这不同于洋务运动认识到"火器"落后，救亡主题诉诸技术革新，也不同于维新运动意识到专制独裁之害，救亡主题诉诸政治体制改革，更不同于义和团运动相信"非我族类，其心必异"，救亡主题诉诸门户清理。

翻译外报对新生的民国十分重要，从外交部到总统都需要从译报中了解

---

① 〔美〕顾德曼：《上海报纸的跨国现象》，马长林主编《租界里的上海》，第111页。
② 沈红亮：《清末镇江轮船运输业的利益格局》，《历史教学》2016年第12期。
③ 《梁启超全集》第1册，北京出版社，1999，第45页。
④ 马光仁主编《上海新闻史（1850~1949）》，第219页。

外国对华动向和意向。顾维钧刚到外交部工作便成立翻译科，原先只翻译在华外报的新闻，后来也翻译国外出版的报纸新闻。对当时的新闻时效性来说，国外的报纸寄到北京，如《泰晤士报》《纽约时报》《纽约先驱报》，在出版后3个星期才能到达，因而国外报纸的新闻并不重要，重要的是它的社论与专栏，于是翻译科就把工作重点放在对在华外报的翻译上。这些在华外报"上面不仅有许多新闻，而且其社论观点也可以使人看出很多问题。……它往往反映了其本国的观点；实际上，有些外文报纸就是该国驻北京使馆的喉舌"。① 由于在华外报新闻的重要性，对于注重外交的总统袁世凯来说，阅读译报成为他每天醒来后的第一件事。兼任袁世凯英文秘书的顾维钧对于袁的这一习惯十分清楚，"事实上，阅读新闻译本成了总统日常工作的一部分。记得至少有五、六次在我外出参加晚宴时，总统府的人打电话问我'新闻简报'——当时我们就这么叫——怎么还没有到。我告诉他刚刚送出。他说10点钟以前送到就没事，总统府10点钟关大门，晚了就要麻烦。总统早晨第一件事就是看'新闻简报'"。②

对于中国报界来说，翻译外报的内容有两大好处。

第一，能够弥补国际新闻来源之不足。由于中国没有全国性更没有世界性的通讯社，国际新闻唯有依赖翻译在华外报和外国通讯社的消息。据时为美国俄勒冈大学副教授顾德曼的研究，五四时期的人们从华报上接触到的大量新闻是从《字林西报》《密勒氏评论报》《大陆报》《汇报》上翻译过来的，"这些翻译文章构成了几乎所有中文报纸新闻栏目的重要部分，中文报纸由此通过翻译和依靠与中外新闻通信社的联系解决了新闻报道匮乏的困境"，事实上几乎所有出现在《密勒氏评论报》上的报道"都被翻译"并且被"广泛地刊登"在中文报纸上。③ 戈公振在研究中国新闻史时对华报新闻来源的考察是，"昔时报纸，访稿鲜少，以译报为大宗材料"，④ 故姚公鹤说

---

① 《顾维钧回忆录》第1分册，中国社会科学院近代史研究所译，中华书局，1983，第105页。
② 《顾维钧回忆录》第1分册，第106页。
③ 〔美〕顾德曼：《上海报纸的跨国现象》，马长林主编《租界里的上海》，第110页。
④ 戈公振：《中国报学史》，第98页。

清末民初"华报所得紧要消息,十八九均自外报转译而来"。①

第二,可以规避法律责任。在专制统治之下,华报新闻易受官府干涉,而若华报新闻来自对外报的翻译,则"一经登载,声明由某外报译录,即有错误,本报可不负责。盖其时报纸为不正当营业之一,偶有误闻无所谓具函更正之手续。小而起诉,大而封闭,此更办报者之所寒心。故转登外报,既得灵便之消息,又不负法律之责任,其为华报之助力者大矣"。②

特别是有关日本方面的新闻,若不是出自外报,华报往往会面临灭顶之灾。前有1918年9月的"大借款"风波,后有五四运动期间的"《益世报》案"。

《益世报》由比利时天主教传教士雷鸣远(Vincent Lebbe)联合中国教徒刘俊卿、杜竹轩等人在1915年10月10日创刊于天津,办刊8万元资金中有5万元为雷鸣远所征募。1916年雷鸣远派杜竹轩等人又在北京创办了北京《益世报》。1918年5月,美国人伯尔(Roger A. Burr)收购了天津《益世报》,但在收购北京《益世报》时出现了麻烦,未获北京警察厅同意。《益世报》的亲美反日立场让日本人十分恼火。

1919年5月23日,北京《益世报》刊登了两条新闻:《蛮哉!日本公使之公文》③和《鲁军人痛外交失败之通电》④。前条新闻的副标题之一为《视我俨如属国》,批评日本公使20日为取缔反日运动向中国外交部照会中对中国舆论自由的干涉和限制,引起日本公使小幡酉吉对外交部的抗议,小幡认为该照会内容是中国官方故意泄露给报馆的。⑤后条新闻披露了山东第五师军人"誓不用日货,遇有购日货者,随时劝阻"的爱国热忱和愿"以铁血为诸君后盾"的决心。此条新闻一经刊登,京畿警备总司令部高度紧

---

① 姚公鹤:《上海闲话》,第130页。
② 姚公鹤:《上海闲话》,第130页。
③ 《蛮哉!日本公使之公文》,北京《益世报》1919年5月23日,第2~3版。
④ 《鲁军人痛外交失败之通电》,北京《益世报》1919年5月23日,第3版。
⑤ 高莹莹:《第一次世界大战与中国的反日运动》,中国社会科学出版社,2017,第137页。

张，当晚以"煽惑军队，鼓荡风潮"的罪名，根据"《戒严法》第十四条所载，戒严城内司令官有执行左列各项事件之权"，① 逮捕该报主笔潘蕴巢。经理杜竹轩事先得知消息，避走北京使馆界六国饭店。

北京《益世报》被封后，总统徐世昌和钱能训内阁都主张从宽办理，美国公使馆与美国在中国北部的英文报纸《华北明星报》（*The North China Star*）都参与了营救。美国公使馆以北京《益世报》在"美国尼发达省法律一切手续甫经完竣"，且"该报产业已由美商收买，自今以往美国公司乃为正当管有该财产者"为由，② 强调其"美国的"性质。京畿警备总司令段芝贵强调《益世报》为"纯粹之华人事件而解决之"，③ 否认美国的所有权。"《益世报》案"最后以报纸断绝与美国的所有关系，潘蕴巢被判徒刑一年，发行人和印刷人各拘两月的处罚而收场。

"《益世报》案"透露出两点信息：一是凡刊登对日本不利新闻的华报都有可能遭查封；二是华报刊登的对日本不利的消息如果是译自外报，则能够避免被查禁的危险。在"《益世报》案"之前，华报登出的不利于日本的消息比23日《益世报》的两则新闻要严重得多，但都没有遭到封报捕人。如1919年4月8日《晨报》刊登一则专栏《美报论日本野心之由来》，自称从美报《密勒氏评论报》翻译而来，尽管内有对天皇的不尊敬，"日本之国家观念既如是之甚，宗教之理想亦重，且由政府在上提倡，奉皇帝为至尊，加以天子之号深种人心，牢不可破，皇室利用之以保其位，借免民气大张之影响，惟其如此，故德国之黩武主义得以传于日本"；也猛烈抨击日本的侵略政策，"以日本之政策太不公平，又因日本武人野心太甚"，④ 但《晨报》并没因此受牵连，原因在于《晨报》的这则报道来自对《密勒氏评论

---

① 《〈益世报〉被封之原因》，《晨报》1919年5月25日，第2版。
② 《〈益世报〉事件近闻》，《申报》1919年6月2日，第7版。
③ 《中美新闻社北京杂记》，《申报》1919年6月4日，第7版。
④ 《美报论日本野心之由来》，《晨报》1919年4月8日，第3版。《晨报》此篇报道应是翻译自《密勒氏评论报》的文章《日本人之偏向》（"The Nipponian Slant," *Millard's Review of the Far East*, Vol. 8, No. 10, May 3, 1919, p. 356）。《密勒氏评论报》发表此文时间为1919年5月3日，《晨报》出版时间为1919年4月8日，这里时间上的差错耐人寻味。

报》的翻译。正因为是译自外报，《晨报》将《密勒氏评论报》的标题《日本人之偏向》中的"偏向"（slant）译成"野心"，也安然无恙。这反过来说明挂"洋"旗对华报而言，有不得已而为之的苦衷。

巴黎和会期间，华报报道了大量不利于日本的新闻，绝大多数风平浪静，未被日本驻华公使馆抗议，原因在于华报的报道几乎都出自对在华外报的翻译。笔者在研究在华英美报刊与五四运动之间的关系时，对照华报的译文努力寻找到在华外报中的原文，或者说对在华外报的报道尽力找到华报的翻译。笔者所用的在华英美报刊重点是英国的《字林西报》《北华捷报》，美国的《密勒氏评论报》《大陆报》《华北明星报》等英文报刊，华报则重点选择《申报》和《晨报》。以它们为代表，对比二者的译文，则华报的立场赫然可见。《申报》是商业性的，立场中性，报道和评论比较严谨、保守和客观；《晨报》是研究系的机关报，属于政党性报纸，报道和评论都带有一定的立场和底色。因为立场问题，它们在翻译同一份外报报道时译文会有差别，有时差别还很大。

三　华报对在华外报翻译的差别

在华外报成了华报新闻的主要来源，翻译是一门专业技术，然而一旦涉及立场问题，翻译又成了一门政治艺术。

中国自 19 世纪 70 年代"幼童留美"开始，到日俄战争后青年蜂拥留学日本，再到清华学堂开办，留学渐成时髦，以致出现了"海归"找不到工作甚至自杀的案子。有人关注到 1917～1918 年的高等教育情况，"在那时，从大学毕业的，从外洋念书镀金回来的，沦落街头，触目皆是，报纸上每天几乎都刊载着留学生因失业投黄浦江自杀的消息"。[①] 留学归国就业的压力，对报馆来说是选择优秀人才到报馆工作的绝好机会，因此当时报馆很容易物色到优秀的译员。

---

① 顾执中：《报人生涯：一个新闻工作者的自述》，第 88 页。

华报对在华外报翻译出现的差别，至少说明每家报馆都有独立的翻译机构或翻译人员。包天笑回忆其辛亥革命后在狄楚青的时报馆工作的朋友中有一个是"留美回国的杨心一"，"本来请他是翻译西文的"。① 包天笑的回忆表明《时报》的译文出自自家手笔，现在无从知道那时华报中的翻译文章出自何人之手，但这些译文作为史料留存了下来，使后人既可以从中发现各报翻译的水平，也可从中观察各报的立场。

1918年1月8日，美国总统威尔逊在国会发表著名的"十四点"演讲，11日在上海的《申报》和在北京的《晨钟报》（《晨报》前身）同时进行了译载，《晨钟报》分11日和12日两次登完。威尔逊演说的文件较长，下面仅将两报对"十四点"条款部分的译文进行对比，以示两者的区别。

《申报》对"十四点"条款的翻译为：

（一）公开订定光明之和约，嗣后不得有任何种类之秘密，国际协商外交应常坦白进行，而使世人共见之。

（二）领海外之各海，各国于承平、战争之时，均有航行绝对之自由，惟以国际举动依国际条约封锁全海或一部分时，不在此例。

（三）尽力消除一切经济障碍。凡各国之承认和局与合负保持之责者，应设立贸易条件之平等。

（四）载明充分之保证，由各国承认之，将国际军备减至与国内安宁无碍之最低度。

（五）关于殖民地之一切要求，应予以自由、坦直、无偏袒之解决。凡于决定主权问题之际，殖民地人民之权益，必须与自认有主权的政府之公正要求同一注重。此项主义当严守之，以为解决关于殖民地一切要求之根据。

（六）俄国各境军队悉撤。凡涉及俄国之各种问题，其解决之方务

---

① 包天笑：《钏影楼回忆录》，香港：大华出版社，1971，第416页。

使世界各他国咸予以最善而最自由之合同动作，为俄国觅取无阻碍之机会，俾俄国得以自行决定其自己之政治，发展其国家政策，并愿诚实欢迎自择国制之俄国入于自由国家之社会。不独欢迎已也，且愿予俄国以其所缺少与其所需求之助力，此后数月，俄国各姊妹邦所施于俄国之待遇，将成各邦好意之试验，将为全为顾念俄国需要，而不存自私自利之表示。

（七）比国境内之军队必须撤退，比国之土地必须恢复。比国与其他自由国所共享之主权，不得稍加限制，此乃全世界之公意。欲求各国人民复信任其所自定约束彼此交际之公法，舍此而外，别无他法。苟无此补救方法，则国际公法之全部结构与其效用，定永远毁坏矣。

（八）法国各土地应使自由。所被攻入之部分均应恢复，一八七一年普鲁士于亚尔萨斯劳兰事所铸之错，牵动世界和平几近五十年，应加矫正，俾和局复可安固而有益于大众。

（九）意大利边界应依明白可辨之民族范围而重定之。

（十）奥匈人民为吾人愿见其安稳处于列国间者，应予以自治、发展之极自由机会。

（十一）罗马尼亚、塞维亚、孟台里格罗三国境内之军队，均应撤退，被占之土地均应恢复。塞国应予以自由安全通海之道，巴尔干数国彼此之交际应依历史上效顺与民族之沿革，和衷商定之。巴尔干数国政治与经济独立及土地完全之国际保障应加规定。

（十二）目下土耳其帝国之突厥部分，应得保证其有安全之主权。惟其他民族处突厥治权下者，应保证其生活之确实安宁及自治发展绝对无牵扰机会。鞑靼海峡永远开放，为各国船舶及商业自由来往之孔道，而由列国保证之。

（十三）应建设一独立波兰国。凡确切无疑之波兰人民所居土地均应包括于内，且当予以自由安全通海之道，其政治自由之独立及土地之完全，应由列国订约保证之。

（十四）列国应依特殊契约成一公共团体。俾彼此以政治独立与土地完全之保证，给予大小各国。①

《晨钟报》的翻译为：

（一）公共之契约，共公讨论解决之，后则无各种国际之和约，且外交恒应公然进行，按照公民之意见。

（二）于疆界流域外，各海境航行之自由不分战事与和平时代，惟各海境之全境或一部分由万方定夺，禁止航行以历行，万国契约者不计。

（三）极力破除各种经济上之防碍，于各国间设立均等经商条件，适合于和平及维持和平之旨。

（四）切实担保各国军械减少至于最低之数，适足以保护地方为限。

（五）自由坦白切实解决殖民地之要求，根据于严守条约，凡解决此等主权问题，人民之利益与政府要求之公允权利，当然并重。

（六）退让俄国之各疆界，以及有影响于俄国之各问题之解决，庶可得世界他国极力自由协助，为其谋得无所困阻之机会，以解决其本国政治以及政策。又使其诚心欢迎其自由国自行选择制度，不独欢迎，且可主张其应有及所愿欲之体式，俄国所受兄弟国之待遇，数个月以后，将试验其好意、利益、感情。

世界公认比利时应当恢复，不得限制其主权，且比国与其他自由国当同享此等主权。非此决议，均不足以恢复各国对于法律之信用。彼等自能解决政府间之关系，不然义国公法之稳固基础永为破坏。

法国之疆界应当脱离压力，而被侵占之地亦应复还。千八七十一年亚尔萨罗兰安尼之事，普鲁士侵犯法国，竟破坏世界和平约五十年之久，亦应剖理，庶无可使和平再见稳固，同获利益。

意大利边界应当按已承认之界线再为应行划定。

奥斯马加之人民在各国中之地步，吾人愿见其保全，当给与自行整

---

① 《美总统之和议大纲》，《申报》1918年1月11日，第3版。

顿之机会。

　　鲁马尼亚、塞尔维亚与门的内哥之国亦当复回其被据之疆界，亦应恢复塞尔维亚得有自由稳固之海口，巴尔干联邦之联络由彼此和衷，按历史上各邦联盟统系协商解决，万国应协定担保巴尔干各邦之完全领土及政治经济上之独立。

　　现土耳其民族之国内土国部分应有稳当主权，但其他各国现归土国统治者亦应得其自治之机会，安居乐处，勿受搅扰。达登尼里海峡当永远开放，由万国担保，为各国经商航行之自由之水路。

　　普兰独立国应当成力（原文如此——引者注）包含普兰人民所居住之疆界，亦应得一自由稳固之海路，其政治自由独立及完全领土当由万国契约担保。

　　各国全体联合会应按特别契约组成，以为襄助，互相担保大小各国之政治独立与其完全领土。①

　　从形式上比较，《申报》和《晨钟报》的报道除皆为竖排和没有标点外，还有都不分段落（上面段落为笔者所分），但《申报》将"十四点"用数字一一标出，而《晨钟报》标出6个数字后就再也没有标明数字，很难让人清晰看出"十四点"条款的全部内容。从内容上比较，《申报》的翻译基本上将威尔逊"十四点"内容全部译出，而《晨钟报》的翻译省略许多，且有的地方不通顺和不清楚。《申报》的译文与10个月后蒋梦麟的翻译相比较，② 毫不逊色。

　　《晨钟报》为研究系的机关报，研究系内人才济济，为何对威尔逊"十四点"的翻译如此令人大跌眼镜？这与威尔逊"十四点"在刚传播到中国时的影响相关。威尔逊"十四点"并不是一到中国就人人皆知，而

---

① 《威总统之宣言》（续昨），《晨钟报》1918年1月12日，第6版。
② 蒋梦麟关于"十四点"条款的译文见《美国总统威尔逊参战演说》，蒋梦麟译，商务印书馆，1918，第30～34页。威尔逊的"十四点"演说原文见 Arthur Roy Leonard, *War Addresses of Woodrow Wilson* (Boston, Ginn and Company, 1918), pp. 97–99。

是如泥牛入海，默默无闻。一战结束时"十四点"为人熟知局面的形成，归因于美国的刻意宣传和炒作，这一点待在后面详述。研究系当时没有感觉到"十四点"的价值所在，译文不免草率、生硬和不准确。同时也反映当时中国政党的机关报与专业报刊，特别是具有海外背景的专业报刊相比，国际新闻的敏感度、外文记者及翻译人员的外语水平存在一定的差别。

如果说 1918 年初《申报》和《晨钟报》对"十四点"的翻译存在水平和认识上的差距，那么 1919 年 3 月末两报（《晨钟报》被封后改为《晨报》出版，仍是研究系的机关报）对《华北明星报》同一篇新闻的翻译则显示出两报性质的不同所带来的立场差异。

1919 年 3 月 20 日，《华北明星报》发表一篇通讯《在巴黎的汉奸》，① 23 日《晨报》以《异哉！卖国之骇闻》，② 25 日《申报》以《欧和会内之中国不祥消息》为题分别进行登载。③ 下面以《申报》的报道为基础来看两家译文的区别。〈 〉符号内文字为《申报》有而《晨报》无的内容，［ ］符号内文字为《申报》无而《晨报》有的内容，英文为《华北明星报》原文：

〈二十日英文《华北明星报》略云：〉昨晚本报接华盛顿电称，巴黎亲日派华人之〈举动〉［叛逆］（Treachery）使中国代表在和会中关于处置山东〈德人利益〉问题目前正在进行之外交战争上大受掣肘。该电引述《纽约希鲁报》巴黎访员之报告，谓日本在巴黎和会对中国之外交战争现得胜利，其一部原因以亲日派之中国人破坏顾王两使之计划所致也。［按此辈卖国叛徒际此中国议案正向和会中列国代表提出之秋，不顾国家主张利益而有此等行为，其罪恶之深殊无适当之语可以形容之。］（No terms of abuse which are fit to print can adequately describe these traitors who are false to the cause of their own country at a time when

---

① "Chinese Traitors in Paris," *The North China Star*, March 20, 1919, p. 4.
② 《异哉！卖国之骇闻》，《晨报》1919 年 3 月 23 日，第 2 版。
③ 《欧和会内之中国不祥消息》，《申报》1919 年 3 月 25 日，第 3 版。

China's case is being presented to the assembled representatives of the world's powers.）又据昨晚所接路透电称处置山东德人权利问题，目前正向巴黎各国大会提出，中日双方皆承认全部公文证据均已提交会议，该会不久即将判决山东境内德人原有利权之处置问题矣。窃恐天津前德奥租界之处置亦将借此决定，电文中虽未云，但以事势所趋，恐必如是，盖以此项问题亦属德人在华之一部分权利也。值此时机中国友人正望中国所提之议案早得各国之听从，不料来此不幸之消息。［凭借卖国华人之阴谋，］（through the underhanded machinations of some Chinese who are selling out their own country to their aggressive neighbor.）日本对华外交战争至少已得一部分胜利，良可浩叹也。此辈卖国［叛］徒之姓名电中虽未提出，但用电信调查亦属易得，查明以后并宜尽力利用种种压力，杜绝彼等在国内所有之无论何种关系，借使彼等亦知犯罪恶之深而后可。目前为中国千载一时之机会，而巴黎和会为中国取得机会之地，中国向来未曾得相似之机会，他日欲再得一机会又不知远在何年。夫顾王施及其他议和代表已能利用此机会昭昭无可置疑。当会议初开讨论世界大问题时，三使设法使和会垂听中国之主张，告厥成功。其提出主张之敏明手腕，令其友人大为欣慰。［一方今不能熟察世界大事势，现仍抱一种深误见解以为以公道待中国，即系妨害其本国利益之见识浅薄之诸人发生恐惧。］（...fear to those shortsighted persons, who failing to appreciate the present trend of world events, persist in their erroneous belief that justice to China means injury to their own national interests.）在巴黎和会中以山东问题与其他重要问题相较，自仅属〈轻末问题〉。［此问题］苟借中国人之卖国者暗中相助，日本在和会中得取外交之胜利，其胜利之代价即为数万万中国人民之恶感，［中国人民消极仇视日本之不利］（The injurious effect of this passive hostility to Japan）结果较之继承德人在山东之权利，殊属得不偿失［也］。［青岛与山东或至变成日本之爱尔撒斯罗伦，凡关心远东安宁之诸国应设法使有一适合公义正理之解决，以绝日后祸机之萌芽。夫远东之安宁其所关系于日本者，固较他国为重也。〕（Tsingtau and Shantung may yet become the Alsace-Lorraine of Japan. All nations interested in the peace of the Far East-and to no country does it really mean more than to Japan herself-should strive to bring about a settlement which so squares with right and justice as to preclude all possibility of storing up future trouble.）中国之内争虽不以迅速解决，然南北对于和会中本国权利之保护确系一致行动，中国权利而有丧失，南北代表不任其咎〈也〉。[苟日本所得之外交胜利，染有中国私人从中阴谋之色彩，无非引起关于远东安宁日后之纠葛而已。援助中国在和会得有公正待遇，实为最智之政治手腕，为目前之日本政治家所就乘机采用者也。]（Any "diplomatic" victory which Japan may gain, if tainted in the least by treachery of Chinese individuals, can mean only future trouble for the peace the Far East. To aid in giving China real justice at the Peace Conference is really the cleverest piece of statesmanship which the present generation of Japanese public men will ever have an opportunity of adopting.）

从两家译文来看，应是一篇通译，但从两家对通译内容的取舍与对英文原稿个别词语的翻译上，能够看出两家华报在涉及中日新闻上的考量与背后的用意。在标题上，《申报》用"不祥消息"，《晨报》用"卖国之骇闻"，两者用词对事件危害程度的判断有天壤之别。对"亲日派华人"在巴黎的行为，《晨报》依treachery原义译成"叛逆"，而《申报》用中性词"举动"来形容，大大减弱了感情色彩。译文中，《申报》所省略的所有内容（除个别文字属于遗漏外），都是与日本相关的敏感内容。《申报》这样省略，反映了商业性报纸的保守立场，尽管载明译自在华外报，但还是害怕引起麻烦，同时也反映了商业性华报生存的艰难和策略。《晨报》之所以选择感情色彩强烈的用词，一是因其为政党报纸，为政党的政治目的服务，研究系此时有段派反目，希望能借助民族大义获得舆论支持，一报被段派"扫地出门"的新恨。二是背后有总统徐世昌的支持，《晨报》是在《晨钟报》被段祺瑞封禁后在徐世昌支持下重新面世的。徐世昌走的是亲美路线，与亲日的段祺瑞正处于暗斗之中。三是译自外报，有恃无恐。令《晨报》没有料到的是，《华北明星报》此时所言的"卖国叛徒"不久被《民国日报》（国民党机关报）点名为梁启超。梁启超2月18日到达巴黎时，正是中国代表团内讧激烈之时，3月8日代表团团长陆征祥不辞而别，避走瑞士，引起中国代表团和国内的恐慌。中国代表团成员之一的王正廷为国民党党员，以为梁启超来巴黎的使命是代替陆征祥，这有违自己在陆征祥可能生病时代替陆主持代表团事务的打算，因而大力攻击梁启超，将其塑造成"卖国贼"的形象。恰逢中国的提案还没有全部提出，国内公布中日密约受阻，引起国人的不满，这些都是《华北明星报》这篇通讯和华报译文出台的背景。

译报看似简单，好像只要将外报内容翻译成中文即可，然而译什么和怎么译才是报馆最重要的问题。译报里面，既有报馆翻译的专业水平，更有报馆立身的政治立场。

从第一家在华外报算起到1873年国人自办报刊，间隔了近60年，洋务运动后随着近代传播技术的发展，同时国人认识到报刊的作用，我国报刊业迎来了快速发展期。从1898年戊戌变法到1912年中华民国诞生的14年内，中国报刊发展经历过两个高潮。第一次世界大战期间是中国民族资本主义发展的"黄金时代"，中国报刊在此期间发展到第三个高潮。然而，为了避免政府迫害，近代中国报刊出现挂"洋"旗现象，有办法者向外国注册，不能向外国注册者以翻译外报作为国际新闻和有关中日关系新闻的主要来源。从译文中，我们既可看出各家中国报刊的翻译水平，又可体味出它们之间政治立场的区别。因为报刊这一大众传播媒介的介入，巴黎来的消息一经见报立即为中国大众所知晓，为五四运动的酝酿提供了材料。五四运动在传播技术的支持下，也以过去运动不曾有的面貌，即时间上的即时性、空间上的共时性和地域上的广泛性登上政治舞台。

第三章

在华英美报刊与威尔逊"十四点"

第一次世界大战是帝国主义国家为争夺殖民地利益而爆发的战争，是世界各国在全球化过程中的利益、秩序与获利方式、安全模式的重新调整。自新航线开辟后，全球化征程即已启动，此后各国间的联系和往来日益频繁与紧密，冲突随之加强，每次冲突之后，对新的国际秩序的调整也随之而来。一战与过去战争明显的不同，不在于规模和程度，而在于手段和结果。手段的不同关键之处不在于飞机、坦克、潜艇、毒气等新式武器的出现，而在于第一次把宣传战运用到战争中来。结果的不同不在于"公理战胜了强权"，而在于国际安全模式从世界"均势"转向了集体安全，各国获利方式必须符合"人道""公理""正义"等规则。一战是不义之战，但一战又在寻求正义，以"公理战胜"的名义结束。从不义到正义，一战被赋予道德因素，乃美国总统威尔逊的杰作。

威尔逊"十四点"是威尔逊主义的核心内容。它是德国投降必须接受的条件，是巴黎和会必须遵守的准则，是战后世界各国的希望，也是全球化的新起点。李普曼在传播学的奠基之作《公众舆论》中评论威尔逊"十四点"是针对世界上所有国家和所有民族而言的，所以把它称为"一个新的起点"，是用"电缆、收音机、电报和日报"现代通信手段"开始在全世界恢复'共同意识'的尝试"。①

五四运动前，美国总统威尔逊在中国拥有美好形象，他光明正大，正直无私，主张公理，反对强权，被新文化运动领袖陈独秀誉为"现在世界上第一个好人"。②威尔逊的"好人"形象不仅极大地刺激了中国对巴黎和会的期望，而且还成为中国民众准备在和会上收回利权的心理依赖。然而，威尔逊"十四点"未能经受住考验，最终倒塌在山东问题上。它的倒塌成为北京学生走上街头的直接原因，也促使国人后来离开威尔逊，选择了列宁。

可以说，威尔逊"十四点"对五四运动爆发和对中国历史变化产生了巨大影响，五四运动的参与者和研究者都注意到了它在五四运动中的作用。其实，中国人接受"十四点"不是主动的，"十四点"传到中国也不是立即广为人知。威尔逊"十四点"从一条普通新闻传入中国到被中国人奉为"公理"，有一个美国在华相当投入的宣传过程。在这宣传过程中，在华英美报刊起了很大作用。

一 威尔逊抢占道德制高点

一战是以英、法、俄为首的协约国集团与以德、奥为首的轴心国集团在抢占殖民地、发展经济和划分国际秩序出现不可调和矛盾下发生的重新瓜分世界和争夺世界霸权的长达4年多的帝国主义战争。在战争爆发前存在三对生死相抗的矛盾：英德矛盾主要在于争夺世界霸权，俄奥矛盾主要在于对巴尔干的控制权，法德矛盾主要在于两国在普法战争中积累的仇恨及由此引起的遏制和反遏制斗争。双方都以为战争会很快结束，谁也没有预料到战争如此残酷，伤亡之大、牺牲之巨、消耗之多为历史所未有。战争的残酷性和持久性使欧洲各国将有悖于公开、公正地较量的"骑士"精神的宣传战运用到战争中，企图以之加快战争的结束。

---

① 〔美〕沃尔特·李普曼：《公众舆论》，阎克文等译，上海人民出版社，2006，第155页。
② 只眼：《发刊词》，《每周评论》第1号，1918年12月22日。

在战争宣传方面，英国最为拿手。战争之初，英国秘密成立了"战时宣传局"（最后升格为宣传部，勋爵北岩 Northcliffe 任宣传部对敌委员会委员长。Northcliffe，又译为诺思克利夫），目的是改变中立国人对德国的看法，将其变为反德的力量，为此向世界各国报刊提供相关宣传材料，因其设在一个名为韦林顿的人家里，被称为"韦林顿之家"。由于英国发布的新闻和消息向来以真实性和权威性著称，因而"韦林顿之家"发布的消息具有巨大的破坏力和杀伤力。在战争的最后 6 个月，协约国每个月向德国空投的传单达 200 万 ~ 500 万张，从精神上摧毁了敌人，"失去胜利希望的德军士兵终于发动叛乱，从内部打败了德国"。① 美国参战后，深谙宣传之道的美国总统威尔逊立即着手组建战时的宣传机构，于 1917 年 4 月 14 日成立一个旨在新闻控制的"公共情报委员会"（Committee on Public Information），其本人也十分努力地投入宣传，取得了巨大的宣传效果。

被奉为传播学四大奠基人之一的拉斯韦尔 1926 年在其博士学位论文《世界大战中的宣传技巧》中对威尔逊在宣传上的作用和技巧评价道："如果说在军事战线上最伟大的统帅是福煦，那么在宣传战线上最伟大的统帅就是威尔逊。他那清晰易懂和打动人心的体现了各个时代所有人性抱负的不朽言辞在德国广泛流传。……他的演讲是对反叛旷日持久的煽动，他和列宁是那个时代最杰出的革命家"，"威尔逊在宣传中展示出的无与伦比的技巧令人望尘莫及，世上没有一个政治家能像他那样讲话如此深入人心。在短短几个月内，他体现了理想主义者对更加美好世界的信心和被打败者对和平渺茫的最后一线希望。他的声望和权力被抬到无可匹敌的巅峰，他的名字被世界上最偏僻角落的人们用不同口音尊敬地谈论着"。②

与英国相比，威尔逊在一战中的宣传可谓后来居上，抢占道德制高点，将德国置于道德的审判台上，从而为自己和美国赢得了公理、正义、光明正大、公正无私的形象。

---

① 张国良主编《新闻媒介与社会》，上海人民出版社，2001，第 191 页。
② Harold D. Lasswell, *Propaganda Technique in the World War*（New York：Peter Smith, 1938），pp. 216 – 217.

1917年2月1日，德国在中立国海域开始实行无限制潜艇战策略。2月3日，美国对德绝交。在对德绝交当天的国会演说上，威尔逊认为美国并不愿与德国为敌，之所以绝交，是因为美国的高尚追求。"吾人之所欲者，惟保护自由及正义之权利，与夫生命之安全，此为和平之基础，吾国不得不极力保护之，非欲与德国挑战也。愿上帝佑我，勿使德国无理之行为，迫我不得不尽保护自由、正义、生命之责任。"①

在4月6日参战前夕，威尔逊赴国会发表演讲，谈到参战的理由在于德国实施无限制潜艇战政策，"此种政策，实与人类宣战"。美国对德宣战，"不在复仇，亦不在强权制胜"，而在于"使人类之公道，不为暴行所湮没"，在于打败"一不负责任，不顾人道之政府"，"以保正道"和"欲作人类公权之保护者"。在这个过程中，美国"一无私意存乎其间，既无并吞他人之思想，更无凌辱他国之意思，既不求赔款，复不思物质上之报施，慷慨赴义，不图酬报"。②

10天后，威尔逊动员美国农民、工人和商人等以实际行动支持参战，为协约国军队和百姓提供粮食，重申美国参战不为自己，而为公理与和平。威尔逊在演讲中"谨告"美国国民，"吾美加入战团，绝无一毫私念存乎其间。吾人为人类之公权战，为将来之和平战"。因为宗旨如此宏大，威尔逊要求美国人民"舍去一切私利，为国服务"。③

威尔逊既然把自己打扮成正义的典型，那么德国就是恶魔的化身，也只有把敌人塑造成恶魔的化身，才能打破美国当时奉行的孤立主义，使其参战案得以通过。在威尔逊的演讲中，到处可见这样对德国的描写，德国政府乃"一不负责任，不顾人道之政府"，"德国者，但知武力之可恃，不知良心之发现"，"德国之主义，强权主义也，以强治弱，以大凌小"，等等。④ 据笔者统计，在蒋梦麟翻译的《美国总统威尔逊参战演说》所收录的8篇讲稿中，

---

① 《美国总统威尔逊参战演说》，第6页。
② 《美国总统威尔逊参战演说》，第9、16~17页。
③ 《美国总统威尔逊参战演说》，第19~20页。
④ 《美国总统威尔逊参战演说》，第16、28、40页。

威尔逊形容德国的贬义词有武力、强权、民贼、野蛮、无理、暴举、暴行、暴烈、专制、愚盲、奸谋、不负责任、不顾人道、横行无道、焚杀无辜等。

在驱使美国人民走上战场的过程中，威尔逊使用的法宝是神圣化自己、妖魔化对方，"将德国人描述为残暴的掠食者，以激起民众的愤慨、激发将其消灭的决心"，从而证明美国参战没有私利，"只是在上帝的感召下，去消灭这些杀人狂魔，弘扬正义"。① 这样，在出师之前威尔逊已在道义上赢得了话语权。与美国紧握战争的道德话语权相比，德国在一战中的宣传是失败的。在整个战争过程中，德国"在武力战中是进攻的，但与此相反，在宣传战中完全是被动的"。② 失去信心的德国军队受协约国宣传的影响发动基尔水兵起义，导致德国宣布停战，一战结束。

伍德罗·威尔逊在1908年迈入政界前，是普林斯顿大学的教授和校长，在政治学领域负有盛名，是美国进步主义运动的代表人物之一。1913年威尔逊就任美国第28任总统，高举正义和道德之旗，实行"理想主义"外交政策。然而，威尔逊的这些"高尚"另有隐情，他那些漂亮言辞的背后都有美国利益的考量，是在与列强角逐中为了美国利益的"正义"之举，他绝不会牺牲美国国家利益来维护"理想主义"外交政策。

美国在参战前，与协约国的贸易比与同盟国的贸易重要得多。1914～1916年，美国对同盟国的贸易额从1.69亿美元减少到100万美元，而同期与协约国的贸易额从8.25亿美元增加到30多亿美元。"在威尔逊眼里，理想中的世界不仅是一个清除了帝国主义和可以进行自由贸易的世界，而且也是一个能够推销美国产品和传播美国理想的世界"，而德国的潜艇战政策使美国想在避免卷入战争的前提下进行贸易，结果"随之而来的是美国货物在仓库里堆积如山，美国船只停泊在港口里无所事事"，因此"维持贸易的需要以及对维持世界和平的渴望，最终导致美国卷入了这场战争"。③ 这些

---

① 陈春华：《第一次世界大战期间美国的战时宣传策略》，《军事历史》2014年第2期。
② 张国良主编《新闻媒介与社会》，第191页。
③ 〔美〕加里·纳什等编《美国人民：创建一个国家和一种社会》下卷，刘德斌主译，北京大学出版社，2008，第713~714、717页。

动机，在威尔逊的演说中都被掩藏起来。

为了在远东抢占道德制高点，在对华关系上，威尔逊上任伊始，便退出他认为"借款之条件，对于吾人似已触及中国之行政独立"的六国银行团，① 紧接着率先承认中华民国，反对日本强加给中国的"二十一条"等。

同促使美国参战一样，威尔逊对华政策也是围绕美国利益而行，一旦他的外交政策可能招致不利于美国利益的后果，威尔逊就会改弦易辙，甚至出尔反尔。如率先承认辛亥革命后的中国共和政体却又支持袁世凯复辟帝制，反对日本侵略中国却又与日本签订损害中国主权的《蓝辛－石井协定》，即使大得人心的退出六国银行团行为也不是出于"正义"的目的那样简单，还有下列更为重要因素的制约：六国银行团的"蛮横态度"和"内部的纷争"，袁世凯出卖国家权益的借款遭到中国人民的"强烈反对"，美国公众日益高涨的"反对政府金元外交的呼声"。② 威尔逊反对"二十一条"，主要考虑还是日本破坏了美国在华倡导的门户开放政策，改变了日美关系在远东的格局，日本的这一行为"在美国东亚政策原则上产生了直接的对立"。③

再从更深的角度考察，一战期间美日两国经济繁荣，战后都需要向中国市场输出商品，日美冲突不可避免。美国需要在利益上包裹一层道德的外衣。一战时，欧洲列强陷于西方战场，日本趁机坐大，由战前负债达12亿日元的债务国变成战后拥有28亿日元的债权国，在中国对外贸易中由战前所占比例23%提高到1918年的43.5%，对华投资额由战前的第4位上升到与居首位的英国不相上下，成了远东的主宰，而这时美国已由战前欠债28亿美元的债务国变为战后拥有150亿美元的债权国。④ 所以一战还没结束，美国就向英、日、法政府发出邀请，着手筹建新的国际银行团，准备重返中国。

不论威尔逊内心深处的动机如何，其对世界公理、正义、人道大旗的高

---

① 王芸生编著《六十年来中国与日本》第6卷，三联书店，1980，第8页。
② 秦珊：《美国威尔逊政府对华政策研究》，中国社会科学出版社，2005，第24~32页。
③ 〔日〕五百旗头真编著《日美关系史》，周永生等译，世界知识出版社，2012，第68页。
④ 武寅：《从协调外交到自主外交》，中国社会科学出版社，1995，第7、14页。

举，对中国的同情和声援，赢得了中国人的连声赞叹，给中国人留下了"仗义"①、"人格高尚"②、"公正无私"③的印象。重视宣传的威尔逊在与日本争夺中国时，不会束手让日本独霸中国。战后美日两国在中国的矛盾，既有利益上的较量，也有理念上的冲突。

二 在华英美报刊对"十四点"的宣传

美国"公共情报委员会"成立时有四大宣传任务：一是管控国内反战情绪；二是维系协约国间的友谊；三是维持中立国友谊，如有可能，争取合作；四是挫伤敌人士气。④ 从这些任务来看，"公共情报委员会"的功能不单单是在国内进行新闻筛选和战争动员，还负有对协约国和中立国进行宣传和争取的责任。先处中立后又对德宣战的中国自然在威尔逊联合的范围之内。于是"公共情报委员会"于1918年9月10日在上海成立了中国分会，卡尔·克劳被任命为代表，隶属美国公使馆领导。⑤

中国分会成立时一战接近尾声，"公共情报委员会"的四大任务已不合时宜，如何安排战后国际新关系变得越来越重要，因而宣传以"十四点"为代表的威尔逊主义成了"公共情报委员会"的当务之急。如前所述，"十四点"早在威尔逊1918年1月8日发表后的第三天就传到了中国，中国媒体予以详细报道，可是之后如泥牛入海，在中国悄无声息。"十四点"被国人再度重视，奉为圭臬，美国的刻意宣传起了相当大的作用。

在"公共情报委员会"中国分会成立之前，一战期间外国在华新闻由英国路透社和德国"德文新报社"（Ostasiatische Lloyd）控制。1917年8月

---

① 《美国大总统威尔逊之仗义》，《庸言》第1卷第10号，1913年，第3页。
② 《威尔逊之当选及其内治外交政策》，天顽译，《丁巳》1917年，第1页。
③ 芳撰：《美国新总统威尔逊小传》，《进步》第3卷第2期，1912年，第7页。
④ 〔日〕山腰敏宽：《五四运动与美国对于中国宣传活动再论》，吕芳上、张哲郎编《五四运动八十周年学术研讨会论文集》，台北：台湾政治大学文学院，1999，第117页。
⑤ 关于"公共情报委员会"成员克劳在华工作隶属美国驻华使馆负责的情况，参见 Carl Crow, *China Takes Her Place* (New York and London: Harper & Brothers, 1944), p. 113。

中国对德宣战后,"德文新报社"被迫停止活动,路透社在中国一手遮天。在一战中,尽管美国的反应先是"不论是从财政上还是从感情上"执行偏向英国的"中立",① 然后直接与德作战,但路透社在中国对美国的报道要么漠不关心,"几乎不转发美国的消息",有时整整一个月仅转发了一条无关紧要的新闻,② 要么就是丑化,报道的几乎都是美国的"犯罪"和"腐败"信息。③ 克劳对这种状况非常不满,力争扭转局面。

克劳被任命为"公共情报委员会"中国分会代表与他过去在远东的经历有关。1911年克劳被《大陆报》创办人汤姆斯·密勒聘为编辑,首次来到中国,兼任合众社(United Press)通讯记者,见证了清朝垮台和中华民国诞生,曾在汉口现场报道过长江洪灾,也在南京采访过刚刚担任临时大总统的孙中山。1913年底至1915年,克劳在东京担任美国人在日本出版的英文报纸《日本广告人报》(*Japan Advertiser*)的业务经理,④ 仍然兼任合众社通讯记者。在日本期间,克劳对日本做了深入的观察与研究,在俄国驻日本使馆的帮助下,得到完整的"二十一条"文本并将其邮寄回国,这样"使合众社第一个在全世界公开完整的'二十一条'条款"。⑤ 在中、日的经历培养了克劳亲华反日的立场。

克劳在中国不是单枪匹马地在活动。公使保罗·芮恩施和此时已出售掉《大陆报》但又在中国创办另一份报纸——《密勒氏评论报》的密勒是其经常咨询的对象,在"工作的各个阶段"克劳都"向他们请教"。⑥ 克劳、密勒和《密勒氏评论报》另一创办人鲍惠尔都毕业于美国密苏里大学新闻学院,同是"密苏里新闻帮"成员,这种关系使克劳不仅与美国在华

---

① 〔美〕加里·纳什等编著《美国人民:创建一个国家和一种社会》下卷,第713页。
② 〔美〕保罗·S. 芮恩施:《一个美国外交官使华记》,李抱宏等译,商务印书馆,1982,第126页。
③ *Complete Report of the Chairman of the Committee on Public Information*,1917;1918;1919(Washington:Government Printing Office,1920),p. 275.
④ 〔美〕卡尔·克劳:《洋鬼子在中国》,夏伯铭译,复旦大学出版社,2011,"译者后记",第280~282页。
⑤ Carl Crow,*I Speak for the Chinese*(New York:Harper & Brothers,1937),p. 4.
⑥ George Creel,*How We Advertised America*(New York:Harper & Brothers,1920),p. 362.

记者工作互通有无,而且能够得到中国校友董显光等人的支持。① 如此的人脉资源,让克劳在中国的工作如鱼得水,迅速打开局面,在数月内编纂了一份由中国各省议员、商会会员、地方行政长官和学者等2.5万精英组成的通讯录,②并雄心勃勃地要把"中国最重要的人物"一网打尽。其将通讯录名单计划增加到5万人并保持更新,好让"美国政府直接对中国民众说话"。③

克劳作为中国分会代表初到中国,工作中遇到的最大困难在于当时美国在中国没有独立的新闻通讯社。由于没有自己的新闻通讯社,美国不仅要忍受英国路透社的丑化,对日本的歪曲也无可奈何。"公共情报委员会"主席乔治·克里尔(George Creel)在《我们如何推销美国》一书中抱怨道,美联社的新闻要经过路透社的"编辑"才能见到天日,而日本国际新闻社(Kokusai)的消息根据英日同盟关系可以直接分发到中国,这意味着当美日之间有了争议时,"日本的观点在中国能直接得到广泛宣传"。④ 克劳观察到在战争期间,日本的报纸对美国的胜利要么熟视无睹,要么把它描绘得一文不值,甚至多次杜撰美国被打败的新闻。⑤ 因此,在中国创立一家美国的新闻通讯社,摆脱路透社的信息垄断,成了克劳最紧迫的任务。

成立新闻社,拍发电报的成本是必须面对的问题。美国新闻不能直达中国的主要原因在于当时中美两国之间没有直通电缆,电报须经伦敦中转,致使费用过于昂贵。直到1917年末,美国跨太平洋无线电服务开通,由美国海军在圣地亚哥(后改为旧金山)发出的无线电消息经关岛中转到中国,中美之间才有了直接通信。中美之间实现直接通信后,克劳瞬即在上海创办

---

① 关于董显光、鲍惠尔与克劳之间的合作,参见〔美〕约翰·本杰明·鲍惠尔《在中国二十五年——上海〈密勒氏评论报〉主持人鲍惠尔回忆录》,第43~45页。
② George Creel, *How We Advertised America*, p. 363.
③ *Complete Report of the Chairman of the Committee on Public Information, 1917; 1918; 1919*, p. 276.
④ George Creel, *How We Advertised America*, pp. 359-360.
⑤ Carl Crow, *I Speak for the Chinese*, pp. 16-17.

了自己的新闻机构——东方新闻社（后改名为中美新闻社）。该新闻社成立后使"美国新闻在中国报刊中占突出地位"，几个月内就能"向300多家中国报刊提供新闻服务"。① 很快，东方新闻社发展成一个覆盖全中国的机构，"就像美联社覆盖美国一样"。②

创立新闻社只是克劳在华工作的外围部分，宣传威尔逊和塑造其形象才是克劳工作的核心。克劳回忆说，他在中国的工作非常简单，只是"穿梭于我在上海的办公室和北京公使馆之间，参加会议和接受命令"，"为威尔逊的演说提供理想的宣传材料"，并"尽最大范围地宣传"。③ 威尔逊"十四点"发表后，为了宣传威尔逊主义，芮恩施认为除了"十四点"外，有必要把威尔逊所有的参战演说收集起来，把它们翻译成中文以书的形式出版。接到命令后，克劳利用名人效应，把其掌握的演说请蒋梦麟担当翻译，委托当时中国出版界巨头商务印书馆出版，书名为《美国总统威尔逊参战演说》（以下简称《参战演说》）。蒋梦麟是留美10年并拥有哥伦比亚大学哲学及教育学博士学位的著名学者，与教育界和出版界关系密切。蒋氏翻译此书后不到半年，五四运动爆发，其受蔡元培委托，代理北大校长。克劳选中蒋梦麟，可谓独具慧眼。

《参战演说》收录的文章只有8篇，而在动员美国人民参战过程中和在美国参战后，威尔逊发表了众多演说。1918年在美国国内出版的《威尔逊总统政府文件与演说》，④ 其收录的98篇文章中有43篇是在美国参战后发表的，同年在美国国内出版的另一本书《威尔逊参战演说》，⑤ 内有威尔逊参战演说15篇（见表3-1）。这些演说内容克劳是很有可能接触到的，他在《我为中国人说话》中透露威尔逊演说的完整文本都是美国国务院"电

---

① Complete Report of the Chairman of the Committee on Public Information, 1917；1918；1919, p. 276.
② George Creel, *How We Advertised America*, p. 362.
③ Carl Crow, *China Takes Her Place*, p. 113.
④ *President Wilson's State Papers and Addresses* (New York: George H. Doran Company, 1918).
⑤ Arthur Roy Leonard, *War Addresses of Woodrow Wilson* (Boston: Ginn and Company, 1918).

传"给他的。① 退一步说，即使美国国务院只电传了这8篇演说，威尔逊其他参战演说克劳在中国还是能够收集到的。以1917年12月4日威尔逊在国会演说为例，这篇演说被《威尔逊参战演说》收录，命名为《与独裁者永不言和》，但没有出现在克劳的版本中，可是1917年12月8日《密勒氏评论报》对这篇演说进行了介绍，并且报道说"令人特别满意的是，这篇演说的一个完整记录已经电传到远东"。② 而《参战演说》是在1918年11月11日一战停火后才出版的。

表3-1　《威尔逊参战演说》（美国版本）与《美国总统威尔逊参战演说》（中国版本）之比较

《威尔逊参战演说》（美国版本）	《美国总统威尔逊参战演说》（中国版本）	演讲时间
Permanent Peace(永久和平)		1917年1月22日
Diplomatic Relations Broken(外交关系破裂)	宣言与德绝交(Diplomatic Relations Broken)	1917年2月3日
Armed Neutrality(武装中立)		1917年2月26日
Second Inaugural Address(第二次就职演说)		1917年3月5日
At War with Germany(与德国开战)	美国对德宣战之理由(Why America Went to War)	1917年4月2日
The Declaration of War(战争宣言)		
	谨告国民(President Wilson's Address to His Fellow Countrymen)	1917年4月16日
What We Are Fighting for(我们为何而战)		1917年5月26日
The Flag We Follow(我们追随旗帜)		1917年6月4日
The Reply to the Pope's Proposal for Peace(回答教皇的和平提议)		1917年8月27日
The American People Must Stand Together(美国人民必须团结一致)		1917年11月12日

---

① Carl Crow, *I Speak for the Chinese*, p. 27.
② "Editorial Paragraphs," *Millard's Review of the Far East*, Vol. 3, No. 2, December 8, 1917, p. 34.

续表

《威尔逊参战演说》(美国版本)	《美国总统威尔逊参战演说》(中国版本)	演讲时间
No Peace with Autocracy（与独裁者永不言和）		1917年12月4日
The Program of Peace（和平大纲）	宣布美国和平条件（President Wilson's Announces Peace Terms of America）	1918年1月8日
The Four Principles of Peace（和平四原则）		1918年2月11日
Our Utmost Sacrifice（我们最大的牺牲）	武力与正义（President Wilson Accepts Challenge of Germany to Settle World's Destiny by Force）	1918年4月6日
No Compromise 没有妥协	独立日纪念（President Wilson's Independence Day Speech）	1918年7月4日
	劳动日纪念（President Wilson's Labor Day Address）	1918年9月2日
	组织国际联合会之基本问题（League of Nations an Indispensable Instrumentality）	1918年9月28日

通过对比，美国版本的参战演说与中国版本的参战演说有 5 篇是相同的。克劳在收集和出版威尔逊演说文稿时手中所掌握的应该不止中国版本的 8 篇，说明克劳在中国出版威尔逊的参战演说经过了精心考虑，其对威尔逊演讲内容的挑选与他创办东方新闻社的理念一样，向中国民众传播的美国内容"要让普通读者能懂"，① 最终"将中国政治带入国际轨道"。②

在这 8 篇演说中，威尔逊从道德出发，以民主为基础，以正义为旗帜，以和平为目的，对未来世界集体安全带有理想主义色彩的构想一览无余。事实上，这 8 篇文章已经基本反映出后人总结出来的威尔逊主义外交政策的四个原则：一是美国无意攫取别国领土；二是美国外交的主要手段是和平谈判，不是武力征服；三是美国不承认任何通过暴力掌权的外国政府；四是美

---

① George Creel, *How We Advertised America*, p. 362.
② *Complete Report of the Chairman of the Committee on Public Information, 1917; 1918; 1919*, p. 276.

国在国际关系中将恪守信用，尊重道义。① 通过出版《参战演说》，克劳成功地为中国民众勾勒出威尔逊"代表大共和国光明正大之民意，为世界求永久之和平，为人类保公共之利权"的完美形象。②

克劳不仅对新闻有敏锐的眼光，而且对商业具有灵敏的嗅觉，认为一战后欧洲重建一定会促进上海的经济繁荣。1918 年底克劳在上海成立一家广告公司，"正是这家广告公司使他不仅发了财，而且更出了名"。③ 正因为具备商业头脑，克劳在出版威尔逊参战演说时，还有经济上的考虑。当时黄慎图撰写的 7 万多字的《参观欧洲大战记》售价 6 角，梁启超略少于 7 万字的《欧洲战役史论》售价 7 角，钱智修翻译的近 3 万字 94 页的《美国总统威尔逊和议演说》中文单行本售价 3 角，而不足 2 万字的《参战演说》中文单行本只有 63 页，售价却是 2 角 5 分。克劳精选威尔逊的参战演说文本，降低了出版成本，利于商务印书馆将书价定位于普通读者的消费水平，贵而又让读者能够买得起，这样既能促进《参战演说》的销售，又能使商务印书馆维持自己的经济效益。

对威尔逊"十四点"在中国的普及，以往人们都归因于蒋梦麟的翻译。其实，威尔逊"十四点"是一个战后新的国际规则，重点是解决欧洲问题，与中国关系不是太紧密。在"十四点"中威尔逊的计划非常明确，第六点解决俄国问题，第七点解决比利时问题，第八点解决法国问题，第九点解决意大利问题，第十点解决奥匈问题，第十一点解决罗马尼亚、塞尔维亚、黑山问题，第十二点解决土耳其问题，第十三点解决波兰问题，中国问题充其量只能依据"十四点"中的普遍原则来解决。而普遍原则共有六点，它们是：第一点外交公开，第二点海洋自由，第三点自由贸易，第四点裁军，第五点民族自决，第十四点国际联盟。关系到中国命运的只有第一点、第五点和第十四点。要让中国人对"十四点"感兴趣并充满激情还必须将其与中国

---

① 这四个原则是由曾为美国哥伦比亚大学副校长的约翰·克劳特界定的。关于这一问题，参见李青《威尔逊主义外交政策理念及影响》，《国际关系学院学报》2006 年第 4 期。
② 《美国总统威尔逊参战演说》，"序言"。
③ 〔美〕卡尔·克劳：《洋鬼子在中国》，"译者后记"，第 285 页。

的具体问题挂起钩来，使中国人理解其与中国命运之间的关系，中国民众才会相信甚至依赖它来解决中国前途问题。在华英美报刊在《参战演说》出版之前已着力于此，为中国人接受"十四点"做好了思想准备。

《密勒氏评论报》在向中国人宣传"十四点"时，认为其中的六点普遍原则"直接适用于中国"。第一点外交公开原则，对中国来说，"应该受到每一个追求进步的中国人的欢迎"，废除秘密协定，公开外交，虽对一些政客和外交人员不利，"但对确保中国未来的自由将大有裨益"，从今以后中国"所有商业和工业协定都应根据本条原则付诸实施"。第二点海洋自由原则，虽然"对今天的中国影响不大"，但是《密勒氏评论报》认为"中国应该在理事会上支持它"，原因在于"从现在起 50 年后，不受限制的海洋自由可能是一个发达但没有海军的国家最有利的条件"。第三点自由贸易原则，《密勒氏评论报》认为对中国而言其重要性"怎么强调也不过分"，因为"废除海关制度是世界和平的必要前提"。在将来和平会议召开时，"无论如何，对该提议的讨论应该给中国提供一个机会"，废除庚子赔款和厘金制度，代之以中国真正的开放，使中国在没有障碍的情况下发展经济。第四点裁军原则，《密勒氏评论报》认为对中国"可能是有问题的"，因为中国"不是手无寸铁"，军队虽然不多，只有 80 万人，可是在这一条款下可能会被纳入裁军范围。然而，裁军对中国是有好处的，可以"摆脱对国内秩序构成如此严重威胁的不负责任的军事领导人的统治"，与此同时，"日本的裁军将消除中国人的噩梦，并使想建设好中国的政治家能够在和平与安全的气氛中工作"。第五点民族自决原则，《密勒氏评论报》认为这是对中国影响"最直接的部分"，它"赋予殖民地居民决定其国籍的权利，这确保了青岛和山东问题会在和平大会上讨论"，在目前条件下，还可能涉及满洲和外蒙古问题，"中国应该抓住这个机会来要求调查研究"，确保"领土完整"。《密勒氏评论报》认为中国还有权力为自己争取有利条件的"另一个一般性条款是第十四点"，即国际联盟的成立，它将确保中国"不受侵略和丧失主权的自由"，中国只有在不被侵略和不丧失主权的条件下，"才能在国内获得许多发展"。此外，《密勒氏评论报》认为"十四点"中的第六点虽然是针对俄国的，但也适用于中国，因为"中国与俄国之间的相似之处不胜枚举"，中国应该凭借第六点来"寻求彻底的拯救"。《密勒氏评论报》就第六点对中国的命运展开分析，在"十四点"中，"如果用名词'中国'代替'俄国'，用形容词'中国的'代替'俄国的'，那么你就有了一个任何一位爱国者都会坚持的政策，为了这片土地，各国必须采取这种政策。采取这一由中国的爱国人士协助和各国提供保障的所谓国际管理的政策，你就为外国专家的那些发展计划打开了大门。这一政策可能为中国内部快速增长带来了最大的希望"。① 在威尔逊"十四点"中，本来没有任何一点与中国具体问题挂钩，可是经过《密勒氏评论报》对其宣传与解释，青岛、山东等问题已与"十四点"紧密相连了。

纵观《密勒氏评论报》对威尔逊的宣传，仅在1918年专门报道就有以下14篇：

《威尔逊总统的外交政策》，第3卷第13号，1918年2月23日；
《威尔逊总统的政策》，第4卷第3号，1918年3月16日；
《威尔逊总统接受德国的挑战》，第4卷第7号，1918年4月13日；
《威尔逊总统界定美国的目标》，第5卷第3号，1918年6月15日；
《威尔逊总统独立日演说》，第5卷第7号，1918年7月13日；
《威尔逊总统的国家文件》，第5卷第14号，1918年8月31日；
《威尔逊总统劳动节致辞》，第6卷第1号，1918年9月7日；
《威尔逊总统宣布协约国和平原则》，第6卷第5号，1918年10月5日；
《威尔逊总统再次回应"和平"建议》，第6卷第7号，1918年10月19日；
《威尔逊总统对德国和奥匈的答复》，第6卷第8号，1918年10月

---

① Paul Hutchinson, "China and the Coming Place," *Millard's Review of the Far East*, Vol. 3, No. 8, January 19, 1918, pp. 233–234.

26 日；

《威尔逊总统能为中国做什么》，第 6 卷第 11 号，1918 年 11 月 16 日；

《威尔逊总统讨论胜利》，第 7 卷第 1 号，1918 年 12 月 7 日；

《威尔逊总统与和平联盟》，第 7 卷第 3 号，1918 年 12 月 21 日；

《威尔逊总统的"海洋自由"是什么意思》，第 7 卷第 4 号，1918 年 12 月 28 日。

这里仅列举以"威尔逊总统"为标题的报道，不包括在"社论""星期新闻摘要"等栏目里对威尔逊言论的概要介绍，如第 3 卷第 7 号（1918 年 1 月 12 日）"社论"对威尔逊"十四点"的评论，第 3 卷第 12 号（1918 年 2 月 16 日）"星期新闻摘要"对威尔逊"和平四原则"的介绍；也不包括一些文章里涉及的对威尔逊主义的运用，如第 3 卷第 8 号（1918 年 1 月 19 日）"本刊特稿"《中国与即将来临的和平》一文，以"十四点"中的六点来说明中国与将来和平的关系；更不包括众多对中美关系论述的文章。

从《密勒氏评论报》对威尔逊的报道中可以发现，1 月至 9 月的报道量不大，但"公共情报委员会"中国分会于 1918 年 9 月成立后，《密勒氏评论报》对威尔逊的报道量大增，3 个月内出现 7 篇报道。可以说，在华英美报刊对威尔逊的宣传与克劳的工作相得益彰。

在华英美报刊对威尔逊相关事宜的报道和宣传，成为中国报刊的新闻来源，经翻译后成为中国人了解威尔逊的重要窗口。仅在中德绝交至巴黎和会开幕这段时间，《申报》对威尔逊演讲内容的报道就有 9 篇，其他对威尔逊本人和美国的介绍不计其内。这 9 篇报道是：

《美国会特别会议情形》，1917 年 4 月 5 日；

《美总统对此次与敌争战之宣言》，1918 年 9 月 8 日；

《美总统之国会演说词》，1918 年 12 月 4 日；

《美总统在法大学演说》，1918 年 12 月 24 日；

《英皇与美总统之演说》，1918 年 12 月 30 日；

《美总统在伦敦市政厅之演说》，1918年12月31日；

《美总统在英演说记》，1919年1月3日；

《美总统在意之演说》，1919年1月6日；

《美总统在意演说记》，1919年1月9日。

现在很难找出中国报刊介绍威尔逊的报道与在华英美报刊的一一对应关系，然而一个总体的情况是克劳对威尔逊及其主义的宣传工作与在华英美报刊之间难以划清界限。公共情报委员会中国分会与《密勒氏评论报》在同一层楼办公，克劳在中国成立东方新闻社后向总部汇报说："它接管了翻译美国新闻和向中国报馆发布新闻的任务。现在这家新闻机构向300多家中国报刊提供新闻，它们中一部分为这种服务付费。现在美国新闻在中国报刊中占突出地位。尽管这家美国机构才成立几个月，但现在它为中国报刊提供大部分外国新闻和评论。"① 因为"密苏里新闻帮"的关系，东方新闻社向中国300多家报刊发稿，这里面也含有克劳遇到困难时经常请教的密勒、鲍惠尔等人的贡献。

克劳的劳动获得了巨大的回报。经过大量的宣传，威尔逊的形象在中国广为传播。在在华英美报刊的前期宣传下，蒋梦麟翻译的《参战演说》从出版的那一天起就成了畅销书，到五四运动爆发前半年内已经出到第5版。② 冯玉祥一口气买下500本，使他的军官人手一册。中国人写给克劳的评论此书的信件"开始像雨在滴，然后倾盆而下"，"这些信件来自各个省和各式各样的人，……他们都对未来充满信心，相信威尔逊总统的话会风靡全世界，中国和其他被压迫民族会获得解放"。③ 原本沉寂近一年的威尔逊"十四点"现在成了流行的国际关系新准则。北大学生傅斯年看了蒋梦麟的译本后能把它"一字不漏地背诵出来"。④ 芮恩施在1918年底给华盛顿

---

① *Complete Report of the Chairman of the Committee on Public Information*, 1917：1918：1919, p. 276.
② 《美国总统威尔逊参战演说》（五版），《申报》1919年4月23日，"广告"，第1版。
③ Carl Crow, *China Takes Her Place*, p. 114.
④ 许德珩：《回忆五四运动》，全国政协文史资料委员会办公室编《五四运动亲历记》，中国文史出版社，1999，第17页。

的工作汇报中对美国在华的宣传工作给予了充分肯定:"威尔逊总统的演说得到了最广泛的宣传,取得了令人十分满意的结果。毫无疑问,如今在中国,威尔逊先生已是最有名的外国政治家了。"①

威尔逊在华高大形象的树立,除"公共情报委员会"中国分会、在华英美报刊的极力宣传外,还与威尔逊派遣其密友查尔斯·克兰(Charles R. Crane)作为个人代表访问中国密不可分,是克兰的访问将威尔逊在中国的影响从口碑落到实处。当然,克兰的访问自然成为在华英美报刊报道的重点内容。

预料到一战结束后欧洲列强在恢复国内经济时势必要减少对美国资本的输入,为了培养中国人的亲美心理,在战后中国占据主导地位,一战硝烟甫定,克兰在威尔逊的委托下来到中国。

克兰是芝加哥富豪,信奉进步主义,1909年7月曾被塔夫脱(William Howard Taft)总统任命为驻华公使,但由于其亲华反日言论在出发赴任前夕被取消公使资格。此番挫折两年后,克兰遇到"一个变成他政治理念化身的人物"——威尔逊,成了他的追随者。② 1912年在民主党提名威尔逊为总统候选人大会召开之前,克兰给威尔逊的竞选活动捐献1万美元,之后又捐献4万美元,成为威尔逊竞选活动"最大的捐款人",③其对威尔逊的信任和支持几乎达到盲目的程度。克兰曾斥责国内威尔逊的批评者,认为美国在战争中取胜的唯一之路就是"追随这个人,他的声音比过去所听到的任何声音都传得远,传到了世界各个角落"。④ 在给美国士兵做过的一次演讲中,克兰演讲的主题就是"威尔逊:作为美国精神的真正发现者及其建立的新国家"。⑤

---

① China, *Papers Relating to the Foreign Relations of the United States* (hereafter referred to as *FRUS*), 1919, Vol. I (Washington: United States Government Printing Office, 1934), p. 283.
② David Hapgood, *Charles R. Crane: The Man Who Bet on People* (Philadelphia: Xlibris Corporation, 2000), p. 41.
③ David Hapgood, *Charles R. Crane: The Man Who Bet on People*, p. 42.
④ David Hapgood, *Charles R. Crane: The Man Who Bet on People*, p. 55.
⑤ Norman E. Saul, *The Life and Times of Charles R. Crane 1958–1939* (Lanham: Lexington Books, 2013), p. 178.

克兰这次访华是与结束了应召回国商量对华贷款事宜返任的芮恩施公使结伴而行。当一战停战的消息传到中国时，克兰已经从朝鲜进入哈尔滨。在这个时候来华，克兰的使命，《密勒氏评论报》报道说是"用商人的眼光来评判中国的处境，直接帮助威尔逊总统在和会上处理远东地区存在的一些问题"。①《京津泰晤士报》对克兰的使命的报道稍为具体，"闻其来华实受美总统威尔逊之命。美总统之意以为欧洲此次大战为人道而战，亦不啻为惩罚强权而战，故于战后企图永久之和平，而其第一义即欲取消从前强者对于弱者一切苛酷之条约"。② 对东三省、北京、汉口等地考察后，11月23日克兰经上海到杭州，旋于26日从杭州回到上海，在上海逗留两日，28日晚从上海回国。在上海的两天时间内，克兰受到了热烈的欢迎。

据报道，26号晚上欢迎克兰的有协约国领事、英美团体代表、英美商业机关代表、中国官商。主持欢迎宴会的是美国驻上海总领事萨门斯，演说的人有上海总会会长西姆士、上海交涉员陈贻范、比利时总领事薛福德、工部局总董丕尔斯、法总领事韦礼德、汇丰银行斯梯芬、中国商会会长朱葆三、修改税则会主任蔡廷干、盐政稽核所总办丁恩爵士、驻华美国按察使罗平杰、美国红十字会上海支会会长卜舫济博士。27号中午欢迎克兰的有游美同学会、美国大学总会、上海总商会、上海青年会、江苏教育会、建设会、寰球学生会、中华职业教育社、商团公会9团体共300余人，包括唐绍仪、聂云台、张继、孙科、宋汉章、钱新之、朱葆三、沈联芳、余日章、虞洽卿、李登辉、陈光甫、黄炎培、蒋梦麟等。③ 28日，克兰在上海总商会发表演讲，参加者达293人，演讲前克兰还特意去拜访了孙中山。④

克兰在华考察共18天，其对中国问题的看法反映在他在上海两天的演讲中，可以归纳为两个方面。

---

① "Editorial Paragraphs," *Millard's Review of the Far East*, Vol. 6, No. 13, November 30, 1918, p. 507.
② 《欧战和会与我国关系》，《申报》1918年11月22日，第6版。
③ 《克兰氏抵沪之大欢迎》，《申报》1918年11月28日，第10版。
④ 《克兰氏临行之纪载》，《申报》1918年11月29日，第10版。

一是中国必须参加即将召开的世界媾和大会来解决自己的问题。克兰告诉中国人，"和平会议的召开是不可更改的，你们现在必须利用这个机会"，① 与各国代表开诚布公，"将历年来中国所受之损失，无论在议场内外，得用种种方法使各国代表群知中国之内情与痛苦"，如此才有可能使中国前途"幸焉"。② 克兰鼓舞中国人不用担心在和会上提出自己正当的要求，因为中国目前遇到的任何困难都是内部的，但只要派遣一个代表团去开会，"我敢保证一个新的机会出现在中国面前"。③

二是在世界媾和大会上中国的要求可以在威尔逊主导的新世界里实现。在走马观花的考察中，从当时中外报刊的报道来看，克兰演讲时对听众谈论最多的还是自己熟悉的话题——威尔逊，把威尔逊在战后世界的作用看作是解决中国问题的关键。克兰向欢迎的人群从各方面对威尔逊进行宣传，介绍威尔逊"一次只做一件事"的习惯，"比 1913 年刚入主白宫时要好"的健康状况，已在这个世界上建立起了一个"基于精神上的""不像日耳曼的、拿破仑的、亚历山大大帝的旧帝国"的"有史以来最伟大的帝国"，以及其"在这个新帝国里，世界上任何人的声音没有威尔逊总统的声音传得远"的国际地位。④ 在演讲中，克兰毫不隐讳地把中国的命运与威尔逊联系在一起，"在现阶段国际事务中威尔逊总统属于全世界"，但"他也属于中国，就像他属于美国一样"，⑤ 且"美国政府人民，决无政治的野心，欺诈之手段以图中国，中国可以无虑。且美国苟为力所能及，甚愿竭尽友邦之谊以助中国"。⑥

克兰访华时间虽短，但巧合的是他刚从朝鲜进入哈尔滨，一战就结束了。因此克兰的到来让在华英美报刊充满了喜悦和兴奋。《字林西报》从 11 月 16 日开始报道克兰的行踪，说是其正在北京访问，将于 20 日抵达上海。⑦ 18 日

---

① "Hon. C. R. Crane in Shanghai," *The North-China Herald*, November 30, 1918, p. 542.
② 《美国克兰君之大演说》，《晨报》1918 年 12 月 3 日，第 3 版。
③ "Hon. C. R. Crane in Shanghai," *The North-China Herald*, November 30, 1918, p. 542.
④ "Hon. C. R. Crane in Shanghai," *The North-China Herald*, November 30, 1918, pp. 542-543.
⑤ "Editorial Paragraphs," *Millard's Review of the Far East*, Vol. 6, No. 13, November 30, 1918, p. 507.
⑥ 《美国克兰君之大演说》，《晨报》1918 年 12 月 3 日，第 3 版。
⑦ "From Day to Day," *The North-China Daily News*, November 16, 1918, p. 10.

报道的内容是克兰抵达上海的时间改为 25 日，目前正在北京访问公使芮恩施。① 到了 25 日，报道的内容是克兰抵达上海的时间调整到 27 日。② 26 日晚克兰真正抵达上海，第二天《字林西报》以《克兰阁下在上海》为题进行了报道。③ 27 日克兰向游美同学会等 9 团体发表演说，28 日《字林西报》以《招待克兰阁下》为题进行报道。④ 28 日是感恩节，克兰先由聂云台、余日章、章士钊等人陪同到教堂行感谢礼并发表演说，后又到基督教青年会和上海总商会演说，29 日《字林西报》以《感恩节》为题对克兰在教堂的演讲进行了报道。⑤

克兰访华更让部分中国人激动不已，对其任务充满了期待。尽管《京津泰晤士报》对克兰的使命解释为调查强国强迫弱国签订的密约，但中文报刊的解读加入了许多因素。《申报》认为中国是弱国，威尔逊派克兰来华就是来"扶持"中国的，是威尔逊送给中国的"挚谊"，面对威尔逊这份厚礼，我们要好好掂量自己"果可扶持否"。⑥ 中国可否扶持，首先是要把自己的要求表达出来。29 日《字林西报》刊登一封投函，仿佛是对中国读者心理的量身定制。投函说："吾今更进一言以告读者，比塞二国之惨，夫人得而知之，惟中国之受祸，正值欧战方酣之时，各国舆论皆不注意，故迟至今日欧美列国尚若无闻，此其惨痛较比、塞二国为尤甚也。……中国此时惟有倚重友邦之援助。英国当中日二十一条款交涉时，曾竭全力以助中国。虽至今日，英国犹未承认当欧洲战乱中有破坏中国领土保存之条约存在。而美国亦于一九一五年有同样之声明。际兹战事告终，公理获胜，中国宜乘此时机将历年所受之惨害，布告列国，想列国乘公理战胜之余，必有出而为世界主持正义者。"⑦ 《字林西报》的这封投函不啻是对克兰来

---

① "From Day to Day," *The North-China Daily News*, November 18, 1918, p. 14.
② "From Day to Day," *The North-China Daily News*, November 25, 1918, p. 10.
③ "Hon. C. R. Crane in Shanghai," *The North-China Daily News*, November 27, 1918, p. 5.
④ "Hon. C. R. Crane Entertained," *The North-China Daily News*, November 28, 1918, p. 5.
⑤ "Thanksgiving Day," *The North-China Daily News*, November 29, 1918, p. 8.
⑥ 《欧战和会与我国关系》，《申报》1918 年 11 月 22 日，第 6 版。
⑦ "What China Asks at the Peace Conference," *The North-China Daily News*, November 29, 1918, p. 4. 译文采自《西报对我之同情》，《晨报》1918 年 12 月 3 日，第 3 版。

华任务按照中国读者的理解进行的重新阐释，《晨报》将其翻译过来，提醒国人"宜一读之"。①

在华英美报刊的报道与克劳和克兰的在华活动，共同构筑了一个"激发传播"②威尔逊及其主义的媒介环境，在报刊的狂轰滥炸下，中国读者更容易接受来自美国的信息。克兰访华之旅把对威尔逊形象的宣传推向高潮，响应威尔逊主义的组织在克兰访华结束后不久纷纷成立。工商界人士张謇、朱葆三等人在克兰演讲美国总统威尔逊"愿于欧洲平和会议以诚意扶助中国，但不知华人所欲助者究为何事"等语后，"闻之心悸"，以为"此机一失，万劫不复"，③于1918年12月5日在上海发起成立"主张国际税法平等会"。旅沪商帮协会、中华国货维持会、华商旅沪维持会、工商研究会四团体受"美总统威尔逊君宣布世界和平主义，主张国无强弱，国无大小，一律平等，共享乐利"的影响，于1918年12月6日在上海联合发起成立"中华工商保守国际和平研究会"。④ 1918年12月31日，汪精卫、冯自由、王文典等人感于"威尔逊总统之言，曰此次大战争所以铲除世界不负责任之君主及蛮横之武力"，欲"惟顺世界潮流所趋，以求永久和平之福"，成立"世界和平共进会"。⑤

总之，威尔逊深知宣传的力量，自"公共情报委员会"中国分会成立后，美国加紧了对威尔逊"十四点"的宣传。威尔逊及其主义在克劳、克兰以及在华英美报刊的多重宣传下，在部分中国人心目中占据了举足轻重的地位。在"东方新闻社"更名为"中美新闻社"的宴会上，寰球中国学生会总干事朱少屏认为"最近威尔逊总统主张之公理人道等伟论，尤使吾人于黑夜中得明星"；⑥陈独秀在1918年底创办《每周评论》时说自己读了威尔逊"屡

---

① 《西报对我之同情》，《晨报》1918年12月3日，第3版。
② 所谓"激发传播"，是指"短时间内集中而有力的信息流及其对人们的普遍冲击"。见宋林飞《社会传播学》，上海人民出版社，1994，"序"，第4页。
③ 《关于请改税法之公电》，《申报》1918年12月12日，第10版。
④ 《组织国际和平研究会》，《申报》1918年12月7日，第10版。
⑤ 《广东世界和平共进会》，《申报》1919年1月13日，第7版。
⑥ 《东方新闻社宴报界纪》，《申报》1919年1月4日，第10版。

次"的演说,而这些演说内容都"光明正大",因此认为威尔逊"可算得现在世界上第一个好人"。从陈独秀对"公理"和"强权"划分的标准看,陈独秀确实掌握了威尔逊"光明正大"的演讲精髓,认为"凡是合乎平等自由的,就是公理;倚仗自家强力,侵害他人平等自由的,就是强权"。① 从中可见陈对公理和强权的认识深受威尔逊"十四点"的影响。经过近80年的压迫,中国人终于从"十四点"中看到了希望,也仿佛终于从"师夷长技以制夷"中找到了制夷的长技和靠山,等着在国际媾和大会上旗开得胜。

三 在华英美报刊的反日宣传

宣传威尔逊"十四点",即亲美宣传,它与反日宣传是一个问题的两面。佩里(Matthew C. Perry)于1853年叩开日本大门后,在很长的时间内美日关系并不紧张,日本还在日俄战争中得到美国的支持。西奥多·罗斯福总统把日本看作是"一个可以信赖的国家"和东亚地区"安定的因素"。日美关系出现紧张发生在塔夫脱总统时期。塔夫脱当选总统后,因与日本争夺中国东三省,改变了罗斯福的亲日路线,"开始披着理想主义的外衣追求其在华经济利益"。至威尔逊上台后,采取与欧洲列强和日本不同的对华政策,把对新诞生的中华民国的支持"当作美国的使命"。② 一战爆发后,东亚格局改变,德国退出,日本跟进,英国在战争中衰落,日本成为在华最大利益国,美国为维护门户开放政策,且威尔逊欲在全球推行"民族自决"和集体安全新规则,必与已在中国占优势地位而仍奉行弱肉强食的日本发生直接冲突。

美日之间的直接冲突首先表现为日本对美国作战能力的诋毁,这自美国参加一战后就开始了。日本诋毁美国的作战能力,为的是摧毁中国人对美国的希望,把美国描绘成虚弱不堪、军事力量毫无效率、不能为中国抵抗日本提供物质支持的国家。东京和大阪的报纸经常杜撰"从未发生过的美国被

① 只眼:《发刊词》,《每周评论》第1号,1918年12月22日,第1版。
② 〔日〕五百旗头真编著《日美关系史》,第60、66页。

打败的故事","让中国人相信日本比其他列强都要强大",① 以此来迷惑中国,使其顺从日本的要求,放弃对日本的抵抗。

五四运动的爆发,日本人一直认为是中国人受到在华英美报刊和英美人士煽动的结果。日本的《大阪朝日新闻》在5月4日前刊登的文章认为"抵制日货运动的背后支持者就是英美人,特别是美国传教士,是他们在鼓吹和宣传和抵制日货"。《大阪每日新闻》在5月4日这天发表的《英美的煽动》,"称当地的美国通信社社长与英美烟草公司暗中煽动上海媒体发表排日言论"。《国民新闻》在5月6日发表有关五四运动的第一篇报道《北京突然发起排日暴动》,副标题就是《由外文报纸教唆》。②

日本人的说法并非空穴来风。巴黎和会召开前,日本驻上海总领事向国内汇报,"我们不能忽视《大陆报》和《密勒氏评论报》中大量的反日新闻流传,这两家报纸都有美国提供基金"。③ 以往的研究将日本人认为五四运动有美国人在其中煽动视作"日本帝国主义之意测",但也有研究得出的结论是"在这股强大的反日潮流中,在华美国人的身影隐现其中"。④

日本人已然感觉到英美人在背后煽动中国仇日,当陆征祥经日本赴巴黎时,日本外长内田康哉对陆建议道,巴黎和会召开时,各国不免利用新闻政策,"极望中国不用素持反对日本主义之新闻家"。⑤ 内田对"素持反对日本主义之新闻家"的担心不是多余的,当时新闻报道说中国已任命"素持反对日本主义之新闻家"密勒为"赴欧议和代表之通信部总长",⑥ 为中国代表团外籍顾问之一。

何为反日宣传?它不仅仅是在具体事件上在华英美报刊与日本的争论,如不仅仅是在"二十一条"是否有效、是否在和会上将青岛交还中国等问

---

① Carl Crow, *I Speak for the Chinese*, pp.16-17.
② 王润泽:《1919年日本媒体关于五四运动的报道研究》,程曼丽主编《北大新闻与传播评论》第5辑,北京大学出版社,2010,第197~200页。
③ 〔日〕山腰敏宽:《五四运动与美国对于中国宣传活动再论》,吕芳上、张哲郎编《五四运动八十周年学术研讨会论文集》,第122页。
④ 高莹莹:《一战前后美日在华舆论战》,《史学月刊》2017年第4期。
⑤ 章宗祥:《东京之三年》,《近代史资料》1979年第1期。
⑥ 《中国各电》,《申报》1918年12月2日,第3版。

题上的讨论或争论，而且在这些具体问题上引发的对日本用意进行揭露的意见引导，即反日宣传的内容不仅仅是落实在"是"与"不是"的考证上，而且聚焦于"该"与"不该"的舆论宣传上。

日本通过借款随时在金融上要"中国的命"

一战期间，日本趁欧洲列强从东方收缩，成为对华最大资本输出国，与中国政府签订了许多秘密借款合同，这些秘密借款是段祺瑞制定和执行武力统一中国的基础和底气，招致反段派和英美人士的愤怒和反对。1919年初，《字林西报》发表社论，认为"民国七年最足纪念之事，莫如北京政府滥借日债"，经《字林西报》披露的1918年中国向日本借款就达2.455亿日元。《字林西报》的社论名为对日本借款中国的调查，但其报道的内容远远不止借款，还包括日本欲管理中国兵工厂、担任中国重要城市警察行政和中国币制改革顾问等。针对日本巨款借与中国，《字林西报》评论道：

> 日本频次借款，使南北战争久而不息，受人非难，自不待言，而九月间中政府提议禁止银货出口，他国皆同意，独日本不从，故非难之声曾不少息。十月之末复盛传日本拟将庚子赔款退还中国，惟须中政府允日本支配中国派赴欧洲议和各代表，此项谣言一时传说甚盛。日政府卒发宣言，自解不认此事。至十二月四日，日政府复发表公文，以借款中国助长其内乱，以后不准更借。然日政府何以直至此时，始有此觉悟，则有令人不能不问者矣。①

一战期间，日本借款中国到底有多少，尤其是西原借款的数额，是中外人士感兴趣的话题，能弄清日本借款的数额，也大致能明白日本从中国攫取了多少利益，所以日本借款成为国人关注的重点。与《字林西报》发表这篇

---

① 原文未见，译文采用《民国七年中所借之日债》，罗志希译，《晨报》1919年1月11日，第6版。

调查几乎同时的是，罗家伦翻译《远东时报》（*Far Eastern Review*，美国人1904年在上海创办的英文报刊，系关于远东实业、金融月刊）上一篇关于日本借款给中国的"确实统计表"刊登于《东方杂志》。在这份统计表中，"以确实订定之借款为限，其谣传而未证实者不录"，从1909年至1918年7月，中国向日本借款47次，共2.553亿元，另外加上汉冶萍公司从1903年至1913年向日本的9笔借款合0.32亿元，中国共向日本借款56笔，合计2.873亿元，其中西原借款数额为1.161亿元。《远东时报》在按语中指出，中国当局屡借日债，"实为中外人士所焦虑"，道出了揭露日债的目的所在。①

比通过贷款给中国从而控制中国经济命脉更阴险的是，日本欲借帮助中国货币从银本位向金本位改革的机会把中国变成其"殖民地"。日本帮助中国货币改革的这一计划被称为"金纸币"计划。"金纸币"计划源于首相寺内在西原1918年5月最后一次来华，也即第六次来华时交给其的一项经济任务，它要求中国"一由交通银行发行与日本货币相同的金本位纸币。二铁路收入及铁路沿线的交通部收入，要用此种金本位纸币。三凡中央政府的政费以及军队开支亦应使用此种金本位纸币"。②在寺内提出"金纸币"计划的两年前，西原曾向当时为朝鲜总督的寺内提出一个"日中货币混合并用"构想。在这一构想中，西原的如意算盘是先要求中国政府颁布法令，在流通现行的银本位货币的同时，"并行一种金本位的货币，其形状、成色、名称应与日本现行金币划一"，等北京、天津、奉天等地开展"金纸币"业务后，日本以保护资金为名，派遣宪兵驻守上述城市银行所在地。西原认为日中这样"亲善"起来，"实属顺理成章，中国方面亦将无法拒绝"。③西原构想的阴险狠毒使后来研究中日关系的日本学者也非常震惊，认为这"真是可怕的想法"。④

---

① 《中日借款统计表》，《东方杂志》第16卷第1号，1919年1月。
② 〔日〕西原龟三：《西原借款回忆》，《近代史资料》1979年第1期。
③ 〔日〕西原龟三：《西原借款回忆》，《近代史资料》1979年第1期。
④ 〔日〕臼井胜美：《中日关系史（1912～1926）》，陈鹏仁译，台北：水牛出版社，2003，第152页。

"金纸币"计划刚公布,《密勒氏评论报》即撰文对其危害进行分析,认为它的发行规则"简直荒唐可笑","在笨拙和不合理方面,没有什么能超过它"。这一计划意味着中国从日本贷到了100%的货币发行储备金,且要支付7%的利息,而在大多数国家,30%的储备金通常被认为是足够的,"这样的货币体系没有给金融提供便利,却加重了国家的负担"。《密勒氏评论报》指出靠借外债作为中国发行金纸币的储备金,"从根本上说是错误的",但如果拟议中的计划真的付诸实施,还存在其他危险,即:

(1)中国将把自己置于一个附属国的地位。金汇兑本位制通常被认为是殖民地使用的标准。如果我们把日本的钞票作为自己的储备,我们就把自己列入臣属国家地位。

(2)中国将把控制自己金融的权力交给日本。正如一位官员所言,在控制中国硬通货储备的情况下,日本能够"随时选择一个时间点在金融上要我们的命"。

(3)中国将把发行纸币的权力交给日本,并最终将日元更广泛地引入中国。

指出上述三个危险后,《密勒氏评论报》总结道:"总有一天,政府会后悔,在发行所谓的金纸币时,它把日元引入了自己的领土,这实际上是在用日本的钱换中国的命","如果中国真的实施荒谬的金纸币计划,中国将成为日本的殖民地。这样的货币改革不是改革,它只是在葬送中国的主权,并在货币市场上制造更多的混乱"。①

日本的"友好"与"亲善"一文不值

近代中国深受日本侵略和奴役,而日本每次在对中国侵略和掠夺前的交

---

① Hollington K. Tong, "'Gold' Scheme Will Make China Japanese Colony," *Millard's Review of the Far East*, Vol. 5, No. 13, August 24, 1918, pp. 500–501.

涉中都极尽威胁恐吓之能事，却将威胁恐吓的言行称为"亲善"。在这种"亲善"之下，中国的利权逐渐丧失，日本在华利益不断增加。在中国报刊对中日关系噤若寒蝉的情况下，在华英美报刊却对日本的"亲善"给予了毫不留情的讽刺和抨击。

"日使恫吓事件"发生后，小幡声言对中国外交部的访问是"友好"的，对中国人的"惊慌""余实不解"。① 日本政府也认为小幡对中国外交部的访问并不含有"若何重大之意义"，而现内阁"以努力于中日亲善之实现"，中国政府却"不察"，"反不谅解日本政府之真意"，"诚为遗憾"。② 面对日方对中国不能谅察日本"亲善"的指责，中国政府只能忍气吞声、曲意逢迎。2月2日，小幡到中国外交部访问外交次长陈箓时语气咄咄逼人，而陈箓一再以中国"注重两国邦交""中日两国邦交素笃""深信不至如此操切"委曲求全。③ 相对于中国的软弱态度，《字林西报》以《北京的纷乱》为主标题，以《形势严峻，前景堪忧》为副标题，再以"黩武主义的危险""1915年的恫吓""山东铁路协定""曹汝霖一个人的内阁""中国惧怕日本""混乱的财政""公开的需要"为小标题，借"日使恫吓事件"，对日本的"友好"进行一番调侃。④《北京的纷乱》篇幅很长，占了版面的四分之一，而这一长篇大论第二天即以《中日新交涉之外报观察》为题出现在《申报》的"要闻"栏中，反映了国人对这种声音的渴求。

《字林西报》对一战后的中日形势观察道，表面看来似有"平靖和好之象"，其实不然，黩武主义虽在欧洲失败了，但"仍跋扈于远东"，中日关系不可只看表象，必须看到内情。《字林西报》以日使小幡"痛报纸传言之失实，诋为有恶意的谰言"对中国外交部的访问为例，来剖析"未可轻信"

---

① 《小幡日使之中日交涉谈》，《晨报》1919年2月7日，第3版。
② 《日本对于中日问题之辩明》，《晨报》1919年2月9日，第2版。
③ 《收次长会晤日本小幡公使〔西吉〕问答》（1919年2月5日），《中日关系史料——巴黎和会与山东问题》，第39~41页。
④ "The Imbroglio in Peking," *The North-China Daily News*, February 15, 1919, p.7. 译文采自《中日新交涉之外报观察》，《申报》1919年2月16日，第6版。

的日本的"友好"。《字林西报》调侃道,小幡对中国外交部"友好的访问","此说诚然",因为日使的"礼貌与威信固流露于谈话中也"。然而日使在访问中明明告诫中国外交部,中国如不顺从日本政府的志愿,那么日本将实行维持其威望的必要方法,这与"二十一条"谈判时日本要维持其威望"出之异曲同工"。对于日本的强词夺理,《字林西报》讽刺道,这在"日使方面或自信此为友好的性质,盖发一警告未尝不可作友好的举动之解释也"。①

《申报》转译《北京的纷乱》不久,《晨报》对《北京的纷乱》重新翻译,以《英报对于中日交涉之愤言》为标题,在"紧要新闻"栏中分两次连载。② 媒体报道有一种累积效应,受众如果看到媒体对同一事件反复报道,就会对这一事件留下深刻印象。

在华英美报刊对日本的"友好"认为"未可轻信",那么它们对一战后日本对华"示好"的态度又怎样?

一战结束后,美日加强对中国的争夺,在美国宣传对中国友好时,日本也频频对中国"示好",大打"亲善"牌。1918年12月底,《申报》转载了日本《万朝》《国民》等报对日本"某要人"讲话的报道,说是日本朝野对于一战后的世界"有一种极大觉悟",欲"与英美法同出公明",抛弃掉在中国的特殊地位,还有在福建地位的退让、青岛的交还,"不问条件,皆在秘密筹议之中"。③ 巴黎和会开幕后,日本国民党总裁犬养毅在国民党大会上发表演讲,认为日本对巴黎和会"无甚困难之事","因我国除却主张正当之权利,维持东洋和平外,并无他意,故虽敌国亦必首肯",对于过去日本"不幸动辄被人误解为好战之国或受对于邻邦包藏祸心之猜疑",此时正好证明日本的清白,"对于邻国之要求,竭力与以援助,恢复其国权,

---

① 译文采自《中日新交涉之外报观察》,《申报》1919年2月16日,第6版。
② 《英报对于中日交涉之愤言》,《晨报》1919年2月19日,第3版;《英报对于中日交涉之愤言(续)》,《晨报》1919年2月20日,第3版。
③ 《专电》,《申报》1918年12月27日,第2版。

维持其平和"，这对于中国"固当如此"。① 曾在其任外相期间向中国提出"二十一条"的宪政党领袖加藤高明在宪政党大会上发表演讲，主张日本对华外交"宜取光明正大之态度，以助中国之统一，及改善而图增进相互之利益，以举东洋平和之实"。② 执政党领袖首相原敬在政友会大会上也大谈"中日亲善"，认为这是日本政府"曾经屡次声明"的"予辈多年主张"。③

日本报纸的新闻令中国报界异常兴奋。当日本《万朝》《国民》等报将日本"某要人"讲话传到中国后，《申报》《新闻报》《时报》等上海 9 家报纸信以为真，特发电致日本全国报馆，表明上海报界的态度。

> 日本东京《万朝》报社转春秋会及日本全国各新闻社鉴：近闻贵国政府部内有废弃在华特殊地位，令列国对华关系完全返为白纸之议。敝报等承认此举如承贵国提倡，诚促进两国亲善，巩固东亚和平之道。希以此意宣达贵国国民，并愿联合鼓吹，实现此举，以应贵国及列国爱注世界和平之诚意。上海报界全体。④

然而，在华英美报刊对日本的示好却持怀疑态度。《密勒氏评论报》认为日本的示好"一文不值"。

> 至于日本的示好，它们毫无价值。自日本向德国宣战以来，日本已经做出了许多这样的示好，大约有六次，后来又以一种无半点意义的方式对它们进行空洞的修改，以至于人们对日本人所说的诚实目标的所有信心都消失了。不能把日本的话当作它对世界的约定，只能当作一种单方面的发誓，这种发誓是它正在玩弄的新花招或者其他什么，在目前明显是为了避开批评的锋芒，削弱中国的民族情感，以及使世界上其他国

---

① 《各通信社电》，《申报》1919 年 1 月 21 日，第 3 版。
② 《日在野党之外交宣言》，《晨报》1919 年 1 月 22 日，第 2 版。
③ 《日原首相之对华演说》，《晨报》1919 年 1 月 21 日，第 2 版。
④ 《本埠报界全体之要电》，《申报》1919 年 1 月 11 日，第 10 版。

家相信日本在现在的事情上确实诚实守信。当然，当各国领袖从未曾听说过"二十一条"时，日本认为让世界各国相信它是一件容易做到的事。①

《密勒氏评论报》的这篇文章与美国国内《新共和报》的《日本人说话的价值》相映成趣。《日本人说话的价值》作者通过对日本人说话的观察，深深表达了美国人对日本人承诺的不信任。文章说日本人不断宣言"日本是一个守约的国"，但"这种屡次的宣言，不明白远东政治真相的人听了上当，明白一些的人听了讨厌"。通过对日本吞并朝鲜和占领青岛而不还等来龙去脉的介绍，该文作者的结论是："以上那些事实，既然都是从日本人嘴里说出来的，我们要想避去那日本不守国际间重要条约的结论，觉得不甚容易。日本常常的对美国说他不背约，并不是拿历史上的事实来做甚么根据，是完全欺负美国人，不明了东方的政治状况。"②

日本妄想做中国的"监护人"

在巴黎和会上，中日两国都知道青岛问题的重要性。日本虽一再声明要把青岛归还中国，却又设置重重障碍，其在山东问题上的企图，人人皆知。近代中日之间的交涉，由于实力悬殊，中国几乎都处于下风。历次交涉的结果，"凡日本许与中国者，无一件可望诸实行，而日本欲要求于中国者，则无故强迫之而已"。③ 对日本的无理要求无力抗争，特别是"二十一条"谈判，使国人早已意识到"夫日本，虎狼也，……我与之交涉，简言之，是

---

① "Japan's Overtures Worth Nothing," *Millard's Review of the Far East*, Vol. 9, No. 1, June 7, 1919, p. 32.
② James Thayer Addison, "The Value of Japanese Promises," *Millard's Review of the Far East*, Vol. 11, No. 2, December 13, 1919, pp. 60 – 66. 此处译文采自介泉《日本人说话的价值》，张一志编《山东问题汇刊》（下），台北：文海出版社，出版时间不详，第87、94页。
③ 刘彦：《中国近时外交史》，商务印书馆，1921，第45页。

断送耳,是亡青岛耳,是亡山东耳"。①

1917年俄国发生十月革命,1918年2月苏俄与德国单独媾和,协约国东方战线出现破绽,在西伯利亚方面进攻苏俄的捷克军团陷入德奥联军的包围,为解救捷克军队,协约国需出兵西伯利亚。日本欲乘机代替苏俄在中国东北的地位,遂决定大举出兵,以"共同防敌"为幌子,强与中国签订军事协定,视中国为囊中之物。谈判自1918年2月初开始,至5月中下旬,日本终于取得两个成果——《中日陆军共同防敌军事协定》和《中日海军共同防敌军事协定》。

在谈判秘密进行的时候,《密勒氏评论报》打探到消息,并惊讶于一战接近尾声时日本要与中国进行军事磋商的原因。原来"二十一条"签订时,日本"贪婪的野心只实现了一半",眼看战争就要结束,日本"打算实现野心的另外一半",这样才有了"中日目前的秘密谈判"。《密勒氏评论报》进一步曝料,在中日谈判换文过程中,日本政府提出两个建议,中国政府被要求对两个建议中的一个做出选择,且必须做出选择。第一个建议的大意是:"以防德国的麻烦,中日两国军事官员应该会商,就他们的军队在满洲和西伯利亚的行动达成军事协议。这一协议以后将由两国政府加以修正。"第二个建议是:"两国外交代表应讨论合作的基本原则,并在达成一致原则时进行照会。在此之后,将签订一项军事协定,作为附件。"《密勒氏评论报》还打探到,针对日本的建议,中国的内阁总长认为纯粹的军事协议只涉及中国和日本军队的作战范畴,不含有任何政治意义,因此一致决定接受第一个建议。《密勒氏评论报》相信日本通过对中国高层人员的巧妙操纵,第二个建议实际上也被接受了。最终日本在此基础上提出了两项基本原则作为交换的照会内容:"鉴于德国的影响正在向远东扩散,这势必危及东半球的公共安全与全面和平。(1)中日两国同意采取共同的外交政策来应对这种情况;(2)在采取这一共同外交政策后,中日两国同意成立军事委员会,就应采

---

① 《北京学生界宣言》,中国社会科学院近代史研究所近代史资料编辑组编《五四爱国运动》(上),中国社会科学出版社,1979,第310页。

取和执行的具体措施进行磋商和讨论。"《密勒氏评论报》为此担忧道，从玩弄文字看，"这些协定的措辞比 1915 年的'二十一条'要求更为巧妙"，然而致命的是，"条款中没有为其中提到的责任终止规定时间期限"，中日军事委员会并不是为保护中国而设，但它"掌握着中国的生死大权"。《密勒氏评论报》总结出在秘密外交受到欧美国家普遍谴责的情况下，日本还这样做，是把中国的命运与日本"捆绑在一起"，使中国成为"日本实际的而非名义上的永远的附庸国"，"这就是日本想从中国得到的"。①

中日之间军事协定签订后，军事上还有其他合作。时任参战处参谋长的徐树铮于 1918 年 11 月 4 日被刚上台的总统徐世昌派往日本观操。明眼人都知道此时观操是借口，徐树铮一定带有秘密任务。《申报》说徐树铮东渡阅操，总统徐世昌"实授有与原内阁以口头条件力谋亲善之密命"。② 怎样的"密命"？不是中国记者所能打听得到的。

与一战停战同一天出版的《密勒氏评论报》对徐树铮的"密命"评论道：

> 他的真正任务是与日本最高军事和文职官员讨论两国之间建立秘密联盟的可能性。鉴于欧洲战争即将结束，和平会议即将召开，日本非常希望建立这样一个联盟。如果这个联盟能够迅速通过，日本政治家相信，他们能够保留自欧洲战争开始以来从中国榨取到的所有有价值的让与。他们主张通过这样的联盟，他们可以代表中国参加和平会议。然后，如果中国派代表出席会议，他很可能是一位亲日官员，将执行日本的命令。日本应该被要求归还所有它不择手段获得的东西，所有日本人会说："去问中国代表。"后者将回答："我们愿意向日本做出这些让步，你无权干涉我们的内政。"全世界直到现在才发现，中国代表并不代表中国人民，而只是表达了东京的观点。日本不能从

---

① Hollington K. Tong, "What Japan Really Wants of China," *Millard's Review of the Far East*, Vol. 4, No. 8, April 20, 1918, pp. 264–266.
② 《北京电》，《申报》1918 年 11 月 6 日，第 2 版。

中国政府得到这样的援助，除非它能维持像徐树铮将军和段祺瑞将军这样的当权者，并鼓励他们继续内战，阻止爱国的中国人插手政府事务。

《密勒氏评论报》接着还发表了一段感想，认为日本虽有如意算盘，但终不能得逞，在国际和平会议召开时，对日本"清算的一天终会到来"，那时"所有的问题都会在那一天得到解决。在和平会议上，日本将被要求将其通过令人质疑的手段获得的任何东西归还给其合法拥有者。无论与中国的这种秘密联盟是否成功，日本都无法逃脱被清算的命运"。①

在巴黎和会上，中日两国矛盾的焦点在青岛归还问题上。中国坚持要从德国人手里收回，即青岛直接归还，而日本坚持中国从它手里收回，即青岛间接归还。直接归还与间接归还的区别，对东方事务不熟悉的西方人不懂其中奥妙。意大利首相奥兰特曾对陆征祥表示，意大利统一时向奥匈帝国要求归还威尼斯，奥匈帝国不肯直接交还，宁愿先交还给普鲁士，然后由普鲁士同日交还给意大利。由于这样的经历，奥兰特告诉陆征祥，"直接间接，方法虽殊，其实则一"。② 但是，在华英美人一眼洞穿日本的企图，日本要求间接归还，用意在于避开英美等国的视线，与中国单独交涉，然后凭借两国实力的差距，从中国得到更多的好处，把中国的事情变成日本专有的事情。《大陆报》认为中日在青岛问题上的争执，其本质在于"大亚细亚主义"（Pan-Asianism）的野心：

  一言以蔽之，日本将与中国单独交涉而已，此其所争之点，盖即在此不在青岛也，日本所欲亦即在此，而不在青岛，亦不在山东也，盖是事之重要尤甚于青岛、山东，是为日本政治构造全部之关键，亦即为其世界政策之基础。若此政策维何？则简言之，即亚洲

---

① T. P., "Japan's Last Effort to Control China," *Millard's Review of the Far East*, Vol. 6, No. 11, November 11, 1918, p. 431.
② 王芸生编著《六十年来中国与日本》第 7 卷，三联书店，1981，第 289 页。

之事业，日本之事；详言之，即日本之于亚洲当如美国之于阿美利加或且过之是也。①

与《大陆报》的做法相同，在华英美报刊在探讨近代日本对中国步步侵略的现象后，逐渐对隐藏在侵略事实背后的深层次问题进行讨论。《密勒氏评论报》也意识到日本的野心与其"大亚细亚主义"观点之间的关系。《密勒氏评论报》认为日本野心的形成来自两个方面：一是黩武主义。日本黩武主义来自天皇为"至尊"的国家观念，这种观念在日本"深入人心，牢不可破"，因此之故，"德国之黩武主义得以传于日本"。二是大亚细亚主义。日本由于国土面积狭小，资源有限，欲成为世界霸主，只得侵略中国，从中国掠夺资源，以实现其野心，于是高唱"大亚细亚主义"，鼓吹"黄种人攻守同盟"，"以抗白人"。②

"大亚细亚主义"是近代日本走向军国主义，用以指导其在亚洲特别是在中国与西方大国"争衡政策或手段的侵略理论"。③ 一战期间，《密勒氏评论报》报道了一位名为萨斯特瑞（Shastri）的投信。萨斯特瑞在信中告诉众人，"大亚细亚主义"在日本是"一个常用语"，经常出现在"报纸的专栏和该国政治家的言论中"，日本有影响力和富有的人、教授、记者和学生都认为它代表着所谓"亚洲的门罗主义"（Munroe doctrine of Asia）。萨斯特瑞认为既然"亚洲的门罗主义"有一种解释是"亚洲的每一个国家都应该由自己统治"，那么他敢断定日本人接受这一信条时就"不会诚实"，因为它一旦接受这一信条，那么它殖民统治朝鲜和中国台湾就"没有了正当性"。④

---

① "Japan to Give Back Tsingtau," *The China Press*, May 13, 1919, p. 13. 译文采自《日本违反国际同盟主义之外论》，《晨报》1919 年 5 月 17 日，第 3 版。
② Upton Close, "The Nipponian Slant," *Millard's Review of the Far East*, Vol. 8, No. 10, May 3, 1919, pp. 358 – 359.
③ 戚其章：《日本大亚细亚主义探析——兼与盛邦和先生商榷》，《历史研究》2004 年第 3 期。
④ H. P. Shastri, "Pan-Asianism in Japan," *Millard's Review of the Far East*, Vol. 5, No. 1, June 1, 1918, pp. 6 – 7.

"大亚细亚主义"最终会将中日两国之间的关系导向何种地步？《密勒氏评论报》认为会使日本成为中国的"监护人"（guardian），中国的财产被日本全面接管。在中日商量共同出兵西伯利亚时，《密勒氏评论报》发表《日本计划成为中国的监护人》一文，认为尽管日本暂时将注意力投向更北的西伯利亚地方，但"这一点也不意味着东京政治家放弃对中华帝国的和平渗透"，从日本宣传中国处于混乱状况的做法来看，日本有要成为中国的"监护人"的野心。《密勒氏评论报》对日本的用意分析道：

> 从宣传策略上看这点很清楚，日本刻意传播中国处于政治和社会混乱状态，使得对北京政府施加一只强有力的手成为绝对必要，这样东京就可以明目张胆地伸出这只手，无须掩藏。从日本对中国的态度看，这点毫不夸张。简而言之，中国需要一个监护人。根据《蓝辛－石井协定》暗示的日本对"特殊利益"的定义，这个监护人就是日本。这种监护权将是非常彻底的，没有任何怀疑的理由。在别的事情上，它已经被提前解释成日本对中国贷款权的控制，中国只能向日本而不能向其他任何国家贷款。如果仅仅是监护权被允许持续足够长的时间，人们怀疑是否还能区分监护人的财产与被监护人的财产。
>
> ……
>
> 或许是因为监护人如此不信任被监护人管理自己事务的能力，正如前面宣传活动所暗示的这样一个结论：满洲租借地、胶州飞地、旅顺港口、在汉口和其他地方的各种日本租界，是中国财产的一部分，而中国仅有这部分被管理妥善，因此日本认为自己有理由在等待一个有利的时机来接管中国剩下的财产，而不是考虑移交它已经拥有的东西。①

---

① "Japan's Plans to Become China's Guardian," *Millard's Review of the Far East*, Vol. 3, No. 11, February 9, 1918, p. 331.

对于日本的野心，在华英美报刊认为积贫积弱的中国是无法单独抵抗的，这需要有正义的大国或国际联盟对日本施加压力，遏制其野心，否则用鲜血换来的和平不会长久。《密勒氏评论报》在《日本人的偏向》一文中向列强呼吁："因为目前武人党在日本占优势地位，除非受到外部压力，否则它的野心将永远无法遏制。"①《大陆报》识破日本要求间接归还青岛的目的后，要求国联采取行动，维护公理，遏制日本的野心。为此，《大陆报》对巴黎和会屈从强权行为的后果发出警告。

> 国际同盟当为一切实有效之组织与势力是也，今列强亦能接受日本之通告而加以默认乎？请勿徒言维持世界之永久和平，勿徒言组织国际同盟，苟非誓去其单独行动之权利，苟非自愿以彼等与弱国之交涉归国际公断，则必无能为力。公理之为公理，东与西一也。我人不先行之，则决不能望日本遵守此理想之法典，然使泰西以欧地之教训必须采此法典施诸实行，则必不能承认日本之所以解释亚西亚者，必不容日本以中国为日本专有之事业而立于中国及世界各国之间，以为居间人。若果许之，则必无和平可言，不过另行划出一新战区耳。②

在反日宣传上，出于对日本侵略主义的痛恨和对中国的同情，以及对战后国际和平的向往，当然也包含利益的博弈，在华英美报刊不惜笔墨，从不同的角度对日本逆潮流而动，特别是对中国的压迫掠夺不遗余力地进行揭露和批判。据笔者统计，从1918年到1919年5月3日五四运动爆发前，仅《密勒氏评论报》上反日宣传的专栏文章就有20篇之多：

《日本计划成为中国的监护人》，第3卷第11号，1918年2月9日；

---

① Upton Close, "The Nipponian Slant," *Millard's Review of the Far East*, Vol. 8, No. 10, May 3, 1919, p. 359.
② "Japan to Give Back Tsingtau," *The China Press*, May 13, 1919, p. 13. 译文采自《日本违反国际同盟主义之外论》，《晨报》1919年5月17日，第3版。

《日本真正想从中国得到什么》，第 4 卷第 8 号，1918 年 4 月 20 日；

《日本完成对中国的金融控制》，第 4 卷第 13 号，1918 年 5 月 25 日；

《日本的大亚细亚主义》，第 5 卷第 1 号，1918 年 6 月 1 日；

《"金纸币"计划将变中国为日本的殖民地》，第 5 卷第 13 号，1918 年 8 月 24 日；

《日本控制中国的最后一搏》，第 6 卷第 11 号，1918 年 11 月 16 日；

《为什么日本对这次和平会议感到忧虑》，第 6 卷第 12 号，1918 年 11 月 23 日；

《日本计划如何"归还"青岛》，第 7 卷第 5 号，1919 年 1 月 4 日；

《日本完全控制了中国的通信手段》，第 7 卷第 6 号，1919 年 1 月 11 日；

《日本占据中国铁矿的最新阴谋》，第 7 卷第 7 号，1919 年 1 月 18 日；

《日本对济南的占领》，第 7 卷第 7 号，1919 年 1 月 18 日；

《在欧洲和会上日本能成功阻止中国吗》，第 7 卷第 11 号，1919 年 2 月 15 日；

《日本与中国的工业发展》，第 7 卷第 11 号，1919 年 2 月 15 日；

《中国与日本》，第 8 卷第 4 号，1919 年 3 月 22 日；

《传教士对日本在朝鲜统治的控告》，第 8 卷第 5 号，1919 年 3 月 29 日；

《日本反美的新闻宣传》，第 8 卷第 6 号，1919 年 4 月 5 日；

《中国的反日情绪》，第 8 卷第 7 号，1919 年 4 月 12 日；

《中国害怕日本的指导》，第 8 卷第 7 号，1919 年 4 月 12 日；

《日本人的偏向》，第 8 卷第 10 号，1919 年 5 月 3 日；

《日本反对铁路国际化》，第 8 卷第 10 号，1919 年 5 月 3 日。

在华英美报刊的反日宣传，其重点不在于对日本对中国侵略掠夺的贪婪性和虚伪性的揭露，而在于让中国民众知道"吾道不孤"，世界上还有国家与中国一样憎恶日本的侵略行为，在将来反日时能够得到其同情甚至支持，在客观上有助于培养和鼓励中国人民反日心理和反日决心。如果中国人民不能侦知反日活动的国际气候，仅凭青岛问题引发一场全民族的反日运动是难以想象的。1915年日本逼迫中国签订"二十一条"时，形势要严重许多，但由于英美等国对中国的反日情绪态度消极，终没有引发如五四运动这样规模的抗议活动。

美国总统威尔逊"十四点"原则被视为一战后世界和平与发展的新规则、新理念。为在中国传播"十四点"，深谙宣传之道的威尔逊不仅同意在中国成立宣传机构，而且派其个人代表来华考察，这对宣传威尔逊主义起到了良好的效果。在华英美报刊在宣传威尔逊"十四点"普遍原则时，将这些原则与中国的具体情况挂钩，使山东问题成了"十四点"原则的议题之一，增加了国人对"十四点"的向往，威尔逊因此成为中国人心中"世界上第一个好人"。只要在中国进行亲美宣传，反日宣传就是必然之事。在华英美报刊在宣传威尔逊及其主义的同时，没有忘记在中国对日本的侵略野心进行揭露和抨击。在华英美报刊的反日宣传在中国营造了反日的气氛，只要有适当的刺激，反日的气氛就会扩散，青岛问题就是这样的刺激物。

第四章

在华英美报刊与中国提案

自鸦片战争开始,中国人民反侵略战争屡战屡败,直到第一次世界大战站到了协约国一方,局面才有所改变。过去每次战败,动辄丧权辱国、割地赔款,此前庚子大赔款近10亿两白银的惨痛教训记忆犹新,因此巴黎和会召开,尽管中国终于作为战胜国在国际舞台上亮相,但到底该向和会提出哪些要求,颇令中国政府踌躇。从中国政府对和会的四个提案分四次提出的历史看,中国政府对和会的要求有一个意见讨论和集中的过程。提案讨论和形成的过程就是民族意志统一的过程,当时讨论的平台主要是报刊。报刊在民族共同体的形成过程中"使得迅速增加的越来越多的人得以用深刻的新方式对他们自身进行思考,并将他们自身与他人关联起来","报纸上方的日期",为陌生人之间"提供了一种最根本的联结",当报纸读者看到他人在读同样的报纸时,会持续地确信那个想象的民族共同体就"植根于日常生活中,清晰可见",从而使报刊成为凝聚民族意识的"晨间祈祷的代用品"和"单日的畅销书"。①

五四运动被誉为中国民族意识全面觉醒的开端。众所周知,五四运动爆

---

① 〔美〕本尼迪克特·安德森:《想象的共同体——民族主义的起源与散布(增订版)》,第30~33页。

发的起因是中国提案中直接归还青岛的要求没有被和会采纳。所以对五四运动的研究，中国的提案应该成为一个不可忽略的要点，尤其是一个弱国第一次以大国形象在国际大会上出现时的心理和需求，其对战后国际形势的观察判断与利益博弈有许多值得研究的地方。五四运动一百年来，笔者所见的研究成果还未发现有对中国的提案进行专门和深入的研究。人们对中国的提案认识不清，甚至认为所有提案是一次提出。民国时期对涉及巴黎和会提案比较有影响的研究，一是外交史学家刘彦1921年出版的《欧战期间中日交涉史》，一是北京大学政治学系教授张忠绂1936年编写的《中华民国外交史（1911～1921）》。

《欧战期间中日交涉史》是对中国提案介绍最清楚的一本著作。刘彦不仅介绍了1919年1月8日国务院致中国代表团的提案，而且还对取消民四条约（即"二十一条"）和希望条件两个提案有所涉及。然而，在刘彦的研究中，有三处不足。第一，刘彦认为政府在1月8日提案中，"关于山东问题，毫未涉及者，大约以为和会能照此提案允许，则山东问题，无言解决耳"。[1] 此论为一厢情愿之说，因为当时中国政府是准备按照"二十一条"与日本私下解决山东问题的，因而未准备将青岛问题提交和会解决。第二，刘彦在其研究中未能涉及中国《对德奥和约中应列条件说帖》，这是中国在和会上的主要收获。第三，刘彦在著作中将三个提案混在一起介绍，使人很容易把它们当作一个整体提案中的三项要求提交和会，这与历史事实相差甚远。

张忠绂认为"中国对于和会颇具奢望，欲一举而除去一切束缚，使中国进入自由平等之地位。中国出席巴黎会议代表团之具体目的有四：（一）收回战前德人在山东省内之一切利益，该种利益不得由日本继承；（二）取消民四条约之全部或一部；（三）取消外人在中国享有之一切特殊利益，例如领事裁判权、外人在华之势力范围等；（四）结束德、奥等战败国家在华之政治与经济利益"。[2] 张氏所言的四条是对中国所有提案内容的

---

[1] 刘彦：《欧战期间中日交涉史》，上海太平洋印刷公司，1921，第203页。
[2] 张忠绂编著《中华民国外交史（1911～1921）》，华文出版社，2012，第224页。

高度概括，未能将四个提案做出区分，也意味着未能对民族意识凝聚和民族利益博弈的过程做出考察。

中国对和会的提案是分阶段提出来的。第一个提案《中国要求胶澳租借地胶济铁路暨其他关于山东省之德国权利直接归还中国说帖》（《山东问题之说帖》），1919 年 2 月 15 日抢在威尔逊暂时离开巴黎回国前完成并提交和会，此说帖仅关于山东权利问题，是中国的一个局部问题。第二个提案《对德奥和约中应列条件说帖》，要求战败国德奥两国在中国的所有权利撤废并进行赔偿，包括对山东权利归还中国的重申，3 月 8 日提交和会。此说帖仍是一个局部问题，但范围比第一个说帖要大。第三个提案《请求废除一九一五年五月二十五日中日两国政府所订之条约及换文说帖》（《废除民四条约说帖》），是对第一个说帖的支撑，从山东问题形成的历史事实和国际法理上论证"二十一条"的无效性，此提案可与第一个提案合并成一个提案，4 月 15 日提交和会。第四个提案《希望条件说帖》，内容包括舍弃势力范围、撤退外国军队和巡警、裁撤外国邮局及有线和无线电报机关、裁撤领事裁判权、归还租借地、归还租界、关税自由权，这是一个要求全面独立的提案。前三个提案提交和会的时间都很明确，但是第四个提案提交和会的时间由于中国代表团没有明确注明，因此在研究者当中存在分歧。

关于《希望条件说帖》提交的时间，刘彦在《欧战期间中日交涉史》中只介绍了内容，但没有涉及提交时间；张忠绂在《中华民国外交史（1911～1921）》中认为是在"四月中"；李新、李宗一主编的《中华民国史》明确交代了其他三个提案提交的时间，唯独没有交代此说帖提交的时间；项立岭认为此说帖提交时间为 1919 年 3 月 9 日，唐启华在其著作《巴黎和会与中国外交》中提供的时间是"4～5 月"。① 中国代表向和会提交的时间到底是在何日？中国代表团内部第 67 次会议（1919 年 4 月 10 日）还

---

① 刘彦：《欧战期间中日交涉史》，第 203 页；张忠绂：《中华民国外交史（1911～1921）》，第 229 页；项立岭：《中美关系史上的一次曲折》，复旦大学出版社，1997，第 56 页；唐启华：《巴黎和会与中国外交》，社会科学文献出版社，2014，第 218 页。

在讨论此事，"议决仍将七件希望案先提"，① 说明此说帖提交时间在 4 月 10 日之后。4 月中旬中国外交开始吃紧，国民外交协会向外交委员会提交与《希望条件说帖》相似的外交七项"意见书"，外交委员会对此"意见书""详加讨论"后，于 24 日请总统徐世昌令外交部"即日电令专使查照前令，乘机并案提出"。② 从外交委员会致徐世昌的话中可以推断出最迟到 4 月 23 日，中国代表还没有向和会提交此案。③ 但在 1919 年 5 月 4 日，陆征祥会晤英国外交大臣贝尔福时却说："我国早将'二十一条'全案提送大会，……此次我国提案尚有其他希望各条件，亦均经提送在案。"④ 从以上信息可以判断出《希望条件说帖》提交大会的时间当在 4 月底与 5 月 3 日之间。1919 年 6 月 16 日，《申报》刊登了南方代表王正廷向南方政府旧国会做的报告。王正廷在报告中说："近日又提出关于改正条约七种问题之说帖，……七种问题原系希望条款，与和议本无甚关系，然国际联合会组织伊始宗旨闳远正大，必使世界不平之事咸归于平，而后世界和平可期永久，故均予提出，以待解决。"落款时间为"八年四月二十八日"，加上报告中"近日义国要求管领斐姆港……，意代表钧退出和会，悻然回国"，⑤ 可以推断《希望条件说帖》提交和会的时间应该在意大利代表退出和会的 4 月 24 日至王正廷撰写报告的前一天 4 月 27 日。再从报告中的两个"近日"一词来进一步推断，提交时间应在 4 月 24 日与 25 日，否则王正廷会用"前天""昨日"之类的时间名词来指代 26 日与 27 日。考虑到 4 月 24 日中国代表团向和会致力于青岛"五国共管"方案，因此此说帖提交时间最大可能性是在 4 月 25 日。这是威尔逊立场动摇，中国代表团经受严峻考验的时候，王正廷觉得有必要向军政府汇报中国外交的进展情况。

---

① 《附录一：出席巴黎和会中国代表团会议录》，《中日关系史料——巴黎和会与山东问题》，第 413 页。
② 《收国务院函》（1919 年 4 月 26 日），《中日关系史料——巴黎和会与山东问题》，第 94 页。
③ 当时巴黎发电到北京的速度，最快要 1 天，如 1919 年 1 月 28 日中日辩论的当天午后陆征祥致电北京，外交部第二天收到，一般的需要 3 日左右，慢的则达一个多星期。
④ 《收法京陆总长〔征祥〕电》（1919 年 5 月 12 日），《中日关系史料——巴黎和会与山东问题》，第 137 页。
⑤ 《王正廷报告欧洲和会情形》，《申报》1919 年 6 月 16 日，第 7 版。

中国政府对和会的提案虽然只有四个,但在其形成过程中凝聚和提炼了很多人的希望和心血。提案提交和会的时间都与和会的进展、中日关系变化、国内民众要求相关,反映了中国外交的弹性和灵敏性。从中国对和会四个提案的形成过程来看,里面既有中国代表的贡献和政府的意志,也有中国民众的呼声,然而在华英美报刊在其中的作用至今未被人知晓。为了更全面研究中国提案的过程,笔者侧重对在华英美报刊扮演的角色做一考察。

一 和会召开前在华英美报刊对中国提案的讨论

1918年11月11日,一战落下帷幕。中国各地沉浸在胜利的喜悦中,"旌旗满街,电彩照耀,鼓乐喧阗,好不热闹"。① 但是受日、英、美、法、意五国驻华公使对北京政府"劝告"的影响,中国上下普遍流行"参战不力"的思想,对和会并不抱有太大的希望。

热心中国参战的新文化运动领袖陈独秀认为:"我们对于参战,简直算没有出力。如今若在和平议席上,提出无数的要求,固然可耻。"② 外长陆征祥作为首席专使在去巴黎途中路过日本时,接受日本《朝日新闻》记者采访,道出了自己的心声:"日本与中国皆远处亚洲,参战程度非英法之比,则发言权之差异自所不免。"③ 掌握北京政府实权的参战督办段祺瑞在讨论中国对和会提案的会议上表态:"此次参战,宣布过迟,有名无实,不应多提要求。"④

中国不向和会多提要求,固受"参战不力"思想的影响,也与中国参战时对将来和会的设想早已为战后的要求涂上了底色有关。关于参战的"府院之争"以段祺瑞的胜利而告终,段参战的目的仅在于使中国将来"在国际上占一位置"。⑤ 1919年5月16日,中国代表团讨论是否在巴黎和约上

---

① 陈独秀:《克林德碑》,《新青年》第5卷第5号,1918年11月15日。
② 只眼:《公理战胜强权》,《每周评论》第7号,1919年2月2日。
③ 《陆征祥途中之谈话》,《晨报》1918年12月9日,第2版。
④ 《曹汝霖一生之回忆》,中国大百科全书出版社,2009,第198页。
⑤ 周光培整理、集注《中华民国史史料三编》第12册,辽海出版社,2007,第64页。

签字，驻法公使胡惟德力主签字，其理由是："查我国参战初意，原期列席和会，增进国留（应为'际'——引者注）地位，非专为收回山东已失权利一端。"① 陆征祥在停战前两天打电报给驻日公使章宗祥说："中国为参战与国之一，加入议和大会，为我政府唯一之目的。"② 外交总长之言透露了中国的底线。至于在和会上收获多少利益，陆并没抱多大希望。总统徐世昌因认同中国"参战不力"而对中国参会目标模棱两可，"吾国此次总以能得各国同情为第一要义，对于所提条件不可不审慎考量，以免为反对者所利用"。③ 可见，受过去战败历史的影响，能够列席和会为中国参战的初衷。

然而，正如国际形势复杂难辨，中国对和会的希望也非纯粹单一。既然中国参战时西方列强给中国以大国待遇的承诺，"尽力赞助中国在国际上享得大国当有之地位及其优待"，④ 中国人对这种承诺抱有模糊的希望，且这种希望在威尔逊"十四点"出笼后变得更加强烈。中国参战后，成立"议和筹备处"，预备战后媾和事项，讨论中国和会提案。⑤ 从保存的13次会议记录（时间跨度从1918年4月26日至7月5日）来看，讨论的范围比较广泛，有邮政、外债、领土、铁路（包括胶济铁路）、胶州、关税、领事裁判权、《辛丑条约》、德国在华财产、蒙古、西藏、与德奥重订条约，以及巴尔干、波兰、比利时等问题。⑥ 从对巴尔干、波兰、比利时等问题的讨论来看，议和筹备处的提案受"十四点"的影响较大。在这13次会议中，讨论的重点问题是胶州和胶济铁路问题、蒙藏问题、《辛丑条约》问题、关税问题。议和筹备处对内

---

① 史俊民：《中日国际史》，台北：文海出版社，出版时间不详，第320页。
② 章宗祥：《东京之三年》，《近代史资料》1979年第1期。
③ 《答复阿克曼问题》（1919年1月7日），《中日关系史料——巴黎和会与山东问题》，第442页。
④ 张忠绂编著《中华民国外交史（1911~1921）》，第191页。
⑤ 一战爆发后，因应中立、山东、参战、和会等问题，中国政府先后成立了总统府保和会准备会、外交委员会、国务院国际政务评议会、战时国际事务委员会、外交部议和筹备处等。关于这些机构的成立与活动情况，参见唐启华《巴黎和会与中国外交》，第13~96页。
⑥ 《议和筹备处议和筹备会议记录（1~15次）》，《中德奥宣战的紧要文第一次大战后有关巴黎和会反对德奥问题的文件及议和筹备处第一至第十五次会议记录（缺一、六次）》，中国第二历史档案馆藏，档案号：1039-2-373。

阁负责，内阁总理是议和筹备处处长。① 至一战停战时，提案之事猛然压来，但议和筹备处仍未对中国提案做出决定。《申报》11 月 19 日报道，因政府没有提案，总统徐世昌为了下周讨论提案问题，令在京各督军各具说帖，"径送国务院"，外交部也"征求各外国顾问之意见"。② 23 日，《申报》"专电"栏披露了 21 日国务例会拟定的提案：（1）收回领事裁判权；（2）改正关税；（3）中东路条件；（4）交还青岛；（5）开放蒙藏。③ 25 日《申报》在"要闻"栏对 21 日国务例会提案再次进行报道："凡于五案内有关之文件，均已抄齐交陆外长携带赴欧，为临时参考之用。"④ 这"五案"后来被议和筹备处称为议和的五条原则。⑤ 这五条原则应是中国政府最早的提案，也是给代表最早的训令。其中，除第三条外，其他的在议和筹备处都讨论过了。⑥

除了国人对和会抱有一定希望，在华英美报刊也认为中国在和会上应该享受某些权利，因而在和会召开前展开了激烈的讨论，为中国提案借箸代筹。

在和会上中国应该提出哪些要求？《密勒氏评论报》先不直接给出答案，而是大谈威尔逊的形象，企图树立中国人在做提案时对威尔逊的信心。《密勒氏评论报》首先问中国人在和平会议上"谁将为中国说话"，然后自答，"有头脑的中国人看好威尔逊总统的领导能力"，原因在于"为了世界变得美好，他愿意牺牲美国人的利益。美国人民已经发现威尔逊先生是一个具有国际思想的人，是一个渴望为人类未来的福利而工作的人。有了这一发现之后，美国人民正在把他们的一切都交给他，以方便他执行他的无私政策"。因此威尔逊总统"不仅得到了本国人民的支持"，"而且得到了盟国政治家的信任"，这使他在帮助中国摆脱国际困境方面"具有额外的优势"。威尔逊总统倡导国际正义，国际正义要求威尔逊总统调查并解决"中国的

---

① 《元首辞职中之中央政闻》，《申报》1918 年 3 月 15 日，第 3 版。
② 《陆征祥使欧问题》，《申报》1918 年 11 月 19 日，第 6 版。
③ 《北京电》，《申报》1918 年 11 月 23 日，第 2 版。
④ 《陆子欣使欧之所闻》，《申报》1918 年 11 月 25 日，第 6 版。
⑤ 《收国务院函》（1919 年 4 月 26 日），《中日关系史料——巴黎和会与山东问题》，第 94 页。
⑥ 《中德奥宣战的紧要文第一次大战后有关巴黎和会反对德奥问题的文件及议和筹备处第一至第十五次会议记录（缺一、六次）》，中国第二历史档案馆藏，档案号：1039-2-373。

冤屈"（China's grievance）。在大谈威尔逊能为中国做事的形象之后，《密勒氏评论报》给中国提案开出的药方是：（1）修改条约；（2）完全取消庚子赔款；（3）关税自主；（4）归还中国所有的租界和被千方百计榨取的不公平让与；（5）废除秘密外交。①

《密勒氏评论报》在开出某些可提的药方时，也开出某些不可提的药方。在协约国与德国订立休战条约后不久，中国外交部曾以类似《希望条件说帖》的和会要求通告美国驻华公使芮恩施，芮恩施即以个人名义劝中国暂勿提出此类问题，"因此类问题非因大战发生，提出后反于中国不利"。芮恩施的建议得到《密勒氏评论报》的共鸣，但《密勒氏评论报》并未停留在共鸣阶段，而是进一步深挖此种提案的背景，认为是日本怂恿中国提出此类要求，日本这样做的目的是想"让列强对中国合理的要求置之不理"。②《密勒氏评论报》忘记自己在一个多月前也曾提出归还租界的建议，这也说明在华英美报刊在认识中国提案时有一个探索和提高的过程。

担心中国落入日本的陷阱，使日本达到"即将在欧洲召开的国际和会上使中国对领土完整和民族独立的计划和希望搁置起来"的企图，《密勒氏评论报》本着"愿提请中国高层官员和中国人民注意，考虑中国在和平会议上应该提出更重要的建议"，以免重蹈朝鲜命运覆辙的目的，又给中国人提出的10条忠告是：

（1）取消任何外国列强认可的在华势力范围、垄断性优先权或各种特权的一切条约规定和其他协定。

（2）涉及外国利益的中国所有铁路都中立化或国际化。

（3）取消外国利益集团以任何方式损害中国主权、妨碍门户开放和机会平等原则的垄断性采矿权。

---

① Hollington K. Tong, "What Can President Wilson Do for China?" *Millard's Review of the Far East*, Vol. 6, No. 11, November 11, 1918, pp. 431-434.
② "Editorial Paragraph," *Millard's Review of the Far East*, Vol. 7, No. 3, December 21, 1918, p. 84.

(4) 放弃各国在中国领土上的租界，代之以国际共管，当中国政府完成司法和行政的某些改革后，将其有条件地还给中国。

(5) 撤退所有驻扎在中国的外国军队，《辛丑条约》规定的除外。在中国完成军事和警察管理方面的某些改革后，《辛丑条约》规定的外国驻军也将撤退。

(6) 裁撤中国境内所有外国邮电机关及其设施，在一定期限内实行国际共管。

(7) 在国际管理委员会指导下实现货币统一。国际管理委员会在一定的期限内履行职责，培训中国人准备接管其工作。

(8) 对所有外国和本国货物出入境征收的所有国内税在五年内废除后，实行关税自主。同时立即改革海关，包括废除出口关税，普通商品的进口关税增加到12.5%，某些指定的奢侈品进口关税增加到25%。附带条件是原材料列入免费清单，训练中国人晋升到更高海关职位和成立一个定价委员会。

(9) 治外法权在中国符合下列条件的情况下废除：

a. 50%的适龄儿童在公立或私立学校受教育至少五年；

b. 现代民法和刑法的执行至少为五年；

c. 立宪政府是顾全到中央和省级治理的现代行政制度，并合理防范腐败的政治和行政行为，其实行至少为五年；

d. 对专利、版权和商标给予充分保护。

(10) 在中国和大多数居民是华人的所有领土上，除药用以外的一切形式的鸦片贸易都将停止。①

这10条建议比较具体，在涉及租界和治外法权方面比较保守，有条件地还给中国。

---

① "Editorial Paragraph," *Millard's Review of the Far East*, Vol. 7, No. 5, January 4, 1919, pp. 153 – 154.

与《密勒氏评论报》如出一辙的是，《字林西报》在精神层面对中国人进行鼓励的同时，也给出一些具体的建议。受克兰言论鼓舞，《字林西报》在具体问题上先不给中国提出建议，而是向中国保证，和会在威尔逊的主持下，中国提出什么样的要求都可以，"坦率是解决问题的唯一方法"。《字林西报》提醒中国人，现在欧美人见面互相询问的话就是，对于敌人给比利时和塞尔维亚带来的灾难，应以何种程度和何种形式向他们做出赔偿，由于"比利时和塞尔维亚所遭受的伤害是全世界都知道的"，协约国"为了尊严"无疑会在其权力范围内确保对这两个国家做出充分的赔偿，中国同世界上大多数国家一样，在战争中"也遭受了苦难"，但与比利时相比，比利时所遭受的苦难为全球共知，而外界对中国的冤屈"几乎一无所知"。因此中国在和会上必须坦率地公开自己的要求，在英美两国政府和人民面前，"放下过去四年所蒙受的以强迫方式所加的冤屈，呼吁他们在和平会议上为这个国家争取赔偿"，如果英美两国政府和人民不解决中国的要求，而"允许日本保留他们致力于欧战时侵略所得的果实，那么最近几年逝去的几百万人就白白牺牲了，战争就会再次打响"。与《密勒氏评论报》一样的是，《字林西报》也认为"撤销治外法权"之类的提案会"危害中国之主义"，也许"为日本所指使"，"自以为少言为佳"。①

　　在具体提案上，《字林西报》不像《密勒氏评论报》那样丰富和系统，但《字林西报》认为自己的具体提案极具象征意义。它建议中国要求德国归还在义和团事件中被抢走的"极古天文仪器"，此事虽小，但意义非同小可，"于北京一方面将大有精神上之效果"，使中国人知道德国已全归失败，"于协约国之胜利可因此举而益使鼓舞，而中国与协约国之交谊亦可益见巩固也"。② 后来，中国《对德奥和约中应列条件说帖》里专门有一项是关于德国归还天文仪器的规定，也许受《字林西报》这条建议的影响。

---

① "What China Asks at the Peace Conference," *The North-China Daily News*, November 29, 1918, p. 4.
② 《欧战停止与中国》，《大公报》1918 年 11 月 19 日，第 1 张。

与《密勒氏评论报》和《字林西报》热心中国提案不同的是，《大陆报》认为中国对和会的提案是其次，中国内部问题更重要。

　　1918年12月26日，以个人身份去巴黎观会的梁启超路过上海，第二天应"主张国际税法平等会"邀请，在上海发表演讲。为使中国不成为日后"战争之媒者"，梁认为中国提案应注重5个方面：税法平等、打破势力范围、废除租借地、收回"分占之铁路"、取消庚子赔款。①《大陆报》认为梁演讲所说的5点乃中国单方面的"志愿"，未考虑西方人的想法。针对梁所说的这些值得西方同情的要求，《大陆报》问道中国有没有想过如何"报答"西方的问题？如撤除厘金、剿治盗匪，特别是国内和平，这些"中国力所能行以期博取列强之好意与顾念者"之事，中国能不能先做到？如果"今徒提出重大请求而绝不愿有所作为举以为报"，则"敢谓中国议和代表能不辱其使命于欧洲乎？"因此中国亟需先解决国内问题，"欧和提案犹在其次"。②

　　看似《大陆报》对中国提案不热心，其实它是想借国际问题来倒逼中国内部问题的解决。然而，不论在华英美报刊在中国提案问题上有何区别，它们在否认"二十一条"合法性方面是一致的，这是它们的共性，目的为中国在和会上收回山东权益清除障碍。

　　"二十一条"对英美国家人民而言，也许比较陌生，在1919年4月22日讨论中国问题的会议上，劳合·乔治向威尔逊表示他"从来没有听说过""二十一条"。③但在华英美人对此再熟悉不过，打破日本人封锁，将"二十一条"透露给国际社会的就是端纳与在北京的美国记者纪乐士，二人将其发表在《芝加哥日报》上，成为"世界上首次披露日本二十一条的独家新闻"。④美国公使芮恩施对"二十一条"谈判痛心疾首，因为其认为美国国

---

① 《梁任公在国际税法平等会之演说词》，《东方杂志》第16卷第2号，1919年2月。
② 《中国急须和之外论》，《申报》1918年12月29日，第6版。
③ Arthur S. Link, Editor, *The Papers of Woodrow Wilson* (hereafter referred to as *PWW*), Vol. 57 (Princeton: Princeton University Press, 1987), p.617.
④ 〔澳〕端纳口述，〔美〕泽勒撰《端纳回忆录》，东方出版社，2013，第81页。卡尔·克劳曾说他是第一个捕破这个密约的，见 Carl Crow, *I Speak for the Chinese*, p.4。

务院在日本向中国发出最后通牒，中国最需要美国支持的时刻，却"来电指示我劝告中日两国政府忍耐和相互宽容"，因而未能助中国一臂之力，但这位美国公使认为"二十一条"没有得到中国国会"如宪法所要求的批准"，因而它是无效的。①"二十一条"是日本撕下"亲善"伪装的野心大暴露，促使中国人觉醒，激起了中国人的愤怒，可是在无力单独反抗日本强权的情况下，中国最终结城下之盟，寄希望于国际媾和大会能主持公道。梁启超在"二十一条"谈判期间发表文章，提醒中国当局，"公等当与日本交涉时，勿忘却尚有战后之列强交涉，行即相踵而至也。战后必有大会议，此大会议中中国问题，必为重要议题之一"。②

国人的预测是正确的，"二十一条"签订三年后，战后"大会议"来临，在华英美报刊集中火力攻击"二十一条"。《华北明星报》认为中国接受"二十一条"是"因受日本爱的米敦之威迫"，但它"始终未得列强之认可"，因此"亦无何等之效力也"。③《华北明星报》虽欲主持公道，但其逻辑存在问题，若以列强承认而不是以公理为标准，这还是强权的逻辑。

《字林西报》要求取消"二十一条"的理由要比《华北明星报》理性许多。《字林西报》先回顾"二十一条"签订过程中的疑点：第一，中国政府允守秘密，不发表谈判内容；第二，各项要求多与中外条约、门户开放主张相反，且在各国专力战局，无暇他顾时提出；第三，日本先不让各国公使馆知道，后来的通告又脱漏第五项要求。《字林西报》认为即使脱漏第五项内容，"二十一条"仍"不失为一极可悚之条约也"，"无异使中国以空白支票送与日本耳"，必须取消。取消的理由是："此约全无法理，根据亦非中国乐从，但强权相迫，武力相加。中国始不得不屈服耳。尤有一事，必须主持公道者，假使中国开罪日本，有以召之，则局面诚不免因之而异，但首先发难者不为中国而为强邻。俄德之约与罗德之约，今皆取销，世人莫不欢忭，况中国与俄罗不同，既非日本之敌国，且系协约国之一，然则中日条约之亦应取销，

---

① 〔美〕保罗·S. 芮恩施：《一个美国外交官使华记》，第117~118页。
② 《梁启超全集》第9册，北京出版社，1999，第2770页。
③ 《青岛交还之外论》，《晨报》1918年12月4日，第3版。

固在公理上不容异议矣。"① 《字林西报》以强权相加、日本发难、中国非敌国三点理由说明"二十一条"应取消，其观点深得中国人赞许。第二天《申报》将其翻译出来，以《西报论日本应取销"二十一条"之要求》刊登在"要闻"栏内，一个星期后重新翻译，以《废除一九一五年中日条约问题》为题再次刊登在"要闻"栏中。② 此时在华英美报刊还只是从国家关系来阐述"二十一条"的无效性，到中日两国矛盾在和会上爆发后，在华英美报刊还从法理上论证"二十一条"的无效性，坚决支持中国直接收回山东利权。

二 和会召开后在华英美报刊对中国提案的支持

在中日辩论中对中国的支持

中日两国代表赶赴巴黎前，两国首席代表曾各自访问过对方国家。日本首席代表西园寺公望出发较迟，乘"丹波丸"于1919年1月18日到达上海，做短暂停留，未会见中国官方人士，然后经香港、新加坡去巴黎。中国首席代表陆征祥怕耽搁行程，1918年12月1日从上海出发，于8日在东京拜访日本外相内田，再从美国去巴黎。

陆征祥为何要经日本去巴黎？有人说是驻日公使章宗祥的邀请，"期与日本缔结密约"。章宗祥认为这是"无稽之谈"，只是船票紧张，陆才从日本登船赴欧，尽管自己不愿意过问陆的行程之事，但还是"顾全大局"，在日本邮船"诹访丸"即将出发前为陆一行解决了船票问题。③ 顾维钧也说是当时船票难买，于是"责成驻日公使馆全力在日本轮船上安排舱位"。④ 陆为何不走近路从苏伊士运河去巴黎？与陆走相同路线赴欧考察路政的刚辞去

---

① "The Twenty-one Demands," *The North-China Daily News*, January 11, 1918, p. 6. 译文采自《西报论日本应取销"二十一条"之要求》，《申报》1919年1月12日，第6版。
② 《废除一九一五年中日条约问题》，《申报》1919年1月19日，第6版。
③ 章宗祥：《东京之三年》，《近代史资料》1979年第1期。
④ 《顾维钧回忆录》第1分册，第167页。

交通次长职位的叶恭绰认为，之所以选择这条线路，是因为"当时地中海布满水雷，尚未扫除，航行不便，因此改经朝鲜、日本以赴美国，再转欧洲"。① 综合三人说法，可以断定陆征祥在和会前访问日本，一是因为那时经地中海去巴黎路途虽近，但风险较大，二是船票难买，其他国家的船只没有空位，只能乘坐日本的邮船。此外，还带有一定的外交目的，这对后面中日关系和国内政治有很大的影响。

陆征祥到日本前，曾电告章宗祥，称欲谒明治陵呈递花圈并拜访日本天皇，请章与日本政府商洽。章宗祥认为陆的专责在于和会，经过日本时不过"旅客之一"，可以不必与日本政府周旋。但对于中国外长首次访日，日本非常重视，并借内务大臣新官邸作为旅舍，天皇和外相准备各宴请一次。可是，当章宗祥将一切商定妥当后，陆征祥突然变卦，以经过朝鲜时患痛风病为由，请其推掉谒陵等其他应酬之事，只盼与内田相见，"以达恳切之宿望"。章宗祥觉得陆过日本，本非驻使的邀请，又事前提出要求，临时中变，令人无可捉摸，"无论何人遇此等情形，难以满意"，于是章以脑病复发为由，向总理钱能训提出辞职。② 令章宗祥未预料到的是，他因此事辞职，回到北京当天，正赶上五四运动爆发，被打成重伤，政府为此逮捕了30多名学生。为了营救这些学生，北京名流提出保释，成为当时重大新闻，进一步刺激了五四运动的发展。中国国内政局至此开始沿着学生的逮捕与释放、要求惩办"卖国贼"的道路演进。

陆征祥到东京后，12月9日在章宗祥的陪同下分别拜访了外相内田康哉和日本和会代表牧野伸显。在与内田晤谈时，内田向陆提出："青岛并山东问题的利权，根据1915年日中条约的规定：（一）一旦日本继承了德国的利权，日本即重新归还中国，望陆全权对此予以谅解；（二）日中两国间的问题，在巴黎和会提上议程的情况下，望陆全权与牧野全权恳谈，采取一致行动。"③

---

① 叶恭绰：《西原借款内幕》，《文史资料选辑》第3辑，第110页。
② 章宗祥：《东京之三年》，《近代史资料》1979年第1期。
③ 小幡酉吉传记刊行会编《小幡酉吉》（1957年印），转引自章伯锋《皖系军阀与日本》，四川人民出版社，1988，第258页。

日方资料记载，陆向内田表示："希望在此次讲和会议上，能充分的与日本政府代表协调一致。"① 中方资料记载，当天晚上 8 点陆征祥向政府密电与内田会谈是"晤谈良久，情意浃洽"，当谈到青岛问题时，内田表示"俟与德国交涉清楚后，按照原议归还中国"。对于内田的要求，"祥答以两国原议自应按照办理，将来两国代表在会仍愿彼此遇事接洽。彼亦答以为然"。② 因为有此次会面和约定，1 月底两国代表在和会上发生辩论时，双方代表都惊讶万分。

1919 年 1 月 27 日下午，中国代表被通知到会，顾维钧和王正廷出席。当晚陆征祥致电外交部，惊讶"日本在会竟然要求胶济铁路及其他利益为无条件之让予。交还中国一层，一字不提"，③ 觉得事态变得严重起来。28 日，顾维钧与牧野伸显在和会上为山东问题大起辩论。中方的态度也令日本非常吃惊，牧野的秘书吉田茂曾到中国代表住处责问中国代表发言前为何不与日本代表接洽。④ 2 月 2 日，在北京发生日本驻华公使小幡酉吉恫吓事件，中日关系从此波澜四起。

"日使恫吓事件"激起了中国民众的严重抗议。在巴黎，中日代表之间的辩论也非常激烈。2 月 10 日，牧野就甲午战争以来中日关系向新闻记者发表长篇宣言，颠倒黑白，歪曲历史事实，将日本在甲午战争中首先发难说成是"防守的而非进攻的"，将日本与俄国在中国领土上进行的日俄战争说成是"为保存日本民族的生存，向之宣战，逼令俄国休战议和"，将在一战中对青岛的夺取说成是"设法除去扰害远东和平的原因，保障英日盟约所预期的一般利益，以便实现东亚巩固持久的和平"，将"二十一条"说成是"为改善两国邦交，消除由多方面冲突带来的分歧，1915 年日本向中国提出

---

① 《日本外交文书》（大正 7 年），转引自章伯锋《皖系军阀与日本》，第 258 页。
② 《收陆总长〔征祥〕由横滨来电》（1918 年 12 月 10 日），《中日关系史料——巴黎和会与山东问题》，第 5～6 页。
③ 《法京陆专使电》（1919 年 1 月 27 日），天津市历史博物馆编辑《秘笈录存》，中国社会科学出版社，1984，第 72 页。
④ 《附录五：顾全权、严参事见日本吉田秘书官问答》，《中日关系史料——巴黎和会与山东问题》，第 419～420 页。

某些要求,内有数种系中国志愿让与的",还借机影射中国在一战中无所作为,中立三年,纵容德国人在华活动,将1918年9月24日《山东问题换文》说成"绝不是强迫而来的,……是中国政府本着诚意达成的"。牧野把日本打扮成一个"恪守信义"的国家,对中国毫无领土企图,而外界对日本充满了嫉妒和误解。牧野在宣言中说道,日本自开关以来,凡与他国缔结的各种条约合同,"一直以信义坚守着,为的是顾全本国的名誉与他国之权利",在中日关系中,"日本屡次声明在中国没有占据土地的野心,但愿睦邻友好",日本向中国请求与西方列强一样的均等机会,是图与中国共发展,不能说是"占中国的便宜"。①

牧野发表宣言的第三天,《字林西报》报道路透社分发的美国无线电,简要介绍牧野宣言的内容。② 也许因为内容过多,电报线路拥挤,2月18日《字林西报》和《大陆报》才对牧野宣言内容进行了详细报道。《字林西报》的题目是《山东租借地》,副标题是《牧野男爵呼吁以发展为目的的机会均等》,小标题有:与中国战争、微妙的问题、严重的错误、德国到来、对德最后通牒、交还中国、久蓄的敌意、1915年要求、没有秘密条款、机会均等、占领太平洋岛屿的要求、日本在战争中的角色。③《大陆报》在同一天的报道内容一样,但标题不同。《大陆报》的主标题是《牧野宣讲日本在远东的防御政策》;副标题竟有一串——《给报界的对中国态度的冗长辩护》《载入史册》《他说反对日本的宣传是由德国策划的》《想要公平》《归还青岛是将在山东合作吗》;小标题有:与中国战争、与俄国战争、反日宣传、德国在华阴谋、对德战争、占领青岛、将青岛还给中国、"二十一条"、想要中国人的友谊、在西伯利亚的地位、对太平洋岛屿的权利要求、日本在战争中做了什么?④《字林西

---

① "Concessions in Shantung," *The North-China Daily News*, February 18, 1919, p. 7.
② "The Restoration of Kiaochou," *The North-China Daily News*, February 12, 1919, p. 7.
③ "Concessions in Shantung," *The North-China Daily News*, February 18, 1919, p. 7.
④ "Defense of Japan in Far East Policy Is Made by Makino," *The China Press*, February 18, 1919, pp. 1 – 2.

报》详细报道采用的是路透社 11 日的电稿，《大陆报》采用的是路透社 13 日的电稿。从标题用词来看，《大陆报》的反日立场要比《字林西报》鲜明。

19 日，《字林西报》就和会开幕以来中日冲突发表社论《门户开放在中国》，认为牧野作为日本外相，其发言是"几经斟酌"，就性质而言，等于是日本对外政策的宣言，日本既有此宣言，就应该毫不迟疑地宣布中日密约。对于中国代表在和会上的发言，《字林西报》希望和会每次集议讨论的时候中国代表能"以极坦白诚实的方法陈述中日交涉不可驳诘的事实"，"同样日本代表要虚心接受劝说，东京政府要完全承认中国代表发言的必要，为了维护自己的国际荣誉，不可有可视为进一步阴谋威胁中国的行动，因为日本现在给人最深刻的印象是其国际荣誉已摇摇欲坠。荣誉一旦失去，日本将一无所剩。贸易及由此带来的财富若没有在对外交往中好名声的辅助，将化为泡影。虽有强大的海陆军，也将无所收获"。① 20 日，《申报》将其翻译，名为《中日国际前途之外论》。《申报》将《字林西报》的社论标题翻译成《中日国际前途之外论》，显然想暗示的是门户开放不仅是中国的前途，也是日本的前途，代表在和会上畅所欲言和维护荣誉不仅是中国争取前途的手段，也是日本争取前途的手段，而日本却反其道而行之。

牧野宣言颠倒是非，强词夺理，混淆视听，中国政府觉得有必要进行驳斥。26 日，外交部将英文抗议书拍电给陆征祥，预备在巴黎和北京同时宣布。在这篇抗议书中，中国政府对牧野的巧言令色逐一反驳，用词之严重，为中国对日本文书措辞中所罕见。针对牧野对甲午战争起因的歪曲，中国政府驳斥道，"实由日本巡洋舰击沉中国所雇之英船高升号"，日本所谓当时中国之战系"侵略性质"，日本系"防卫性质"，"全属谬词"。中国在一战中严守中立三年，"非中国之咎也"，中国在袁世凯时代就有两次参战请求，

---

① "The Open Door in China," *The North-China Daily News*, February 19, 1919, p.6. 巴黎和会时，日本外相是内田康哉。牧野伸显任外相时间为 1913 年 2 月～1914 年 4 月，在山本权兵卫内阁时期。

"卒为某方面破坏",但"在今日而责备中国中立三年者,不亦严酷也"。中国虽接受"二十一条",但绝不是自愿的,而是"日本以武力强迫中国承认",并且"厥后日本前内阁与中国所订各合同,其主义非独有害中国行动之自由,且危及中国真正之独立"。如果日本认为在青岛之役中有所牺牲就要占领青岛,那么请日本对照美英的行为,"欧洲战场大半借美军二百万之协助,故美国牺牲之生命,较诸日本奚啻三十倍,而美国固未尝愿在此已恢复之亚、罗两省地方(即'阿尔萨斯-洛林'——引者注)要求路矿也。尚有一事为众所知者,英国多少健儿战死于法兰特斯地方,该地几成为英国少年之坟地,且负世界最大之国债,然英国对于比利时亦未曾要求一二让与权,或请求必须让予其他人所不能有之各物也"。对于牧野在宣言中提及的"三国干涉还辽"之事,中国政府补充道:"此次日本代表宣言中,有因三国干涉交还辽东之语,并未提及除议定赔偿二万万两外,以辽东故,又益之以三千万磅,系在伦敦交付,以作日本改金本位之基本金也。"抗议书最后指出,中国自辛亥革命后,"改为泰西制度之政体",建立共和国,但没有机会发展政治、经济,实因政党分裂,而政党分裂之因"时有为外国所主动"。①

中国政府这篇驳文沉着痛快、酣畅淋漓,将日本的虚伪剥离殆尽,贪婪尽现眼前。尽管当时中国政局被实力派段祺瑞系控制,但在战后潮流面前,段系不得不有所收敛。在徐世昌任总统后,其对段系的投日政策有所抵制。从这篇驳文可看出,在当时中国政治斗争中,亲英美派徐世昌系占了上风,或者说一战结束后英美重返中国已具有优势地位。1917年为参战问题引发的"府院之争",以总统黎元洪向段祺瑞承诺不再过问外交收场,那时日本在华势力正炽。徐世昌当选总统后,一战到了接近停战阶段,西方国家尤其是美国亟须加强在中国的势力,快速对日本和亲日派进行有效的打压和遏制。

几乎在北京发电巴黎的同时,中国代表开会讨论应对牧野宣言的办法,决定请驻丹麦公使颜惠庆、和会秘书严鹤龄等人先"拟一宣言书",于下星

---

① 《发法京陆总长〔征祥〕电》(1919年2月26日),《中日关系史料——巴黎和会与山东问题》,第52~55页。

期二（3月4日）召开各国新闻记者招待会，在谈话结束后，发放宣言书，"各人分给一纸，俾免有伪传之虑"。① 3月1日晚，中国代表团开会，就牧野宣言中关于"二十一条"不侵犯中国领土完整和无损于中国声誉的说法准备草拟一份声明进行驳斥。会议最后通过了顾维钧和颜惠庆的建议，"对日本的说法不直接作复"。② 3月4日，记者招待会如期举行，王正廷做了"强有力的讲话"。③ 由于电报线路拥挤，到24日《字林西报》才对这篇路透社"延迟"报道的记者招待会做了报道。从报道中我们发现，在同一天日本代表团也举行了记者招待会，这是中日两国代表在巴黎斗争剧烈的表现。

《字林西报》24日报道，在中方记者招待会上，中国和会代表对日本的"胶州宣言"和1915年以战争威胁强迫中国接受的"二十一条"提出抗议，声称中国在1914年和1915年两次参战要求都被日本所阻，强调中国在战争中以劳工和船员的形式对盟国提供援助，以及中国10万人的军队已做好准备开赴欧洲，但因缺乏船舶吨位而作罢。在日方记者招待会上，西园寺侯爵向记者发表谈话，详细阐述了日本对国际联盟论和建立一个公正和平世界的宏伟计划表示赞同，为人类公道最终在公理战胜强权时代建立起来而感到高兴。西园寺侯爵坚信中国会有对日本在华"合理而公正"的要求表示理解，对日本所谓维护远东和平、安全、进步和文明的努力完全明白的一天。日本期望在国际联盟的领导下，占世界人口一半的东方世界的未来联盟能与西方世界和谐相处并世代友好。④

中国代表团的记者招待会取得了良好效果。巴黎最著名的《巴黎日报》对这一天的两场演说评论道，中日两国代表团的激战，"彼此控诉辞皆腕转，比引不露"。中国代表团"济济多才，堪称盛时"，宣读中国要求时，"指呼日本冒犯之罪状"，"公然揭示日本授与中国之危机，极力反对一九一

---

① 《第25次会议》（1919年2月25日），《关于第一次世界大战后在巴黎和会召开期间中国代表团内部会议记录之印本》（1919年），中国第二历史档案馆藏，档案号：1039-2-233。
② 《颜惠庆日记（1908～1919）》第1卷，上海市档案馆译，中国档案出版社，1996，第832页。
③ 《颜惠庆日记（1908～1919）》第1卷，第833页。
④ "Future of the Orient," *The North-China Daily News*, March 24, 1919, p. 7.

五年正月十八日日本递交于北京政府之二十一条件之承认实为强迫之所致"，法国人"曾未见中国有如是激昂之外交家"。相比中国代表，日本代表演讲的意思大概不过对于国际联盟极表同情，以及中国终归与日本同心协力发展远东之文明，这"足见其对于中国代表直言不讳披陈日本狼心蚕食几乎侵吞中国之主权及霸占中国之领土种种精确之打击，并无何等坚劲之答复也"，不仅"极属平平无奇"，而且"涉于虚妄"。因此，中日两国此次之记者会"颇有外交上研究之价值"。①

由于电报线路拥挤和电文太长，中国外交部2月26日发给代表团的英文抗议书电报，代表团3月6日才收到，且内容不全，只有"其二"和"其三"两部分，还缺"其一"。代表团即请政府"饬电报局追查其一，倘查询费时，则应即将其一撮要电知，或将全文重行来电为要"。② 15日，中国代表团收齐了政府的英文抗议书文件，发现它与记者招待会发布的演说稿"宗旨相合"，于是立即回复，建议政府将抗议书"在北京报界发表"。③ 25日，中国外交部复电代表团，指示抗议书"先在巴黎宣布为宜"，国内比巴黎迟一日宣布，并决定巴黎4月3日发表，国内4日发表。④

4月3日，巴黎没有报纸刊登中国政府的抗议书。到了7日，中国政府的抗议书由中国代表托哈瓦斯社（Havas）发送，但被检查处删去，后由哈瓦斯社主笔将抗议书分成12段分送各报。8日，只有《小巴黎人报》(Petit Parisien) 刊登了中国抗议书中的一小段。⑤《华北明星报》和《大陆报》得此消息，利用路透社8日通稿进行了报道，"路透社4月8日电，法国报纸发表了中国代表团传送的要求废除'二十一条'的中国政府抗议书

---

① 《法报对于中日问题之公论》，《晨报》1919年4月27日，第2版。
② 《收法京陆总长〔征祥〕电》(1919年3月7日)，《中日关系史料——巴黎和会与山东问题》，第62页。
③ 《第46次会议》(1919年3月15日)，《关于第一次世界大战后在巴黎和会召开期间中国代表团内部会议记录之印本》(1919年)，中国第二历史档案馆藏，档案号：1039-2-233。
④ 《发法京陆总长〔征祥〕电》(1919年3月25日)，《中日关系史料——巴黎和会与山东问题》，第67页。
⑤ 《第64次会议》(1919年4月8日)，《关于第一次世界大战后在巴黎和会召开期间中国代表团内部会议记录之印本》(1919年)，中国第二历史档案馆藏，档案号：1039-2-233。

的摘要"。① 巴黎和会期间，在新闻宣传上，中国与日本享受的待遇不同。陆征祥向政府报告，因有法日1917年密约，"自胶州问题决定后，法外交总长密嘱其机关报不可随便登载中国方面与日本有关系之新闻，日本究竟强国云云。往往于我有利之新闻为法检查员禁载，尤可略见一斑"。② 中国政府抗议书在法国报界被检查处删除，此事虽然发生在法国外长密令之前，但法国政府的偏向隐露其间，也正因为法国政府的偏向，在4月22日讨论中国问题的会议上，克里孟梭追随劳合·乔治，迫使威尔逊立场动摇。

尽管中国政府抗议书在巴黎受到冷遇，但在华英美报刊给予了全面报道。4月15日，《字林西报》报道的标题为《中国对日本的答复》，副标题为《中国如何失去1915年的大好机会》与《"二十一条"要求》。③《大陆报》的标题为《显示中国的立场》，无副标题。④《上海泰晤士报》（The Shanghai Times）的标题是《中国政府对日本代表言论的不安》，副标题为《声称"二十一条"不符国联盟规》和《义和团叛乱与租借地》。⑤《北华捷报》为周报，等其出刊时，已是19日，其报道的标题是《中国对日本的答辩》，副标题为《"二十一条"要求》。⑥

《字林西报》15日在报道时还配发了社论，《北华捷报》19号出刊时转载了这篇社论。《申报》翻译了《字林西报》的社论，以《对我欧会代表宣言之西论》进行刊登。《字林西报》社论先对中日双方各打一板，认为牧野宣言"颇多谬误"，"全是日本一方面之言"，然而中国代表所言在一战时中国准备10万人的军队赴欧助战，"言之者因有理由，然衡诸事实，显不尽

---

① "Chinese Protest Published in Paris," *North China Star*, April 8, 1919, p. 13; "Paris Papers Review Protests of Peking," *The China Press*, April 8, 1919, p. 1.
② 《收法京陆总长〔征祥〕电》（1919年5月17日），《中日关系史料——巴黎和会与山东问题》，第158页。
③ "China's Reply to Japan," *The North-China Daily News*, April 15, 1919, pp. 7–8.
④ "Tells China's Position," *The China Press*, April 15, 1919, p. 2.
⑤ "Chinese Government Exercised over Statement by Japanese Delegates," *The Shanghai Times*, April 15, 1919, p. 2. 《上海泰晤士报》，又译为《泰晤时报申报》，美国人布什（J. H. Bush）于1901年创办，后为英国人诺丁汉（E. A. Nottingham）所有。辛亥革命后被日本人收买，成为日本在华言论机关。
⑥ "China's Reply to Japan," *The North-China Herald*, April 19, 1919, p. 144.

符也"。但在后面的评论中,《字林西报》完全赞同中国的观点。中国参战被拒,《字林西报》认为"文中含有一协约国或数协约国故意不许中国加入战局",中国这样说,"确有充分根据","然究属不幸也"。在中国政府的抗议书中,《字林西报》读出全篇语气"流露日本牺牲中国以求其一己利益之意"的意思,赞同中国接受"二十一条"出于"值欧战方酣,世界各国无暇东顾,中国始不得不屈服之"的观点。对于中国拿英美不向法比两国提出领土要求与日本进行对比,《字林西报》认为中国此举对日本"亦一大有力之打击,无待吾人赘言"。对牧野在宣言中声称"二十一条"要求无一是秘密文件,《字林西报》用"大放厥词"形容之。中国政府抗议书中有光复国土主义今天不独出现在朝鲜等地,也出现在中国山东,《字林西报》建议协约国今后"当更注意远东政治"。《字林西报》最后认为中国诉称民国建立后因某国运动而没有得到发展机会,"读者或不以此言为然",但是现在中国呼吁组织国际联盟的列强给予援助,为维护"中国所有之权"去"裁制"列强的"自私目的",这是"莫可置辩者也"。①

中日两国的矛盾自"二十一条"签订后稍微趋向缓和,特别是在挥舞大棒的大隈重信 1916 年 10 月 9 日下台后,改由挥舞日元的寺内正毅执政时期。因此中日两国代表发生辩论后,中日矛盾猛然由暗处转向明处,由缓和转向激烈。在中日两国关于山东问题的辩论中,在华英美报刊对中国的同情与支持,客观上为中国争取民族利益提供了有利的舆论环境。随着中日矛盾的展开,中国对和会的提案随之变得明朗起来。

前面所述陆征祥出发前政府所给的五条最早的训令,并非最终裁决,因为时间紧迫,北京政府命令陆征祥一面启程,"一面可将政府决定之件随时电寄"。② 陆征祥出发后,北京政府继续讨论对和会的要求。

1919 年 1 月 8 日,国务院将外交委员会草拟的北京政府对巴黎和会的

---

① "China's Point of View," *The North-China Herald*, April 19, 1919, p. 137.《字林西报》的社论未能寻到原件,此处使用的是《北华捷报》的转载,译文采自《对我欧会代表宣言之西论》,《申报》1919 年 4 月 16 日,第 6 版。
② 《陆征祥使欧问题》,《申报》1918 年 11 月 19 日,第 6 版。

提案拍发给中国代表团，作为新的训令，要求中国代表执行。当时陆征祥未到巴黎，还在大西洋邮轮上。该案共分五大项：（1）打破势力范围，包括收回租借地和铁路附属地、统一管理铁路、撤销外国邮电机关；（2）取消领事裁判权；（3）关税自主；（4）撤退外国军队；（5）停付庚子赔款。① 这一训令被外交委员会称为"五项宗旨"。② 后由于交通总长曹汝霖反对统一铁路案，国务院不得不再致电陆征祥，令其删除"统一管理铁路"这项内容。"五项宗旨"与"五条原则"相比较，少了青岛、中东路和蒙藏3个问题，多了势力范围、庚子赔款、外国驻军3个问题，其与对德关系更近，要求更务实，然而不提青岛问题，终是其不足。外交委员会成员有曹汝霖、陆宗舆等亲日派，也许受段祺瑞对青岛问题看法的影响，相信日本迟早会把它还给中国，遂将此项要求搁置。持这种看法的当时大有人在，也非仅段派人物。1918年10月31日，驻丹麦公使颜惠庆收到政府任命其为全权代表的来电，其对中国在和会上能取得什么成果"感到怀疑"，认为"山东问题早已和日本解决"。③ 不管怎样，"五项宗旨"与"五条原则"和中国参战只想有张国际和平会议"入场券"的初衷相比，国人对和会提案的要求在增加，收回利权的信心在增长。

然而，巴黎和会上中日两国代表的首次交锋，日本的强横、贪婪和不讲信用暴露于众目睽睽之下。在1月27日的会议上，牧野在没有与中国代表"接洽"的情况下，向大会提出继承德国在山东权利的要求，遭到威尔逊的反对。对于日本代表对交还青岛一事"一字不提"，并且反过来指责中国代表发言事先不与日本代表"接洽"，陆征祥迷梦惊醒，也为1918年9月中日密约感到焦虑，④ 与顾维钧两人商讨对付方法，"再四思维"，"苦无善策"。⑤ 继

---

① 《中华民国史事纪要（初稿）1918年7～12月》，台北，1982，第73～74页。
② 《收国务院函》（1919年4月26日），《中日关系史料——巴黎和会与山东问题》，第94页。
③ 《颜惠庆日记（1908～1919）》第1卷，第777页。
④ 1918年9月中日密约包括《济顺高徐二铁路借款》和《山东问题换文》，两个密约签字时间均为1918年9月24日，中方签字人为驻日公使章宗祥，其中《山东问题换文》内有"欣然同意"字样。此两约内容见王芸生编著《六十年来中国与日本》第7卷，第162～167页。
⑤ 《收法京陆总长〔征祥〕电》（1919年1月30日到），《中日关系史料——巴黎和会与山东问题》，第36页。

中日代表辩论而起的"日使恫吓事件"和牧野宣言，使中日问题明朗化，山东问题需要借助威尔逊的同情与支持，通过和会解决。2月14日，威尔逊计划暂时回国。中国代表欲把对山东问题说帖在威尔逊回国之前交到其手里。13日顾维钧完成了说帖草稿，第二天送给威尔逊，15日提交大会，这就是中国政府对巴黎和会的第一个正式提案——《山东问题之说帖》。

对中国解决山东问题的支持

在国人仍沉浸在顾维钧辩论胜利的喜悦之际，在华英美报刊已经察觉到中国收回青岛存在一定的困难。较早意识到《山东问题换文》危害性的是《京津泰晤士报》。"日使恫吓事件"发生后不久，《申报》翻译了《京津泰晤士报》对《山东问题换文》的报道。《申报》译文对"欣然同意"一词译为"极表赞同"。《京津泰晤士报》虽对《山东问题换文》"惊讶不置"，但是认为此约纯粹是日本外务大臣与中国公使的"秘密结合"，"绝未得中国政府之同意"，[①] 率先质疑其合法性。紧接着，2月23日《大陆报》发文《山东铁路合同与小幡言论的差异》，对《山东问题换文》的合法性从国际法和中国法律双重角度再度质疑，结论是《山东问题换文》不是一个条约（not a treaty），充其量是一个外交照会的换文（merely an exchange of notes）。[②]《申报》对《大陆报》的言论翻译道：

> 韦顿氏国际公法曰，凡驻外公使或外交家欲与在驻国政府缔结条约，必须给有全权。查驻日章公使并无全权，其复文中既未声明送呈政府阅看，又无答复日期，其未奉有订约特权已可概知，故此合同殊无缚束之效力。又查中国临时约法第三十五条，民国总统得以国会同意缔结条约，此合同既未经国会通过，其无缚束效力更属显明，故此合同仅可视为公文之交换，不得谓为条约。[③]

---

① 《山东问题中日换文之披露》，《申报》1919年2月22日，第6版。
② "Shantung Railway Pact Disputes Obata's Word," *The China Press*, February 23, 1919, p. 5.
③ 《山东铁路新约之外论》，《申报》1919年2月24日，第6版。

从法理上支持中国收回青岛的还有《北京导报》(Peking Leader)①，其从 10 条法理上论证中国收回青岛的权力，这 10 条法理是：

(1) 自 1917 年 8 月 14 日而后中德间已成战争状态，此后胶州之地位完全变更，自中国对德宣战而后，按照国际公法所有两国间之条约协约及协定，均应废除。按照同项国际公法该前租界地即于宣战后自然的复属原地主。

(2) 在 1917 年 8 月 14 日以前，不论日本有何权利得以占领该租借地，该权利于中国对德宣战后，即不存在。在该时间之后日本应立即将胶州归还出租原主，故日本之继续占有胶州，仅根据于中国之忍受，无其他法律上之权利。

(3) 日本不顾国际公法在事实上现仍占有胶州，就法律观察，日本初无占有胶州之权，故和平会议应下令将该前租借地立即直接归还中国。

(4) 在法律上中国有要求直接归还胶州之权，初不依赖日本之善意，盖日本仅为由中国忍受之目前占有人也，故一切赔偿问题不能发生，目前与设使中国在战期中始终仍守中立时不同。

(5) 按照 1915 年 5 月 25 日中日条约中国虽允许胶州得由德国转移于日本（俟日德二国得完成该项交涉时），然在未转移以前德国已失其享受从前一切权利之权，故今若将不能实行之事请中国许可，殊无意义。

(6) 然则 1915 年正月（应为 5 月——引者注）25 日之中日条约只可视为废纸乎？曰然。按照国际公法上"因情势变更而有消除条约之

---

① 《北京导报》1917 年 12 月由梁启超等人发起创办，系进步党机关报，主笔刁敏谦。1919 年 11 月之后，基本由英美人担任主笔，1924 年末被英美资本收购。事实上是中国本土报纸，却一直被当作外报，如《申报》在引用《北京导报》的 10 条"法理"时，就将其视作"外报"，这一现象值得研究。在"媒介环境"中，受众深受媒介报道的影响，因此笔者从当时国人认同角度将之归入外报类报纸。

权利"之主义，只可视为废纸。自该约签字后情势大有变更，中国对德宣战而后，胶州已自然的复归于中国，中日条约之根本为之打消。所谓"理由消灭法律消灭"之说是也，因中日条约之缔结初非战争之结果，乃以武力威吓得之者也。

（7）中国对于胶州之直接归还有完全不可打破之权利，所有德国在山东之权利概归消灭，故胶济铁道即山东铁道亦直接交回中国。

（8）至去年九月关于济南顺德路线及高密徐州路线之铁道合同共二千万元借款，业经全部交付中国并已用去，本报以为该借款应纯粹商业或经济借款，其债券在市场销售与寻常债券相同，以为中国政府应将该借款偿还。若中国政府无款偿还时，其他协约国应贷中国以款项偿还。该项借款，美国最有借款以助中国之力，可请美国相助。

（9）山东为大圣孔子生地，为中国之圣地，其人口共三千六百万，中华共和国在该隅之领土保全，万不能退缩一步。

（10）且胶州为中国北部门户，自海以达京师，胶州处于最近最速之地，山东铁道与津浦线联络，故自青岛抵京甚为易易。在此情形下，若许他国占有胶州或他国在山东而有铁道权利，于中国国家之自卫大有妨碍。

根上种种理由，故应将胶州直接无条件归还于中国云云。①

《京津泰晤士报》、《大陆报》和《北京导报》对《山东问题换文》合法性的否定与对中国收回青岛的肯定，为中国人在五四运动中"外抗强权"提供了法理依据。在威尔逊质问"欣然同意"的消息传回国内后，② 国人惊觉，舆论哗然，由各省议会、教育会、商会、农会、满蒙回藏公会所组织而

---

① 《外报之青岛问题观》，《申报》1919年2月15日，第6版。
② 对"欣然同意"指责的人是威尔逊还是劳合·乔治？这里有一个有趣的现象：档案记载均为"英总理"劳合·乔治，而研究著作均认为是"美总统"威尔逊。档案见《中日关系史料——巴黎和会与山东问题》，第116页；天津市历史博物馆编《秘笈录存》，第132页。研究著作众多，以影响较大的刘彦和王芸生的研究成果为代表，见刘彦《欧战期间中日交涉史》，第221页；王芸生编著《六十年来中国与日本》第7卷，第306页。

成的全国和平联合会给巴黎和会四国领袖的电报中指出日本据以侵占山东利权的根据，一为 1915 年强迫中国签订的"二十一条"，一为 1918 年 9 月"未经国会通过与政府批准而为驻日公使擅自交换之密约"，这两个条约，"前者不能生效，后者方请取消"。① 国民外交协会在"敬告诸友邦"的宣言中认为"二十一条"不能生效是因为它是"非正式合同"，1918 年 9 月中日密约无效是因为"国会从未与闻"。②

在华英美报刊对解决山东问题的支持，有力地鼓舞了中国民众收回利权的信心和勇气。在中国代表团的最初提案里并没有废除"二十一条"和收回青岛的内容，后来之所以提出，原因是多方面的，有政府的意志、代表团的主张、民众的呼声、在法留学生的要求等，但从外部因素看，在华英美报刊的意见不应该被忽视。这样，在中日外交紧张的情况下，在各种力量的促进下，中国代表团于 3 月 8 日向和会提交了中国政府的第二个提案——《对德奥和约中应列条件说帖》，4 月 15 日提交了第三个提案——《废除民四条约说帖》。

至于中国政府的第四个提案《希望条件说帖》，除了政府早有考虑外，还与民间准备有关。政府考虑以顾维钧准备的提案为代表。1918 年 5 月顾维钧在驻美公使任上，在向政府汇报驻美使馆对将来和会的研究中，将中国提案的方针分为三个类别，"其第一款各国对华政策，关系我国命脉，洵属首要之图。第二类由欧战直接发生各问题，日、德调查必详，研究必细，争论驳诘必以我国为鹄的，亦属重要。第三类为我国之希望，能办到一分即挽回权利一分"。③ 等顾维钧与威尔逊同船于 1918 年 12 月 14 日到达巴黎后，立即着手和会的提案，"以备陆总长抵法后呈请批准"。顾准备的提案就是后来《希望条件说帖》的雏形，它包括七个方面："二十一条"与山东问题、归还租借地、取消在华领事裁判权、归还在华各地租界、撤走外国驻

---

① 《国人力争山东之文电》，《晨报》1919 年 5 月 12 日，第 3 版。
② 龚振黄编《青岛潮》，《五四爱国运动》（上），第 321 页。
③ 《报告研究议和情形祈垂察由》（1918 年 5 月），《北洋政府外交部档案》，台北中研院近代史研究所档案馆藏，档案号：03 - 12 - 008 - 02 - 011。

军、取消外国在华设立的邮电机构、恢复中国关税自主。① 这是中国政府方面对"希望条件"的准备。

民间准备以国民外交协会为代表。一战结束后，中国在新的国际舞台上如何争取和维护民族利益？1918 年 12 月，国民外交后援会、平和期成会、财政金融学会及兰社等社团本着"以此欧洲和平会议及将来国际联盟，关于国际间一切处分均以民族自决为前提。我国民亟应组织团体和全国人民悉心研究，表示真正民意态度于国际间，足以政府之后援，并以增进我国国际间之地位"的宗旨，② 联合开会，议决组建外交协会。1919 年 1 月 16 日，上述团体推派代表集议，决定筹备国民外交协会。2 月 3 日，中日代表舌战消息传来，筹备处召开临时会议，紧急动议，致电中国代表团三条建议："（一）中德宣战后，德在山东一切权利，应直接归还中国。（二）欧战期内凡各国所结密约关于处分中国土地权利者，擅视中国为专卖品，中国人民誓不承认。（三）欧战后，中日所订各约及各合同，皆由日本用武力阴谋强迫，应全取消。"明确要求"请将原电提出大会，要求同意"。③ "日使恫吓事件"发生后，国民外交协会加快了成立的步伐，2 月 16 日在北京正式诞生，21 日通电全国，提出七项主张：

> 各省议会农工商会、教育会及各团体、各报馆钧鉴：此次欧洲和议，重在改造世界，远东关系尤为重要。本会由此间各界各团体联合组织于铣日成立，对外发表公正民意，为外交上之援助。其主张：一促进国际联盟之实行，二撤废势力范围并订定实行方法，三废弃一切不平等条约及以威迫利诱或秘密缔结之条约、合同及其他国际文件，四定期撤去领事裁判权，五力争关税自由，六取销庚子赔款余额，七收回租借地域改为公共通商。凡兹数端，如荷赞成即请电复本会，以便先行联名电达欧洲和会，一面本此主张制成议案，详陈理由办法，请愿国会、政府

---

① 《顾维钧回忆录》第 1 分册，第 170~171 页。
② 《国民外交协会成立会纪事》，《晨报》1919 年 2 月 17 日，第 3 版。
③ 《国民对于外交之声援》，《晨报》1919 年 2 月 7 日，第 2 版。

并欧洲和会。时机紧迫,伫盼指示。北京国民外交协会理事张謇、熊希龄、林长民、王宠惠、严修、范源濂、庄蕴宽等叩。①

21日的电报代码是"马",国民外交协会的这封电报也被称为"马电"。"马电"的七项主张成为国民外交协会"希望条件"的底本。

很快,国民外交协会的呼吁就有了响应。28日,四川省议会复电"国民外交协会公鉴:马电备悉,承示七端,本会夙所主张。……国人不敏,当勉步后尘,以副雅望"。②杭州总商会、常德总商会、吉林省议会陆续复电国民外交协会,对"马电"七条,"深表同意","极端赞成","愿以全力为诸公后盾"。③至3月25日,连最偏远的新疆也对国民外交协会的七项主张表示"钦仰无已",希望能够与国民外交协会"共促进行","乘时力谋"。④

随后国民外交协会对上述"七项主张"稍做修改,3月30日刊登于媒体之上,向全国发布:赞助国际联盟之实行;撤废在中国之势力范围,订定实行方法;废更中国所受不平等条约及以威逼利诱或秘密缔结之条约、合同及其他国际文件;定期撤去领事裁判权;改正关税税制,以自由制定为原则,其特殊事项以对等协定辅之;取消庚子赔款;收回租借地域,改为通商市场。⑤

4月1日,国民外交协会把新的"七项主张"发电中国代表处,请代表们先将此案"提出和会,极力主持"。⑥10日,国民外交协会将此"七项主张"正式向和会提出,并且要求中国代表对此七项主张"务请接洽,速提"。⑦15日,美国代表提议的"五国共管"青岛方案出笼。16日,梁启超致电国民外交协会,"和会内情向未过问。惟知已提者似仅山东问题。当局

---

① 《国民外交协会之通电》,《晨报》1919年2月23日,第6版。
② 《川省议会复外交协会电》,《晨报》1919年3月6日,第6版。
③ 《各处复外交协会电》,《晨报》1919年3月7日,第3版。
④ 《国民外交协会之来往电》,《晨报》1919年3月25日,第3版。
⑤ 《国民外交协会之重要文电》,《晨报》1919年3月30日,第3版。
⑥ 《国民外交之声响》,《晨报》1919年4月1日,第2版。
⑦ 《国民外交协会之要电》,《晨报》1919年4月12日,第2版。

与各国要人曾否切实接洽，探察各方面情形，不无疑虑。此间议论二十一条，共知被逼，而高徐顺济路约，形式上乃我自动，不啻甘认日本袭德国权利为正当。去年九月，德国垂败，我国因区区二千万加绳自缚，外人腾诮，几难置辩。现最要先废此约，务请力争"。① 梁电告诉国民外交协会，到目前为止，中国提案只有山东问题，有关废除领事裁判权等希望条件仍未向和会提出，且山东问题能否解决还存在隐忧。

22 日，国民外交协会公举理事熊希龄、王宠惠、林长民进见总统，要求政府"迅电巴黎专使，立将会中前上总统呈文所列举之外交问题七款，即行提巴黎和会，免失事机，而副一般国民之望"。② 25 日，外交部收到徐世昌交由外交委员会核议的国民外交协会有关七项主张的呈文，外交委员会对此呈文核议后的评价是："考虑至为周详，与议和筹备处所拟原则及本会前提五项宗旨相符，应请交院部，即日电令专使查照前令，乘机并案提出。"③ 29 日，外交部致电巴黎，告诉陆征祥"国民外交协会条陈，已径电钧座"。④ 截止到 4 月底，国民外交协会的七项主张已从民间和官方两条渠道到达中国代表手里。但是，在外交部将国民外交协会的七项主张电传到代表之前，中国代表已于 25 日将《希望条件说帖》提交和会。至此，中国对和会的提案工作结束，这四个提案成为中国对和会的全部要求。

中国对和会的提案反映了中国民众民族意识的觉醒和对国家利益的维护，是鸦片战争以来中国社会进步的表现，也是中国人民长期以来反侵略战争的结果。遗憾的是，中国政府根据威尔逊"十四点"提出的四个提案，其中的《废除民四条约说帖》和《希望条件说帖》被和会以"充量承认此项问题之重要，但不能认为在平和会议权限以内"予以拒绝。⑤

---

① 《外交上之失败》，《晨报》1919 年 4 月 23 日，第 2 版。
② 《志国民外交协会职员晋谒总统谈话》，《晨报》1919 年 4 月 23 日，第 2 版。
③ 《收国务院函》（1919 年 4 月 26 日），《中日关系史料——巴黎和会与山东问题》，第 94 页。
④ 《发法京陆总长〔征祥〕电》（1919 年 4 月 29 日），《中日关系史料——巴黎和会与山东问题》，第 118 页。
⑤ 《中国希望条件目录》，《中德奥宣战的紧要文第一次大战后有关巴黎和会反对德奥问题的文件及议和筹备处第一至第十五次会议记录（缺一、六次）》，中国第二历史档案馆藏，档案号：1039 - 2 - 373。

巴黎和会不仅拒绝了其认为不在会议权限内的两个提案，而且通过了将德国在山东的利权移交给日本的决定，这等于将中国的第一个提案否决，将第二个提案最重要的内容抽掉。巴黎和会通过这一决定，威尔逊出尔反尔，以中国的利益与日本做交换，既使中国人民愤激到极点，爆发了五四运动，也使在华美国人大失所望，美国驻华公使芮恩施为此辞去了公使职务。

《密勒氏评论报》忍不住愤怒，认为和会通过山东问题决定后，如果没有一家在华的美国机构提出抗议，"这是不对的"。"为了让我们国内的人民知道我们的立场，为了让中国人民知道在华美国人支持他们的正当合法要求"，《密勒氏评论报》建议在华的美国机构，无论是教会、专业团体还是商业机构，都应该向美国驻华公使抗议，请其转达给美国国务院和威尔逊总统。《密勒氏评论报》还建议在华英法意机构也要采取类似行动，否则当下一次世界灾难来临时，"我们的孩子将要付出代价"，而"如果日本在亚洲大陆被赋予无限的权力，这个灾难一定会发生"。《密勒氏评论报》在给驻华公使芮恩施的抗议书中写道：

> 在华美国人最严重关切的是和会把德国在山东的利权移交给日本的决定，日本承诺把这些东西归还中国是没有用的，除非这些承诺附有在合理的时间内完全有效地公开保证，否则所有维护门户开放和机会均等的保证将成为一纸空文，中国将受到日本军国主义的威胁，这可能使世界陷入另一场大灾难。①

《密勒氏评论报》的呼吁产生了作用。在华英美人认为他们都在中国，都"了解严格执行巴黎和会决议会发生什么不可避免的后果"，他们不应该保持沉默。6月6日，北京英美侨民协会（Anglo-American Association of

---

① "Editorial Paragraph," *Millard's Review of the Far East*, Vo. 8, No. 13, May 24, 1919, pp. 465 – 466.

Peking）通过一项决议，宣示在华英美人的信念：

> 我们现在郑重地表示深信，巴黎和会关于山东问题的决议将不可避免地造成中国人民与日本之间的极端不和，并将极其严重地妨碍中国和其他国家的经济利益的发展。这样一种解决办法将使1898年德国侵略山东所造成的情况永久存在下去，德国所造成的那种情况曾使其他国家采取了类似的行动，促使1900年华北发生骚动，并使日俄战争无法避免。这种解决办法既不能使远东获得和平，也不能使中国本身的政治稳定，或促进一切国家平等开放的贸易和商业的发展。
>
> 而且，这些情况所造成的罪恶的后果不但破坏了民族自决的原则，而且也否定了门户开放政策和机会均等的原则，如果中国的近邻日本现在代替了德国（其政治和经济活动中心在地球的另一边），那么这种罪恶的后果还将会大大地加重。
>
> 因此，我们北京英美侨民协会的全体会员决定向英美政府建议，主张凡参加巴黎和会的国家应该拟订和贯彻一项不会危及中国的安全和世界和平的公正的解决办法。①

北京英美侨民协会与《密勒氏评论报》一样，对巴黎和会的决定感到不公，对日本的承诺缺乏信任，对日本继承德国在华利权的后果感到担心，对中国给予深切的同情。之后，北京英美侨民协会将这份抗议书寄往巴黎，在巴黎和会对德和约签字之前送达，② 以实际行动对中国的正当要求给予支持和声援。

五四运动被誉为一场彻底的不妥协的反帝爱国运动。对比此前80年的反帝爱国运动，比如反对日本强迫签订"二十一条"的运动，五四运动的彻底性和不妥协性固然在于中国人民的顽强斗争和敢于斗争，但是在华英美

---

① 〔美〕保罗·S. 芮恩施：《一个美国外交官使华记》，第286页。
② 《颜惠庆日记（1908~1919）》第1卷，第879页。

报刊等对五四运动的摇旗呐喊和擂鼓助威也应纳入我们的考虑范围。在华英美报刊对中国提案不但在心理和精神上进行鼓励，而且还出谋划策，借箸代筹，给出了一些具体建议。和会开始后，中日两国矛盾爆发。在两国代表舌战、日使恫吓、牧野宣言、中国反驳等一系列冲突事件中，在华英美报刊对中国提案采取支持立场，并从法理上论证"二十一条"的无效性和中国收回青岛的正当性。当和会决定将德国在山东利权移交给日本后，在华英美报刊号召在华外国人行动起来，向和会提出抗议。在华英美报刊的这些行为，对于刚刚主动踏上世界舞台的中国来说，客观上提供了一定的支持。然而，在华英美报刊毕竟有其利益考虑，对废除领事裁判权和关税自由等涉及其本国自身利益的总体立场是保守的。从它们所给的提案来看，主要是针对日本在华利益。在对付日本这一点上，在华英美报刊与中国的利益是一致的。

第五章

在华英美报刊与中国代表团

外交是以舌头为枪炮的战场，是国家政治实力、经济实力、军事实力、文化实力和国家战略、国民智力之间的较量。外交能否胜利，不仅取决于国家实力，还与国家战略和外交团队的整体素质相关。常言"弱国无外交"，但这并不意味着弱国没有外交人才。在1815年结束的维也纳会议上，法国之所以没有被肢解和削弱，是由列国矛盾等多种因素决定的，而这也与塔列朗的外交谋略才能分不开。在群狼环伺的情况下，要捍卫国家利益，弱国更需要以外交为途径来抗衡强国的贪婪与野心，此时的外交团队和外交人才尤为重要，其重要性远胜于孱弱的军事力量。

巴黎和会召开时，才建立八年的中华民国正处于分裂状态，北京政府和南方政府都以合法性政府自居欲单独派人出席和会，最终在美国的调停或者说压力下双方组建了一个联合代表团，企图以此显示国家意志的一致，来提高在和会上的影响力。虽然南北政府采取的都是联美战略，但联合代表团的组建并非易事，内部成员的斗争让本已实力不济的中国在和会上的前途充满了风险。

中国在巴黎和会上的失败从根本上说是国家实力不足所致，其次才是大国间的交易，即以中国利益来满足日本的胃口。若从大国间交易这个因素出发来分析中国失败的原因，可以发现这与中国代表团成员的构成相关。中国代表团成员构成有三个特点：一是成员是清一色的反日亲美派，二是成员的选拔与当时南北政治和个人恩怨关系密切，三是成员均为外交界人士。中国代表团成员全为反日亲美派，这虽然容易加深与美国的沟通，获得美国的支持，但没有一个知日的外交家，这导致中国代表，包括顾维钧始终不能厘清1918年9月中日密约与"二十一条"、青岛问题之间的关系，不能打开外交的新局面，给威尔逊指责1918年中日密约提供了"正当"理由，让和会最终将德国在山东利权交给日本找到了"证据"。

长期以来，学术界对中国代表团现有的研究成果主要集中在其内讧上，将巴黎和会失败的直接原因归咎于威尔逊的"背叛"，未将中国代表团问题纳入分析范围，直到一战爆发一百周年之际，才有学者对此问题予以重视，除对内争与外交的关系进行探讨之外，也对中国代表团的组建过程进行了考察，将对中国代表团的研究推向深入。[①] 的确，由内争导致的内讧在中国代表团内十分突出，贯穿了整个和会，中国代表团的组建本身就是内争的产物，然而比内争更严重的问题是中国代表团的结构缺陷问题和能力问题，对这两大问题的研究及对联合代表团成立动因的追溯是本章的重点。其中，结构缺陷的形成是中国政府亲美外交政策使然，也受在华英美报刊的影响，特别是在排除亲日派出席和会这个问题上。

一　在华英美报刊与联合代表团

一战爆发后，中国政府不止一次要求加入协约国一方参战，但每次都因日本所阻而付之东流。1917年4月6日，美国对德宣战，中国又将参战问题提上日程。对此次参战意向，由于受美国和日本的影响，国内意见不一，赞成和反对双方斗争异常激烈。尽管段祺瑞重新掌权后于8月14日宣布对德奥作战，中国成为参战国，废除了过去与德奥签订的条约和协定，为维护

[①] 邓野：《巴黎和会与北京政府的内外博弈——1919年中国的外交争执与政派利益》；唐启华：《巴黎和会与中国外交》。

国家利益做出了一定的贡献，也为参加巴黎和会赢得了一定的外交主动权和话语权，然而中国也为此付出了沉重代价。孙中山因段祺瑞在宣战之后拒绝恢复被解散的国会和《中华民国临时约法》，于9月中旬在广州成立了护法军政府。中国因参战问题政潮迭起，最终分裂为南北两个政府。

为参加战后世界和平大会组建一个联合代表团，既不是北京政府的意愿，也不是南方政府的想法，而是美国政府的主意，是美国政府借中国参加巴黎和会的机会促使中国南北统一的一种考虑。南方政府自1917年9月成立后，政权合法性就成了其头等大事。为了能获得协约国列强承认，南方政府派参议院副议长王正廷赴美活动。1918年10月15日，王正廷到达美国后，四处出击，致函华盛顿特区参议员希区柯克（Hitchhock），要求承认南方政府为交战团体，① 又以"广州共和政府管辖海军，又有常备陆军二十万，已有相当势力"为理由，呈递说明书于美国参议院外交委员会委员长，提出同样的要求。② 王正廷在美国的活动遭到美方的抵制。驻美公使顾维钧注意到，"南方代表十八日来美，访美外部等，闻均不接待"。③

到一战接近尾声时，南北政府都迫不及待地各自启动派使程序。据当时报纸报道，陆征祥作为"欧洲议和专使"，将于11月14日启程赴法，④ 后"因事改期出发，派魏宸组先行"。⑤ 随陆征祥出席巴黎和会的成员有驻美公使顾维钧、驻法公使胡惟德、外交部参事严鹤龄、前外交次长高尔谦（Kao Erh-chen），这份名单是总统徐世昌的意见，已经"北京内阁批准"。⑥ 令媒体料想不到的是，北京政府早已于10月30日任命外交总长陆征祥、驻美

---

① "Week's News Summary," *Millard's Review of the Far East*, Vol. 7, No. 1, December 7, 1918, p. 24.
② 《南方对美之要求》，《晨报》1918年12月1日，第6版。
③ 《收驻美顾公使电》（1918年10月26日到），中国社会科学院近代史研究所近代史资料编译室主编《一九一九年南北议和资料》，知识产权出版社，2013，第39页。
④ 《专电》，《申报》1918年11月13日，第2版。
⑤ 《专电》，《申报》1918年11月15日，第2版。
⑥ "Week's News Summary," *Millard's Review of the Far East*, Vol. 6, No. 13, November 16, 1918, p. 444. 高尔谦，1917年3月31日至1918年5月4日任外交次长，1918年10月病逝于上海，《密勒氏评论报》打探到的名单有误。

公使顾维钧、驻意公使王广圻、驻丹公使颜惠庆、驻比公使汪荣宝为全权代表。① 此5人清一色为北京政府官员。

北方政府欲单独派使，南方政府也不例外，"拟一专由南方推出极有重望之人，赴欧洲列席"。② 11月15日，南方政府成员林森、邹鲁、徐谦等向孙中山上书，"以非中山先生亲往，不足正国际视听"为由，请其为和平使节，③ 并向北京政府发出威胁，如果南方政府"不得独占议席，然欲破坏兹事则有余"，④ 同时让在美国的代表放出风声，"北京政府所派全权，受东邻胁迫诱挟，而放弃中国权利"，要求美国支持南方政府代表中国，单独派使，然而美国认为南方政府与北京政府抗衡的行为"必召瓜分之祸，断非中国之福"，再次拒绝了南方政府的请求。⑤

正当南北双方急于单独派使之际，威尔逊总统个人代表克兰来华访问。克兰的来访直接扭转了南北政府的各自打算，促使双方放弃单独派使的企图，成立联合代表团。

克兰访华虽对在中国塑造威尔逊形象和传播威尔逊主义起了巨大作用，但他的任务其实并不明朗。《克兰的生平与时代》作者索尔（Saul）研究发现，1918年11月克兰访华行为不是秘密的，但其使命是秘密的，且"至今仍然是一个谜"，更奇怪的是"在国务院的记录中没有直接提到过克兰，在芮恩施的报告中也没有人间接提到过他"。⑥ 而在华英美报刊却消息"灵通"，《密勒氏评论报》和《北华捷报》等告诉中国人克兰来华的使命主要是考察中国的经济环境，为威尔逊处理远东问题提供帮助。⑦ 在华英美报刊

---

① 《发义丹比馆密电》（1918年10月30日），《北洋政府外交部档案》，台北中研院近代史研究所档案馆藏，档案号：03-13-067-01-001。
② 《李纯致钱能训电》（1918年12月20日），《一九一九年南北议和资料》，第74页。
③ 罗家伦主编，黄季陆增订《国父年谱》增订本，下册，中国国民党中央委员会党史史料编纂委员会，1969，第749页。
④ 《李纯致钱能训电》（1918年12月20日），《一九一九年南北议和资料》，第74页。
⑤ 《收驻美顾公使电》（1918年11月2日到），《一九一九年南北议和资料》，第40页。
⑥ Norman E. Saul, *The Life and Times of Charles R. Crane*, p. 179.
⑦ "Editorial Paragraphs," *Millard's Review of the Far East*, Vol. 6, No. 13, Nov. 30, 1918, p. 507; "Hon. C. R. Crane in Shanghai," *The North-China Herald*, November 30, 1918, p. 542.

对克兰使命的解读被中国民众再解读为威尔逊派克兰来是为"扶持"中国，① 因此克兰的中国之行受到热烈欢迎。在东北，克兰"在整个旅行过程中受到了中国官方的高度重视"。② 在北京，克兰受到总统徐世昌的宴请。③ 在汉口，克兰访问和接见了湖北省省长及所有重要的政府官员、学者、商人。克兰在中国的活动虽然说是被赋予经济使命，但在考察过程中，他十分在意中国的统一问题。在汉口考察时，克兰向政府官员和当地名人提出了"一些合理的忠告"，"希望他们迅速结束内部的争吵，恢复秩序，共同召开地方议会，开始做些实事"。④

经过一番考察，克兰认为中国的统一问题是当前的紧急任务，于是借上海总商会、江苏教育会等团体在卡尔登饭店举行欢迎仪式之机告诫道："我认为在马上到来的和平会议上中国不要分散自己的利益目标是很重要的。和平会议的召开是不可更改的，你们现在必须利用这个机会。中国目前遇到的任何困难都是内部的，而你们大家都希望在和平会议后看到中国的统一和独立，所以你们必须派一个强有力的联合委员会去参加会议。……只要你们派遣委员会去开会，我敢保证一个新的机会会出现在中国面前。"⑤ 克兰针对中国分裂的情况，在演讲中明确提出要建立"一个强有力的联合委员会"（a strong and united commission）来促进中国的统一和独立。克兰在公共场合发言有所保留，在私下谈话则比较直接。以私人名义参加欢迎会的交通部驻沪电料转运处处长高洪恩向徐世昌禀报道："克氏在总商会演说，词多含蓄，其在私寓接见华宾，则语多恳切，以为中国倘能南北融洽，派遣巴黎会议代表必为列国所赞同（含有南北未融洽，恐有障碍之意）。"⑥

克兰的建议非其个人的心血来潮，这样的期望在一战还未结束时已经显

---

① 《欧战和会与我国关系》，《申报》1918年11月22日，第6版。
② Norman E. Saul, *The Life and Times of Charles R. Crane*, p. 179.
③ 《徐世昌日记》第2册，北京出版社，2018，第531页。
④ Hon. C. R. Crane in Shanghai, *The North-China Herald*, November 30, 1918, p. 543.
⑤ Hon. C. R. Crane Entertained, *The North-China Daily News*, November 28, 1918, p. 5.
⑥ 《高洪恩密陈美总统代表克兰氏在沪就中国情形演说摘要致徐世昌函》（1918年12月3日），林开明等编辑《北洋军阀史料·徐世昌卷》（8），天津古籍出版社，1996，第774~775页。

露出来，统一而又亲美的中国符合美国战后重返远东的战略利益。1918年9月底，文人徐世昌当选总统，威尔逊对其寄予热切希望。10月10日徐就任总统时，威尔逊特为徐世昌就职发来贺电，希望中国能息内争而注重将来国际媾和会议。威尔逊在电文中向徐世昌提出：

> 本大总统此举出于至诚，非但因中美两国邦交素称辑睦，且际此文明历史上存亡危急之秋，中国以内乱纷纭致滋分裂，如欲与各姊妹国勠力协谋，参与其空前之大奋斗，以求人类至善之主义得以保存于将来，则贵国当以首息内争为是。兹值贵大总统莅临大任，当轴诸君正当消弭争端，以热心爱国牺牲一己之精神为前提，联络各派为一气相与，和衷共济，各尽其力为大局谋实利，庶中华民国得以恢复统一，将来于国际会议上获有相当位置。①

威尔逊在贺电中重点希望中国能"首息内争"和"恢复统一"，这样才能在国际会议上拥有"相当位置"，即中国在未来和会上的地位取决于中国和平统一能否完成。此时英国公使朱尔典和在华英美侨民也对中国的统一问题施压，认为"南北问题若不早日解决，长此以往，必有分裂灭亡之惨"，中国若再有内战，"万无存在之理"。② 因此，统一问题对北京政府来说显得十分急迫。

威尔逊的贺电见诸报端后，③ 在中国民间引起巨大反响，社会各界闻风而动，致力于国内的和平运动。10月底，由全国各商会、教育会、省座谈会、各报界联合发起的"全国和平联合会"，以及熊希龄、蔡元培、张謇等人发起的"和平期成会"相继成立。11月16日，北京政府宣布停战；22日，南方政府通令休战。

克兰访华时间虽短，但他的访问却在中国掀起了巨大波澜，促使中国人

---

① *Millard's Review of the Far East*, Vol. 6, No. 8, October 26, 1919, p. 337.
② 《外交总长会晤英朱使问答》（1918年9月9日），《一九一九年南北议和资料》，第38页。
③ 《美总统望中国息争之表示》，《申报》1918年10月19日，第6版。

对即将召开的巴黎和会产生了无限的向往,① 组建联合代表团成为南北政府热爱和平的试金石和不二选择。首先响应克兰建议的是在外交上处于劣势地位的南方政府。12月12日,南方政府政务会议正式讨论"派遣欧洲和平会议代表案",决定以孙中山、伍廷芳、王正廷、伍朝枢、王宠惠为欧洲和平会议代表。② 从这份名单中,已经能看出南方政府对克兰建议的采纳,5位成员中,前4人来自南方政府内部,王宠惠来自北京政府,这俨然构成了一个联合代表团。

然而,令南方政府尴尬的是孙中山拒绝充当和会代表,其理由是"按之国际惯例,列席国际会议,必须有代表国家之资格。今时南方未经国际所承认,无论用何名义前往,皆不能有代表国家之资格,则欲列席欧洲和会,势难办到",③ 而自己又"不能受北方伪政府所委任"。④ 正如孙中山所言,南方政府知道自己处于"未经国际所承认"的境况,无论如何努力,欲代表中国单独派使,"势难办到"。于是南方政府向北京政府提出了新的代表团组建方法——双方派使,交互任命。南方政府想通过这种办法来达到其政权合法性的目的。

"双方派使,交互任命"是南方政府外交次长伍朝枢对南北政府联合组建代表团的一种构想。伍朝枢热切希望出席巴黎和会,曾于1918年12月初密电陆征祥,表示对陆赴欧"颇愿同行"。⑤ 北京政府认为伍"才尚可用",因此总理钱能训"特去电请其随行":

> 广州探送伍梯云先生鉴:南北修阻,至念。欧战方终,和会肇始,冀得长材折冲樽俎,以谋国利。执事于外交久著才望,元首素所倚重。子欣总长溯行时亦亟盼惠然一行相助。为理,此事关系至重,务望不吝赞助,

---

① 参见本书第三章第二节。
② 《中华民国史事纪要(初稿)1918年7~12月》,第696页。
③ 孙中山:《复广州外交后援会函》(1919年4月3日),中山大学历史系孙中山研究室等编《孙中山全集》第5卷,中华书局,1985,第41页。
④ 孙中山:《复谢持函》(1919年2月7日),《孙中山全集》第5卷,第18页。
⑤ 《伍朝枢与陆外长》,《晨报》1918年12月5日,第3版。

俾对外大计，匡益有资，实为国家之幸。急盼惠复，无任延伫。能训。①

北京政府任命伍朝枢为陆之参议，委任状由江苏督军李纯较交，并汇去路费3000元。面对北京政府的任命，伍朝枢在合法性意识主导下觉得不妥。12月10日，他向钱能训提出了"双方派使，交互任命"的建议。

北京钱干老鉴：尊电奉悉，辱承存注，感激无极。此次和会，世界问题由此处分，我国亦在其内，关系匪轻，措施宜慎。第南北时局，尚待统一，此时若纯由北方遣派代表，于事实上既不能代表全国，于法律上亦有问题，难邀国际之承认，发言亦无充分力量。南中亦难漠视。现在会期已迫，鄙意以为双方会同选派代表，最为适当。办法例如北方派若干人，南方亦派若干人，此项会同遣派之人数，北方正式发表，南方同时亦正式发表，如须国会同意，则使北方遣派之人则南方任命，南方遣派之人亦由北方任命，似此则对内于法律事实既能兼顾，双方体面亦可两全。对外则以表示我国参加和会，南北确能一致行动，不谂尊意谓然否？至枢疏漏，恐难肩此重任。况在派遣办法未决以前，个人勉强附骥，于对内对外均无裨益。谨陈鄙见，并盼赐复。伍朝枢。灰。②

伍朝枢的灰电等于与北京政府分庭抗礼，被北京政府拒绝。对于此事，《晨报》报道："伍朝枢赴欧一层，陆外长未行前曾有通电数次，钱代理续电劝行。因伍氏复电牵涉内政问题，昨日阁议席上已决定作罢云。"③《申报》消息稍晚，再次证明了伍朝枢建议的流产。《申报》在"要闻"栏中报道："西南因派遣赴欧专使问题与北京当局颇有交涉，最先由伍朝枢与陆征祥电商，因牵涉政治问题未即商定，次又与钱能训通电，主张双方交互任

---

① 《伍朝枢将赴欧》，《晨报》1918年12月8日，第3版。
② 《伍朝枢答复钱代理之灰电》，季啸风、沈友益主编《中华民国史史料外编——前日本末次研究所情报资料》第2册，广西师范大学出版社，1997，第555页。
③ 《伍朝枢不赴欧矣》，《晨报》1919年12月18日，第3版。

命，为北京当局谢绝。"① 对于北京的拒绝，南方又想出一个办法，通过使馆做北京的工作，尽量多派代表。12月21日，南方政府有领袖具名，托某使馆转致北京，大意谓已派伍朝枢、王宠惠二人出席欧洲和会，"请北京政府介绍赴会"，北京政府接电后，再通过使馆转电广东方面，谓"伍、王二君常识经验夙所敬佩，请西南正式来电，中央当正式委派"。②

在克兰的建议下，北京政府虽愿意通融，在代表团内增加南方成员，以示对外一致，但对南方代表"不愿出诸南北政府间之接洽，而是以个人名义邀请"，③ 最终以陆征祥邀请王正廷的形式完成了联合代表团的组建。

在广州军政府众多官员中，北京政府选中王正廷作为南方代表，出于两个原因。一是王正廷个人的意愿。陆征祥于1918年12月24日抵达美国西海岸，5天后到达纽约，遇到正在美国活动的王正廷。王游说陆称自己在美国留学时与美国威尔逊大总统有师生之谊，因此"颇愿随同赴欧，从旁赞助一切"，④ 于是陆"与王正廷晤谈后，即邀之偕行"。⑤ 二是美国的意见。据在美国的顾维钧打探，王正廷除在美国会晤要人以求得到美国对南方政府的同情外，还"热切盼望能作为中国代表团中的南方代表参加和会"，为此曾借助一名美国朋友穆勒的帮忙，穆勒为王"采取了一些有效的措施"，建议芮恩施劝说政府接受这一想法，于是"美国公使便在和徐世昌大总统的一次私人会晤中提出此事"。⑥ 穆勒当时是世界基督教青年会总会长，而王正廷与世界基督教青年会的关系极为密切。⑦ 穆勒没有辜负王正廷

---

① 《南北之派使赴欧交涉》，《申报》1919年12月25日，第6版。
② 《西南力争赴欧专使再志》，《晨报》1919年12月22日，第2版。
③ 唐启华：《巴黎和会与中国外交》，第152页。
④ 《王正廷之赴欧名义》，《晨报》1919年1月6日，第2版。
⑤ 《陆子欣之行踪》，《晨报》1919年1月5日，第2版。
⑥ 《顾维钧回忆录》，第177页。
⑦ 王正廷与基督教青年会的关系如下：基督教青年会（Young Men's Christian Association, Y. M. C. A.）1844年诞生于英国伦敦。1909年，在美国留学生中成立了中华基督教留美青年会，王正廷为干事。1912年，世界基督教青年会总会长穆德在北京举行中国基督教青年会第六次会议，决定在上海建立总部，定名为中华基督教青年会全国协会，美国人巴乐满为第一任总干事。1915年为适应中国人民的需要，基督教青年会全国协会的总干事改由中国人担任，王正廷遂成为中国籍总干事第一人，一年后转由余日章担任。

所托，总统徐世昌在1918年11月14日的日记中写道："约美公使芮恩赐及美人克雷恩、丁家立宴集。"① 芮恩赐即芮恩施，克雷恩即克兰。陆征祥到达纽约的第二天（12月30日）接到总理钱能训来电。钱在电报中告诉陆，总统徐世昌"以王君正廷法律、外交夙著才望，特加委为专门全权大使"，这项任命"已电由顾使就近转知王君"，希望陆也能与王"转与接洽"。② 收到来电后，陆当晚回复北京："兹已与王君正廷约定，准于明日同行赴法。"③ 由此看来，王正廷能够成为北京政府中意的南方代表，更多出于美国政府的安排。王正廷也承认，在其被北京政府接受为议和代表这件事上，"彼北京政府终肯让步者，实友邦调停之力为多"。④ 在北京政府任命的5名全权代表中，陆征祥、顾维钧、施肇基、魏宸组4人来自北方，王正廷来自南方，与广州军政府的手法有异曲同工之妙。

鉴于交战团体的身份一直未被西方承认，且北京政府虽通融但不让步，南方政府提出以"须有一人列席"为最低条件。⑤ 至1919年1月初，中国派使问题基本解决。当时的报纸报道："此次奉派赴欧预备列席会议人员，除陆子欣外长外，驻美公使顾维钧、驻英公使施绍基、驻法公使胡惟德、驻比公使魏宸组均奉委任，预备参列。最近又加入王正廷、伍朝枢二人，表示南北一致之意，王正廷氏对于中央委任完全同意，适陆外长过欧即偕同出发。伍朝枢……颇愿参加，惟因人数过多，虑后至者未能列席，意尚怀疑，嗣经当局去电解释，谓将来列席人数现尚无从知悉，如果因额满见遣，亦当设法通融。同在一团，自无不可商洽等情。闻伍氏已表示满足，不日当可成行，派使问题至此告一段落矣。"⑥

---

① 《徐世昌日记》第2册，第531页。
② 《收国务院来电》（1918年12月30日旅次纽约），《北洋政府外交部档案》，台北中研院近代史研究所档案馆藏，档案号：03–13–067–02–001。
③ 《发北京外交部电》（1918年12月30日旅次纽约），《北洋政府外交部档案》，台北中研院近代史研究所档案馆藏，档案号：03–13–067–02–001。
④ 《王正廷致吴景濂等函》（抄件，1919年1月5日），李家璘等编辑《北洋军阀史料·吴景濂卷》（3），第279页。
⑤ 《专电》，《申报》1919年1月16日，第3版。
⑥ 《派使问题完全解决》，《晨报》1919年1月7日，第2版。

自克兰于 1918 年 11 月底明确提出中国应组建联合代表团,南北经过一个多月的磋商,1919 年 1 月初象征中国统一的代表团终于按照美国的意愿建立起来。出乎陆征祥预料的是,其亲口相邀的南方代表王正廷本应能亲密合作、同舟共济,但是南方在只有一人能参加代表团的情况下,王已不是最佳人选。王为了向南方表示自己不辱使命,攻击北方代表以证明自己的政治正确。这预示着代表团内部自成立之时就已经埋下了分裂和内讧的种子。

二 在华英美报刊与代表团成员人选

中国紧随美国之后参加对德作战,目的就是指望能出席战后的国际和平会议,因此驻法公使胡惟德对中国派使问题自感责任重大,对此特别敏感。

10 月 31 日,一战结束指日可待,胡惟德向政府汇报,德国潜水艇已悬白旗,美国专使,英、意等国总理及各国军事领袖,皆莅临法国,这是和议的第一步,至于和议第二步"为期或不甚远",询问政府"于和议计划,谅已妥筹……议和人员可否先行起程,随后明派,以免届时落后"。[①]

在胡惟德给北京政府打去电报的第二天,驻丹公使颜惠庆收到陆征祥来电,表示中国意欲在和会中占一席位,颜是 5 位全权代表之一,另外 4 位是陆征祥、顾维钧、王正廷、汪荣宝,但颜对自己能被任命为代表"感到吃惊"。[②] 中国政府此时开出 5 位全权代表名单,是相信自己宣战时列强曾对中国给予大国待遇的许诺。与陆透露的名单不同的是,《密勒氏评论报》打听到的名单是陆征祥、顾维钧、严鹤龄、胡惟德、高尔谦,[③] 尽管此名单有点离谱,但全权代表名额也是 5 个,与中国预期的名额相符。

---

① 《驻法胡公使电》(1918 年 10 月 31 日),《秘笈录存》,第 47 页。
② 《颜惠庆日记(1908～1919)》第 1 卷,第 777 页。颜日记中的"王广延"应为"王正廷"之笔误。根据前述 1918 年 10 月 30 日外交部《发义丹比馆密电》可知"王正廷"应是"王广圻"电码错译。
③ "Week's News Summary," *Millard's Review of the Far East*, Vol. 6, No. 11, November 16, 1918, p. 444.

到了 11 月中旬，风云突变，胡惟德致电政府，称所有交战国都能参会，但各国情形不同，势难全数同时开会，除开幕和闭幕各国成员会全数列席外，平时会议各就关系国分股讨论。参战国所派全权代表，"至多以三人为限"，催促政府因路途遥远，"不妨先期密派"。① 收到胡惟德电报后，政府将全权代表人数从 5 人调整到 3 人。陆征祥致电颜惠庆，"全权代表限三人，原计划已作废"，同时表示自己将于 12 月 7 日启程，但未告诉颜另外两人是谁。颜猜测是"胡惟德和施肇基"。② 其实，颜的猜测有误。在陆的布局中，就"那些与中国利益有关的问题而言，和美国代表团的接触最为重要"，因而，顾维钧是"与美国代表团保持密切接触的当然人选"，③ 而王正廷因有美国的参与、北京政府的任命和南方政府的提名，是代表南方的不二人选。也就是说，在陆的团队名单中，他本人、王正廷、顾维钧是不可改变的，至于其他两个席位，他中意过胡惟德、颜惠庆、施肇基、魏宸组、汪荣宝，甚至南方的伍朝枢等。顾维钧回忆说，陆征祥得知主要协约国及参战国每国将获 5 个席位，以为中国也应有同样的席位，"所以不仅给我，还给其他五六名公使发出电报，邀请我们每人都参加代表团，并作为一名代表"。④ 这样的乐观，后来当中国真正只有两个席位时，使陆征祥陷于十分困难的处境。

中国代表团成立之事，吸引了很多中国人的目光，也引起了在华英美报刊的兴趣。对于哪些人能代表中国国家利益，该成为中国代表，在华英美报刊希望中国代表团不仅要把他们中意的亲美派选入，还要把亲日派全部排除在外，组成一个彻底的反日亲美代表团。在它们的预期中，这样的代表团既能将日本在华利权收回，利于中国内战的结束和威尔逊"十四点"的实现，又能密切中国与英美两国的关系，促进中国民主制度的完善。因此，代表团成员在在华英美报刊的眼中十分重要。

---

① 《驻法胡公使电》（1918 年 11 月 16 日），《秘笈录存》，第 60 页。
② 《颜惠庆日记（1908~1919）》第 1 卷，第 785 页。
③ 《顾维钧回忆录》，第 174 页。
④ 《顾维钧回忆录》，第 172 页。

上述代表团成员名单，不论是颜惠庆收到的，还是《密勒氏评论报》打听到的，抑或陆征祥陆续许诺的，在《密勒氏评论报》看来都存在问题。1918年11月底，《密勒氏评论报》对中国代表团的组建评论说：

中国代表团，即陪同陆征祥总长出席和会的成员，引起了相当大的不满。陆总长主要指望中国驻美、英、法、荷公使的辅助。鉴于这些公使离开中国多年，不能充分了解国内情况的事实，人们担心他们不能为陆提供全面的辅助。

北京外交界指出，中国不把她最优秀、最热心的儿子派到这个至关重要的国际法庭去是最不明智的，尽管美国及其盟国将尽力帮助她，但维护自己利益，主要还是靠她自己。许多人认为，如果中国不向代表团派遣最聪明和受过特殊培训的官员作为助手，那么中国可能从这次会议中收获很少或根本一无所得。中国一家报纸说它对陆总长及其人选判断怀有最大的敬意，但也必须对他没有任命精通工业、金融和法律事务的专家随他出征提出批评。

陆征祥也为可供他支配的资金短缺所困。大家普遍认为这些人应该被选作除中国驻外公使之外的中国和会代表的助手，如梁启超，前司法和财政总长，主要负责对同盟国宣战的人；王宠惠博士，法律编纂委员会代表，耶鲁大学博士，致力于有关中国的国际问题研究十余年；张嘉森，总统顾问，他清楚了解中国近来的外交历史，能抓住中国的问题并知道这些问题的解决方法；王景春，京汉铁路常务董事，耶鲁大学博士，对美国和欧洲的情况熟悉，在铁路问题提交给大会或远东和会考虑时，除了叶恭绰（交通部前次长），没有其他官员能像他那样为陆总长提供建议。

日本正向国际法庭派出其陆军、海军、外交官和商业专家。因为决定中国命运可能需要很长时间，为什么中国不这样派遣代表而去冒更大的风险？陆总长在和会上能很好地代表中国，归功于他卓越的法语和其他语言能力。他懂得外交惯例，代理过总理，现在是外交总长。①

这份评价的用意非常明显，《密勒氏评论报》对中国代表团全部由外交官构成感到不满和担心，同时希望中国政府能尽量多专业和多职业地挑选代表和助手，在其欣赏的人员中，梁启超、王宠惠、张嘉森（即张君劢）、王景春均为亲美派。《密勒氏评论报》对陆征祥评价不高，认为他能"很好地"代表中国，首要原因在于其语言知识而非外交能力，对陆的外交能力的评价只是"懂得"外交惯例（knows diplomatic practice）。后来中国在巴黎和会上的外交实践证明《密勒氏评论报》的不满与担心是有预见性的，中国代表团随员在专业和职业方面的丰富性除了增加一些军事人员外，无任何大的变化。按理说，中国希望在和会上废除势力范围，一定会涉及铁路问题，欲收回山东，也会涉及胶济铁路问题，代表团随员和助手中少不了王景春、叶恭绰这样的交通界人士，但此时王、叶二人正在欧洲自费考察路政，未能被陆征祥任用。

在《密勒氏评论报》推荐的名单中，梁启超位居第一，其理由不是他的外交能力能对中国外交有多大贡献，也不是他的研究和训练对在巴黎的中国外交有何帮助，而是他"主要负责对同盟国宣战"的功劳，梁启超上榜的理由很勉强。《密勒氏评论报》推荐梁的真正原因也许是在日本避难十几年的梁自辛亥革命回国后迅速变成了反日派。

1919年3月，在"中国名人录"栏目里，《密勒氏评论报》对梁的介绍特别注重其自日本回来后的经历：

> 在1914~1915年，梁启超利用他强有力的文字谴责日本在"二十一条"中显露出来的对华野心，为中国做出了重要贡献。1915年末，他反对袁世凯的帝制运动，从天津逃到云南，在那里争取到他的学生蔡锷将

---

① "Fditorial Paragraph," *Millard's Review of the Far East*, Vol. 6, No. 13, November 30, 1918, pp. 506–507.

军的支持。第三次革命因此开始,导致帝制运动的崩溃和共和的恢复。

1917年春,就中国是否应该站在协约国一边参加欧战问题,梁先生应当时总理段祺瑞将军之邀来到北京,为其提供咨询。在很大程度上是因为梁先生的劝告,段内阁决定参战。

同年7月,张勋将军发动帝制复辟运动,安排满族小皇帝再次登上王位。梁先生在段祺瑞将军推翻复辟运动中担任顾问,发挥了重要作用。共和国第二次恢复后,他被任命为财政总长和盐务管理局局长。12月段内阁垮台,梁先生同时隐退。

梁先生是进步党领袖,他的如椽之笔对中国文人有相当大的影响。他是反日派而不是普遍认为的亲日派。①

一战时期的中国反日必亲美,段祺瑞粉碎张勋复辟后,同在段内阁中的梁启超和曹汝霖之所以反目,其中一个原因是梁企图改造段和北洋军阀,欲把段引向"西方帝国主义",而曹却成功地把段"牵引走入日本人的牢笼里"。② 梁持反日亲美立场,若能出席和会,甚至取代陆征祥担任首席代表,无疑会受到美国人的热烈欢迎。

除上述《密勒氏评论报》名单外,熊希龄也较早出现在美国人推荐的名单中。熊氏获得推荐的原因在于美国操和会之牛耳,熊为"亲美一派",因此对中国表示"种种善意"的美国"深愿熊前往",以"获收国际上融洽之利益"。③

一战停火后,受威尔逊主义影响,中国诞生了许多新的组织,在这些新组织中,熊氏担任的职务如下:1918年11月3日任和平期成会会长,12月9日任协约国国民协会会长,12月18日担任总统府外交委员会委员;1919年2月9日任国际联盟同志会理事,2月16日任国民外交协会理事。加上

---

① "Who Is Who in China—Liang Chi-chiao," *Millard's Review of the Far East*, Vol. 8, No. 1, March 1, 1919, p. 19.
② 李剑农:《中国近百年政治史(1840~1926)》,复旦大学出版社,2002,第457页。
③ 《陆子欣之行期》,《申报》1918年11月24日,第6版。

在唐绍仪内阁担任过财政总长，曾被袁世凯任命为国务总理兼财政总长的经历，熊氏遂成为美国人中意的人选。

1918年12月7日，正值中国国内讨论代表人选最热之际，《密勒氏评论报》的"中国名人录"栏目中推出熊希龄的简介：

> 水灾救济与保护总干事，大运河整治董事会总干事，直隶河水系整治委员会主席，促使国内和平最积极的官员之一。他谢绝了总统请其再做总理的提议，因为他认为和平运动是目前最重要的事，因而更愿意成为和平运动的领袖。然后徐总统建议他担任国内和平北方代表，也被他谢绝了。熊先生相信万一南北代表之间出现不能相互理解的情况，如果他不是他们中的成员，那么他就能帮助他们消除争执。
>
> 熊先生今年50岁，出生于湖南。1894年中进士，授翰林院庶吉士。他是改革家康有为的密友，后者失败之后，他被捕，但很快被释放。
>
> 1905年熊先生随端方出使国外。在那种情况下，他访问了美国和欧洲。回国后，他向国君提交了一份关于海外宪政的报告。
>
> 熊先生做过甘肃和奉天的农业、工业和商业的董事会领袖。赵尔巽任东三省总督时，熊被聘为其主要助手。1910年他代理湖北省外交事务局局长。武昌首义爆发，熊先生是沈阳财政局局长。不久他南下加入了共和党，后来成为湖南省共和党主席。
>
> 共和国建立后，熊先生被任命为第一届内阁财政总长。从他抵京上任到1912年6月随唐绍仪辞去总理职务而辞职，一直负责指导与第一次重组后的国际银行团借款谈判，后来他继续以外国借款委员会代表的身份为政府工作。这就是负责克里斯普借款谈判的熊先生。
>
> 随后，熊先生被任命为热河都统。鉴于过去他从来没有在军队担任过职务，这个任命很有趣。1913年7月31日，他被任命为总理，9月11日兼任财政总长。几个月后他辞去这两个职务。1914～1916年，熊

先生任国际煤油管理局局长。国际煤油管理局是为了与纽约美孚石油公司合作共同开发中国石油而成立的。因为对陕西和山西的勘探未能发现具有商业价值的石油,1916年这个管理局解散。

1917年冬一场大水淹没了天津部分地区,熊先生被任命为水灾救济与保护总干事。他主要负责成立直隶河水系整治委员会,并任主席。熊先生签署了向美国国际集团贷款600万美元的协议,用于整治大运河。他还是大运河整治董事会总干事。①

在这份简介中,《密勒氏评论报》注重的是熊氏在水灾救治、水利整治和实业方面的贡献,其游美的时间很短,却也收录其中,虽未有外交上的历练,但因亲美而受美国人的青睐。

在华英美报刊在考察中国代表人选的时候,目光不光集中在北京阵营,它们还从南方阵营中寻找亲美人物,《大陆报》认为伍廷芳是"经验"和"性情"都优秀的人,若能代表中国出席和会,则中国代表"始可获人之敬重"。②

在《密勒氏评论报》眼中,伍廷芳值得介绍的是:

伍廷芳博士现在是独立的广州政府的外交总长,七总裁之一。目前有消息说他可能作为中国代表前往凡尔赛和平会议。他的儿子——伍朝枢博士在反对派政府中担任要职,正为和会之事前往法国。

伍廷芳博士生于广东,现年73岁。早年就读于香港圣保罗书院,并在那里毕业。后来他自费到伦敦林肯法律学院(the bar at Lincoln's Inn, London)求学,获法学博士学位。1986年,伍廷芳博士任驻美国、西班牙、秘鲁三国公使。1900年义和团叛乱期间,当全世界都在怀疑被围困的那些外国杰出人士是否还活着时,他成功地与被围困在北京的外国使节和传教士进行了交流。1903年伍博士被召回,改任商部

---

① "Who Is Who in China—Hsiung Hsi-ling," *Millarld's Review of the Far East*, Vol. 7, No. 1, December 7, 1918, p. 22.
② "Tuan to Lead China's Peace Delegation?" *The China Press*, November 11, 1918, p. 6.

左侍郎，兼任修约大臣。1905 年担任海牙国际法院法官。两年后再次赴美，出任驻美国、西班牙、秘鲁、古巴公使，三年职满后回到中国。1911 年担任革命军首席谈判代表出席上海和平会议，决定建立共和制取代君主制。很快以江苏省府南京为首都的共和政府建立，伍廷芳博士担任外交总长，兼司法总长。

首都从南京移到北京后，伍博士辞职，退居上海。1916 年应总统黎元洪之邀重新出山，担任外交总长，恢复 1914 年被袁世凯解散的旧国会。

1917 年，伍廷芳博士临时担任段祺瑞将军的内阁总理，签署了将段祺瑞从内阁中开除的命令。当北方军阀在张勋将军协助下解散旧国会，他动身去了上海。从此以后，伍廷芳博士一直帮助致力于恢复旧国会的西南反对党。

伍廷芳博士是著名的素食主义者、雄辩的演说家、法学家和儒家学者。①

在这份简介中，伍廷芳的亮点在于两次驻使美国的经历和在义和团运动中的表现。从以上几位被推荐人选中，可以发现在在华英美报刊的考虑中，北京政府还是广州政府的身份不重要，重要的是其与美国的关系。这也导致了在华英美报刊绝对不可能接受亲日派成为中国代表的情况出现。

从当时中国实际情况看，段祺瑞最有可能作为中国最高代表出席巴黎和会。其三任国务院总理，四任陆军总长，② 又是中国对德宣战的决策人，被政府授予"大勋位"。③ 其地位和贡献足以使其成为中国首席代表的最佳人

---

① "Who Is Who in China—Dr. Wu Ting-fang," *Millarld's Review of the Far East*, Vol. 7, No. 10, February 8, 1919, pp. 350, 352.
② 段祺瑞任总理职务时间：1913.7.19～7.31（代理），1916.4.22～6.29（国务卿），1916.6.29～1917.5.23，1917.7.2～11.22，1918.3.23～10.10；任陆军总长职务时间：1912.3.30～1913.12.10，1914.2.13～1915.8.29，1916.4.23～1917.5.23，1917.7.17～11.22。
③ 一战结束不久，政府决定给段祺瑞授"大勋位之说"。见《专电》，《申报》1918 年 11 月 20 日，第 2 版。1919 年 9 月 15 日，总统徐世昌颁布《大总统令》，正式对段祺瑞进行嘉奖，"晋授以大勋位"。见《命令》，《申报》1919 年 9 月 18 日，第 3 版。

选。1918年5月，议和筹备处曾讨论过什么级别的代表参加和会才能显示出对和会的尊重。鉴于以往维也纳会议是"君主亲临"，柏林会议是"首相列席"，议和筹备处认为如果将来国际媾和会议中国仅由公使代表，"恐不足以昭郑重也"。①

果然，社会上流传段祺瑞欲出席和会的议论。推举段代表中国出席和会的有两种人。一种人是段派人物。段的部下以"此次参战之主张幸告成功，足增国家荣誉，且因此与外国政治军事各大家可增进一层亲密，当乘此欧战初停之际，历聘各邦考察国势，联络要人，以便将来有所发展"怂恿段，段"亦颇然其说"。②安福国会参议员黄锡铨鉴于威尔逊可能赴会，其他各国选派"分位勋高之员"为和会代表，向徐世昌建议除陆征祥之外，"加派特使一人，以段前总理充之……体制既加隆重，议席亦增势力，其收益更有把握"。③另一种人是外交界人物，以陆征祥为代表。陆的首席代表资格虽早被政府内定，但其"尚有怀疑"，以为"各国列席代表有派首相者，仅以中华民国外交总长资格恐嫌地位不称，故一时主张段前总理前往，而自身随行充任副使"。④到出发前夕，陆仍"推段合肥亲赴欧洲，己则愿为之助"。⑤

段祺瑞作为中国代表出席巴黎和会，这是在华英美报刊最不愿看到也最不愿接受的事实。针对社会上的传言，不论真假，在华英美报刊都认为有必要谨慎为上，将段出席和会的可能性扼杀在萌芽之中。

在段欲出席和会之说刚刚放出风声时，《大陆报》对这种"有害之提议"大加抨击：

---

① 《议和筹备处议和筹备会议记录》（第5次，1918年5月10日），《中德奥宣战的紧要文第一次大战后有关巴黎和会反对德奥问题的文件及议和筹备处第一至第十五次会议记录（缺一、六次）》，中国第二历史档案馆藏，档案号：1039-2-373。
② 静观：《北京特别通信》，《申报》1918年11月22日，第6版。
③ 《黄锡铨陈请加派巴黎和会正副特使并聘洋参赞致徐世昌函》（1918年11月25日），林开明等编辑《北洋军阀史料·徐世昌卷》（8），第626~627页。
④ 《讲和会议与中日两国》，《大公报》1918年11月18日，第1张。
⑤ 《陆子欣之出发期》，《申报》1918年11月28日，第6版。

北京访员今使人注意于一种有害之提议，设此提议果见实行，则将大不利于中国。据称段祺瑞门下之士之为北京国会议员者，现运动起用段氏为总理，并为欧洲和会之正使，段党知其地盘渐弱，今为扶持段氏计，故已在参院议事日程提出起用段为总揆，组织新内阁之方案云云。段为中国黩武派之领袖，彰明较著，为众共知，阻中国之进步者舍段氏其谁？今若举之为赴欧议和之正使，则荒谬莫甚。纵谓段氏忠爱国家，然段决不能胜议和正使之重任，无待疑问。盖段纯为武夫，欧洲和会关系何等重大，段毫无所知，且亦不甚介意也。试思美总统威尔逊于议和大会席间竟与黩武嗜杀手刃同胞之人相遇，宁非异事？故段之不合使欧已不成问题。段党推举段氏之目的显然可见，无非推段上台，庶黩武之死灰用以复燃耳。吾人之所以反对段氏赴欧者，尤有一更重要之理由，段执政权时滥借日债，今若使欧，安知其不为日人所愚乎？……若使段列席和议，则直侮视协约国，盖协约国虽专力战局已逾四年，然未尝不知使中国濒于灭亡之边际者，究为何人也。①

《大陆报》认为段不适合做代表的理由有三条：一是段是黩武派领袖，阻碍中国进步，使中国濒于灭亡的边缘；二是段黩武嗜杀，手刃同胞，若出席和会，与威尔逊握手，对协约国而言简直是一种侮辱；三是段为亲日派，若为代表，安知其不被日本人愚弄而损害中国国家利益？这三条理由中重要的是后面两条。威尔逊在"十四点"演说中曾提到，"吾人绝无强迫德国改组社会各机关之意，但吾人与之交涉时，不得不知德国之代表为何人。其代表众议院多数之意思乎？抑代表军阀党之意思乎？若夫军人，但知以武力压制世界，吾人不欲与之交涉也"。② 以此对照段祺瑞的武人身份，其违背威尔逊"十四点"，是不可作为代表出席和会的。让《大陆报》最不放心的是段借了许多日债，段从一战爆发时的抗日派变成一战结束时的

---

① "Tuan to Lead China's Peace Delegation?" *The China Press*, November 22, 1918, p.6. 译文采自《大陆报之段氏使欧说》，《申报》1918年11月23日，第6版。
② 《美国总统威尔逊参战演说》，第35页。

亲日派，如果让他代表中国与日本打交道，到时不知又要丧失多少中国国家利权。

在华英美报刊反对段代表中国出席巴黎和会与其过去对段一贯的敌视态度是一致的。段的后台是日本，因此反段的态度就是反日的态度。《密勒氏评论报》认为中国的内战是"由渴望战争的段祺瑞引起的，段祺瑞对战争的渴望是由日本军火支撑的，反对段的战争就是间接反对日本的战争"。①《大陆报》抨击段代表日本在华利益，"谓段氏为驻北京之日本总督，亦无不可"，其上台"无异于与全国人民挑战，非人民所能容忍"。②《字林西报》攻击段，"以言中日交易，自寻常外人观之，段祺瑞辈所为者何尝非其他华官所常为者所不同者，则因战事与他种关系，段氏卖国之机会较前人为大，而段氏背弃国家利益之行为亦较前人为厉耳"。③

在在华英美报刊的干涉下，中国代表团中没有一个知日代表。原先名单中出现的驻法公使胡惟德和驻比利时公使汪荣宝（1919年1月改任驻瑞士公使），因胡在1908年曾任驻日公使，汪荣宝早年留学日本，皆被排除在外。特别是胡惟德，施肇基刚担任中国驻美使馆的翻译生时，胡惟德已是使馆三等参赞，④ 年轻的陆征祥被派往中国驻俄使馆工作时，驻俄公使胡惟德是其上司，⑤ 且巴黎和会召开时胡正担任驻法公使，陆征祥以施肇基取代胡惟德，排日的倾向非常明显。这一点日本人看得很清楚，谓中国5位代表中，除陆征祥外，均为西方留学出身，"而曾为驻日公使之胡维德氏对于日本尚能谅解者，不与焉"。⑥ 这样，在中国国内亲日派失势的情况下，也在在华英美报刊的鼓噪声中，一个全面亲美的中国代表团终于组建成功。

---

① "Far East Press Opinion," *Millard's Review of the Far East*, March 15, 1919, p. 103.
② "If Tuan Comes Back-Anarchy," *The China Press*, June 10, 1919, p. 10. 译文采自《段祺瑞拟再上台之外讯》，《申报》1919年6月11日，第7版。
③ 《西报论中国官僚之罪恶》，《申报》1919年6月18日，第7版。
④ 施肇基、金问泗：《施肇基早年回忆录——外交工作的回忆》，中华书局，2016，第17页。
⑤ 陆征祥：《回忆与随想》，王眉译，上海远东出版社，2016，第13页。
⑥ 心危：《东京通信》，《申报》1919年2月7日，第6版。

三 后果

至和会开幕前，中国终于组建成一个以外交总长为首领、3 位驻外公使和 1 位南方外交官为成员的联合代表团。① 中国代表团的明显特征是：级别低，成员全为外交官（无知日外交官），联而不合。

中国代表最高级别为外交总长，与美、英、法、意四国相比，级别悬殊。出席和会最高级别者，美国是总统，其他三国是首相，日本是前首相。② 陆征祥也曾在袁世凯任临时大总统时短暂组阁（1912 年 6 月 29 日至 9 月 22 日），无所作为，其工作经历主要在外交上。③ 代表团排除了亲日分子，是为纯粹的亲美派，表面上看是南北共同派使，但代表团内部是共而不同，联而不合。这样的构成和特点，最大的优势在于联美，争取到了美国代表团的最大同情。如和会期间，中国代表团得到美国代表团的众多帮助，美国代表团负责远东事务的卫理（Edward T. Williams）直接参与中国代表团的讨论，美国代表团提出欲为中国代表团安装一部专线电话，"俾与英、美两国全权委员处得以直接传话"，④ 美国代表团的重要成员国务卿蓝辛（Robert Lansing）、布利斯将军（Tasker H. Bliss）和亨利·怀特（Henry White）一再抗议威尔逊向日本妥协。然而，由于结构性缺陷，中国代表团在和会上遗留下严重的后果。

一个受人轻视的代表团

中国代表团受轻视的直接证据是本来同意给中国"大国"待遇的英、法、意、美、日五国在代表席位问题上不守诺言，中国席位从 5 席降到 3 席

---

① 王正廷 1917 年 8 月任非常国会参议院副议长，9 月任广州军政府外交次长，代理外交总长。
② 日本代表团团长西园寺公望，明治元年留学法国，留法十多年，与克里孟梭为学友，两度担任首相（1906.1.7～1908.7.14，1911.8.30～1912.12.21）。
③ 陆任外交总长时间：1912.3.30～9.22，1912.11.15～1913.9.4，1915.1.27～1916.5.17，1917.12.1～1920.8.13。
④ 《附录一：出席巴黎和会中国代表团会议录》，《中日关系史料——巴黎和会与山东问题》，第 396 页。

再降至 2 席。原来与中国一样是 2 席的巴西,因威尔逊的提议,增加 1 席,变为 3 席,① 中国几经努力,无力改变状况,只得接受现实。

陆征祥出发时带有多个勋章,预备分赠各国要人,包括法国总理克里孟梭和外长毕勋。1919 年 1 月 30 日上午,陆征祥谒见克里孟梭,向他表达中国总统赠勋的意思,遭到克里孟梭当面拒绝,说自己"向不受各国勋章,只好心领"。② 法国是东道国,克里孟梭是大会会长,赠送勋章本是礼仪之事,与会议无实质关系,赠与不赠没有什么问题,但收与不收则反映了法国对中国代表团的态度。

会议期间,法国外交部每天早晚两次刊发和会纪事布告,分送各报登载。中国代表团只有在报纸登载后才能知道消息,时间上不免稍迟,于是与法国外交部商量,请其将中国代表需要的五份布告直接送到中国代表住处。然而,法国外交部只肯送一份,"磋商再三",法国外交部才允通融,于一份之外,可另给四份,但这四份须由中国代表团"派人向巴黎日报总机关索取"。③ 送一份还是送五份? 法国外交部似乎有刁难之嫌。

4 月 30 日和会关于山东问题形成对德和约的第 156 条、157 条和 158 条三个条款,决定将德国在山东的利权转让给日本。中国代表向英国外交大臣贝尔福索取和会记录与条文草案,竟被告之"迄无文据",再向法国外长毕勋索要,也被告之"会议无甚记录"。至 5 月 3 日,中国代表"屡索会议记录,迄未收到",向美国国务卿兰辛打听,才知道条款的具体内容。到了 6 日,和会还是拒绝把条款文本送给中国代表团,陆征祥等人只得"仍宜俟接到记录全文,再行表示意见"。④ 和会对山东问题做出决议后,留给中国代表的只有签字与不签字的选择。对中国代表而言最佳选择为在对德和约上签字,但对这三个条款采取保留态度。为此,在和会的后期中国代表团的主要精力集中在争取保留签字上。顾维钧 6 月 24 日中午见和会秘书长吕达斯

---

① 《法京陆专使电》(1919 年 1 月 19 日),《秘笈录存》,第 71 页。
② 《我国讲和专使团会议纪录(三)》,《晨报》1920 年 1 月 29 日,第 6 版。
③ 《我国讲和专使团会议纪录(三)》,《晨报》1920 年 1 月 29 日,第 6 版。
④ 《中日关系史料——巴黎和会与山东问题》,第 136、146 页。

达，25日傍晚6点复见吕达斯达，晚上8点面谒威尔逊，26日上午11点半访法国外长毕勋，27日下午5点半再访毕勋。中国代表团马不停蹄地活动，为的是将保留主张注入约内，但是遭到拒绝。遭拒后，中国代表团改请附在约后，又遭拒，改请附在约外，仍遭拒，改为仅用声明，还是遭拒，不得已，改为临时分函声明不能因签字而有妨害将来之提请重议。中国代表节节退让，可是未能换来和会的半点同情。陆征祥向政府汇报说："大会专横至此，竟不稍顾我国家纤微体面，曷胜愤慨！"①

关于英国对陆征祥的态度，护法军政府参议徐谦以观察员资格参加巴黎和会，1919年8月底回到上海后曾向记者披露一件事：某日陆征祥与劳合·乔治约期相见，及至会晤后，陆问劳合·乔治是否认识在中国盐务稽核处工作的英国人丁恩。劳合·乔治茫然，问随身人员始知其情，回答不认识。陆又问一英人名，劳合·乔治又不认识，对左右人员说"此君访余何事？乃为此无聊问答耶？"遂起身握别，"陆氏心中所预定之谈话因是不曾进一言"。后陆致函约见英国外交大臣贝尔福，"久无回音，遂以作罢"。以后中国代表团与英国代表团商洽事件，"不能直接总理、总长，下至次长、局长，亦无缘接洽。不得已，觅一外部科员者，屈尊与之晤对"。② 徐谦本意在于揭露北方代表陆征祥的无能和错失良机，其中不无夸张的成分，然而从中也可看出劳合·乔治对陆征祥的轻视。在和会"五巨头"中，能平等对待中国代表团的只有美国总统威尔逊。即使威尔逊对中国代表团十分友好，但是具体到个人，也有区别。和会开幕那天闭会之后，威尔逊周旋于各国议和代表之间，与王正廷握手为礼，"状极恳挚"，向其打听顾维钧为何没有出席会议，但看到陆征祥，仅仅"报以一笑"。③

英法等国对中国代表团的轻视，陆征祥在和会召开两个多月后就明显感觉到了。1919年4月7日，陆从瑞士回到巴黎后向政府致电，感谢政府加

---

① 《法京陆专使等电》（1919年6月28日），《秘笈录存》，第223页。
② 《呜呼！议和专使》，北京《益世报》1919年9月3日，第2版。
③ 帕特里克·加拉格尔（Patrick Gallagher）：《中国在巴黎和会之失败》，子直译，《东方杂志》第16卷第10号，1919年10月，第13页。

派其为"全权委员长",同时报告列强对中国代表团的态度,"所不敢不据实直陈者,国际对我情形,今日更殊畴曩,列席人数,其尤著者也。即如我国全权到时,接待应酬之淡漠,列强领袖在会访问接洽之艰难,各界人物对华议论观察之轻慢,种种情况,江河日下"。①

这里存在一个问题,如果陆征祥不做中国代表团领袖,那么谁可代替他呢?段祺瑞因为是武人和亲日派,早已被排除在外,即使真做了首席代表,情况可能不会比陆有所改善,甚至可能还不如陆,除日本代表团欢迎外,无人理会。以段孤僻和刚愎自用的性格,以及拙劣的外交能力和亲日的立场来推算,其能争回的利权不会比陆多。

从中国代表团的组建情况来看,比弱国无外交更严重的是弱国无外交人才。陆征祥出发的第二天,《晨报》报道了一则新闻,说明当时中国人才紧缺的程度:

此次欧洲和平会议关于我国收回国权及发展国家社会上之种种利益,至为紧要,故凡具有世界眼光及国家观念者,无不拟议延揽娴长外交之人才,预为筹备,以资将来之应付。兹述所闻如下。

一政府方面 政府昨已通电各省,略谓如有长于外交及熟谙各国情形者,准由各省举荐来京,听候中央择尤〔优〕任用。

一国会方面 国会现所组织之外交委员会需用此项人才尤为亟亟,现拟专就编译、缮校两项中搜集专材以应需要。

一社会方面 外交后援会近日异常活动,现正设法邀集娴于英法语言文字之会员以利进行。

一西南方面 西南诸要人中,近对于欧战和议亦极注意。闻香港坐探韩宾礼最近电致政府报告军政府方面,亦拟派遣人员赴欧观察一切,现正从事搜集娴熟外交上之人才云。②

---

① 《法京陆专使等电》(1919年4月7日),《秘笈录存》,第117页。
② 《外交人才之需要》,《晨报》1918年12月2日,第3版。

中国唯一赴巴黎采访的《大公报》记者胡政之近距离观察中国各位代表后，在发回国内的"巴黎特约通信"中描述道，5位代表"固极一时外交人才之选"，然而"陆征祥谦谨和平而绌于才断，王正廷悃愊无华而远于事实，顾维钧才调颇优而气骄量狭，施肇基资格虽老而性情乖乱，魏宸组口才虽有而欠缺条理"。中国在和会上只有两个席位，"本不应受如此待遇"，但卒不免于三等国之列，非今次所派各专使之咎，实为数年来驻英、驻法公使"平时外交活动力太少之故"。驻法公使胡惟德言，"彼驻法五年余，平日以见外人为惧，丝毫不与外人交际，使馆除每年国庆日开一茶会，招待本国留学生外，绝未宴请外人。彼既持如此态度，故外人亦鲜与往还。公使有事赴法国外部，大抵与寻常科员接洽，欲求见司长、科长已非易事，总次长更不待论"。驻外公使对外不活动，每年可节余"十万法郎"。驻英公使施肇基与胡惟德属于"同一做派"，即以"闭门存钱为不二方针"。中国受人轻视，"驻英驻法之公使不能无罪焉"。①

一个能力有限的代表团

从中国联合代表团的组建与和会召开前夕中国代表团将代表名单提交和会的整个过程来看，全权代表的确立程序应该是北京政府内部先商定了一个基本框架，并授予陆征祥一定的物色人选权力。在政府的基本框架内，陆征祥是不可动摇的首席代表，王正廷只是一个受美国影响而加入的必选代表，但陆在考虑代表位次时竟仓促地对王许以"代表团内排第二"的承诺，②认为"第二全权应派王君正廷，可无疑义"。③ 在代表团5个席位中，陆本人和王正廷已占两席，为了联美，驻美公使顾维钧也必须入选，那么还剩下两席。对于这两个席位，陆曾许诺给驻法公使胡惟德、驻英公使施肇基、驻丹公使颜惠庆、驻瑞士公使汪荣宝等几位驻外公使，还有比陆稍早出发

---

① 胡政之：《外交人物之写真》，《大公报》1919年5月17日，第1张。
② 《顾维钧回忆录》第1分册，第194页。
③ 《发北京外交部电》（1919年1月13日），《北洋政府外交部档案》，台北中研院近代史研究所档案馆藏，档案号：03-13-010-05-001。

的才改任驻比利时公使的魏宸组。在这种情况下，陆至少要在这5人中淘汰3人，挑选2人进入代表团。按照什么条件挑选2个人？陆的标准主要是政治需求而非外交需要。

驻丹麦公使颜惠庆本是驻德国公使，兼任驻瑞典和驻丹麦公使。中国对德宣战后，颜惠庆移驻中立国丹麦。在和会上讨论中国与德国关于山东的问题是不可避免之事，但前驻德公使未能进入代表团名单，其中原因颜惠庆本人说，"就中国而言，外交总长建议，有关的外交使节，包括我在内均应派为出席会议的代表。后来为与当时已经宣布独立的广东军政府达成妥协，给世界一个团结的中国形象，以便一致对外，所以又修改了代表团名单，陆先生请我改任代表团顾问，这已经违背了陆外长的个人初衷"。[1] 颜的话外之音是王正廷挤掉了他在代表团中的位子。

陆的政治标准除顺从美国意志外，还暗含其煞费苦心与南方搞好关系，减少工作阻力的考虑。唐绍仪此时为南方重量级人物，五代表之一的施肇基是唐绍仪同宗兄弟唐杰臣的女婿，1905年结婚。对唐绍仪来说，施为其侄女婿。1906年，唐任邮传部左侍郎，荐施任邮传部右参议，兼京汉铁路局总办。1912年3月13日，唐任第一届内阁总理，30日兼交通总长。4月8日，唐所兼的交通总长一职由施接任。施上任后将交通部变成了唐的私人班底，当时有报纸揭发道："交通总长施肇基，本唐绍仪之侄婿，故日前就职后，事事仰承唐总理鼻息。所改定航电路邮四大司，除航政司长已委龙建章，路政司长仍委叶恭绰外，其电政司长则委唐文启，邮政司长则委唐某某。是四大司，强半姓唐，强半唐之私人。……据此，则施总长会拍马屁，亦略见一斑已。"[2] 以唐绍仪的侄女婿施代替可能亲日的胡惟德，一定要从胡身上找出理由。陆给出的理由是"胡氏本在巴黎驻扎，以驻使名义即可办事，不必列入委员之内"，[3] "驻巴黎公使一职正可使胡为代表团助力"。[4]

---

[1] 《颜惠庆自传——一位民国元老的历史记忆》，吴建雍等译，商务印书馆，2003，第136页。
[2] 《施肇基会拍马屁》，《太平洋报》1912年4月30日，第7版。
[3] 《胡维德派为襄办委员》，《晨报》1919年1月23日，第2版。
[4] 《顾维钧回忆录》第1册，第174页。

陆的做法让胡大为不满，并私下进行抵制，2月初胡"为代表的席位赴伦敦进行活动"。①

在5位代表中，最不可思议的是魏宸组占了一个席位。陆征祥的解释是，他之所以考虑让魏任代表，"是因为魏曾任外交部和会筹委会秘书长并擅长撰写中文公文，对此经验丰富"。顾维钧回忆说，当他谢绝位列第三而愿位列第五时，陆劝道，就中国利益而言，"和美国代表团的接触最为重要"，因而他是"与美国代表团保持密切接触的当然人选"，"至于魏先生，他是负责用中文起草文件以及负责代表团内务工作。魏先生列第五也符合他本人意愿"。②魏宸组相当于秘书，被陆征祥指定为五代表之一，其中一定有不可言明的原因。

魏作为代表，在和会中犹如隐形人。当和会在4月底做出山东问题决定后，在关于签不签字的讨论中，陆、王、顾、施与所有在巴黎的其他公使，如驻法国公使胡惟德、驻意大利公使王广圻、驻西班牙公使戴陈霖都表了态，或赞成或反对，唯独魏没有任何声音。陆征祥向政府辞职时，政府给陆开了一份签字名单，如果陆"坚辞"，则派顾使签字，如果顾使"已行"，则改派施使，请陆"便宜办理"。③这份名单中没有王正廷，这是北京政府出于政治上的考虑，可是也没有魏宸组，可见魏是一个可有可无的人，或者说无足轻重的人。陆指定魏为代表的隐情在后面两件事中可见一斑。陆因王正廷内讧3月初出走瑞士，去瑞士说动陆回任的是魏。巴黎和会结束后，1919年9月，心力交瘁的陆征祥决定去拜访比利时国王阿尔贝（陆的夫人培德·博斐小姐是比利时人），陪同陆前去的也是魏，陆称陪伴他去比利时的魏为"我最忠诚和亲爱的朋友"。④仅此已能说明在外交界最了解和最理解陆的是魏，陆在代表团成员中需要一个如臂使指的听

---

① 《颜惠庆日记（1908～1919）》第1卷，第817页。
② 《顾维钧回忆录》第1分册，第173～174页。
③ 《发法京陆总长〔征祥〕电》（1919年5月27日），《中日关系史料——巴黎和会与山东问题》，第189页。
④ 陆征祥：《回忆与随想》，第51页。

话的助手。

除听话外，陆指定魏宸组的政治考虑也有魏与唐绍仪有同僚关系的因素。唐任中华民国第一任总理时，魏是国务院秘书长。于是陆在代表人选上以唐的"旧人"魏取代留日出身的汪荣宝，以唐的侄婿施取代胡，加上顾维钧是唐的女儿唐梅的夫君，有报纸看破其中奥妙：陆征祥以"与西南之外交人物唐、伍等及广东方面，素日皆甚接洽"的顾、施、魏三位北京官员作代表，"此中已煞费斟酌，料西南方面亦不致再有何疑"。① 名义上中国代表团中北京官员占4位，南方占1位，可是理顺人际关系，发现里面大有文章，也可发现中国在"内交"上的精微之处。

陆征祥以政治为标准选择外交代表，在"内交"上是理顺了关系，能够让广州军政府满意，却在外交上对中国代表团的折冲造成了结构性损失和能力低下的硬伤，使中国代表在威尔逊和劳合·乔治的质问下始终不能打破被动局面，不能自圆其说，越发让大国领袖以中国出让山东利权出于自愿为由，满足日本的要求，最终"外抗强权"失利，"内惩国贼"开始。

所谓结构性损失，指的是中国代表团成员结构性地缺少知日外交官，在中日密约某些方面没有话语权，导致和会对中日密约的理解完全听从日本的解释，从而导致山东问题交涉失败。

巴黎和会所指的中日密约有两个：一个是"二十一条"，一个是1918年9月的《关于处理山东省各问题换文》（简称《山东问题换文》）和《关于济顺高徐二铁路换文》。"二十一条"签订前，日本向中国发出最后通牒，限48小时回复，是谓强迫。后面两个换文中《山东问题换文》有中国代表章宗祥写下的"欣然同意"字样，因"欣然"而被说成是自愿。"欣然同意"不仅被国人理解为和会失败的主要原因，也被理解为章宗祥卖国的证据。国人认为中国既为这四个字付出了沉重的代价，那么章宗祥等亲日派也必须为此付出沉重的代价，"内惩国贼"由此成为五四运动的重要目标。

---

① 彬彬：《我国与欧和会议谈》，《时报》1919年1月7日，第1张。

对于1918年9月中日密约与五四运动的关系，王芸生在《六十年来中国与日本》中有所论述："山东问题之失败，固大势使然，而一般舆论以四月二十二日巴黎和会中威尔逊有'中国何以欣然同意'之质询，既愤民四条约之签字，尤愤民七济顺高徐两路借款及山东问题换文，愤怒及于办理两次外交之当事人。"①《秘笈录存》在附录梁启超从巴黎发回攻击1918年9月密约的电文时所添加的按语中也指出："此时舆论咸归咎于一九一八年订约之人，遂在北京发生五四之变。"② 从当时国人行动的逻辑能推导出，五四运动与1918年9月中日密约相关，1918年9月中日密约与青岛问题相关，青岛之所以收不回来，是因为1918年9月中国"欣然同意"承认日本有权继承德国在山东的利权。

至于日本在一战快结束时，愿意用与"二十一条"相比较优惠的条件来与中国签订两个换文，被对"欣然同意"持批判态度的人说成是巴黎和会召开前，日本人担心中国会请大会仲裁日本逼签"二十一条"之事，"这是日本政府提心吊胆的一件事情"，于是寺内内阁在济顺、高徐铁路借款合同成立的时候，便想方设法引诱中国另订一"欣然同意"的条约来弥补这个"漏洞"，有了这个条约，日本政府就可以据此"证明中国并不是被迫承认山东问题"，③ 这是"日本政府玩弄的圈套"，④ 是"日本寺内内阁万全之阴谋"。⑤

其实，《山东问题换文》与日本继承德国在山东的利权没有关系，至少从日美两国对《山东问题换文》的态度与合同的性质来理解，二者之间没有任何联系。一是在1918年9月中日密约谈判时日本内阁分歧很大，外相后藤新平"持强硬反对意见"。⑥ 二是济顺、高徐铁路借款具有商业性质，并非政府之行为。三是威尔逊对1918年9月中日密约的指责是违心的。

---

① 王芸生编著《六十年来中国与日本》第7卷，第324页。
② 《秘笈录存》，第133页。
③ 陶菊隐：《北洋军阀统治时期史话》中册，三联书店，1983，第809页。
④ 中国社会科学院近代史研究所编《日本侵华七十年史》，中国社会科学出版社，1992，第181页。
⑤ 刘彦：《最近三十年中国外交史》，上海太平洋书店，1930，第150页。
⑥ 《西原借款始末》，《近代史资料》1983年第1期，第212页。

1919年5月27日,威尔逊向陆、顾二人承认山东问题致此结果的最重要原因是英日、日法之间的密约,而非1918年9月中日密约。① 章宗祥之所以"欣然同意",是因为《山东问题换文》与"二十一条"相比,日本主动表示要收缩在华部队,撤废在山东的民政署,章确实觉得应该"欣然同意"。现在再从两个换文的内容来看,它们与日本继续占领山东也没有任何关系。

《关于济顺高徐二铁路换文》:

敬启者:中国政府决定向日本国资本家借款,速行建筑左列各地点间铁路,兹本使受本国政府之委任,特将此旨向贵国政府声明:

(一)济南、顺德间;

(二)高密、徐州间。

但右列两线路如于铁路经营上不利益时,另以适当线路协议决定之。以上所述,贵国政府无异议时,应请迅执必要之处置,令贵国资本家承允该项借款之商议。相应函达,敬希见复为荷。谨具。

中华民国七年九月二十四日

中华民国特命全权公使章宗祥

外务大臣男爵后藤新平阁下②

从字面上看,条款清楚表明这两条铁路是概念中的铁路,将来线路可以变更,中国政府与日本资本家之间为借贷关系,非政治性借款,与日本政府没有瓜葛。

《山东问题换文》:

敬启者:接奉贵翰,内称:"贵国政府顾念贵我两国间所存善邻之谊,本和衷协调之意旨起见,提议关于山东省诸问题照左记各项处

---

① 《法京陆专使电》(1919年5月27日),《秘笈录存》,第213页。
② 王铁崖编《中外旧约章汇编》第2册,三联书店,1959,第1406~1407页。

理。"等因，业已阅悉。（一）胶济铁路沿线之日本国军队，除济南留一部队外，全部均调集于青岛；（二）胶济铁路之警备可由中国政府组成巡警队任之；（三）右列巡警队经费由胶济铁路提供相当之金额充之；（四）右列巡警队本部及枢要驿并巡警养成所内应聘用日本人；（五）胶济铁路从业员中应采用中国人；（六）胶济铁路所属确定以后归中、日两国合办经营；（七）现在施行之民政撤废之。中国政府对于日本政府右列之提议，欣然同意。特此奉复，谨具。

中华民国七年九月二十五日

中华民国特命全权公使章宗祥印

外务大臣男爵后藤新平阁下①

此换文有7条，只有第一条涉及青岛，军队调集于青岛不能构成日本有权占领青岛的法理。

由于中国代表中没有知日外交家，尽管顾维钧在1月28日和会上指出德国在华利益因中国宣战而中止，但未能指出胶济铁路和济顺、高徐铁路合同是中国与日本新签订的合同，与日本继承德国利权没有关系，如果中国向日本借款筑路就表明日本有权占有山东，那么中国向英、德、比、美等国借款筑路是否能证明这些列强也能占有铁路所在的地方？顾在和会的表现十分优秀，然而未能破解这一难题。

在4月22日会议上，面对劳合·乔治责问在1918年9月中日密约换文活动中，中国为何不坚持抵抗到底时，顾维钧解释说1918年9月密约是根据"二十一条"而来。② 顾在此的陈述将1918年9月密约与日本威胁联系起来，最大限度地做出有利于己的解释，从当时中国代表团所掌握的信息来看已难能可贵，但是这样的解释不仅有悖于事实，而且将己方置于被动

---

① 王铁崖编《中外旧约章汇编》第2册，第1410页。换文时间有的记作"九月二十四日"，见王芸生编著《六十年来中国与日本》第7卷，第167页。

② Arthur S. Link, ed., "Hankdy's and Mantoux's Notes of a Meeting of the Council of Four," *PWW*, Vol. 57, p. 620.

之中。1918年9月中日密约与"二十一条"不存在因果关系，日本签订1918年9月中日密约的目的既不是以此来证明"二十一条"的有效性，也不是欲以此来解决青岛问题，而是欲以在山东势力的局部收缩来企图换取打通陇海线向中国西北的扩张。1918年9月，寺内首相代表西原龟三最后一次访华回国后与章宗祥约定，如日本认为济顺、高徐两铁路经营不利时，可以变更路线。西原回忆道："此项变更条件，以双方业已取得之谅解——延长胶济铁路使之与陇海铁路相连，更进而包括甘肃、新疆方面延展的计划为依据。"① 正因为中国代表不了解1918年9月中日密约的来龙去脉，始终不能有效地拒绝劳合·乔治给中国代表的选择：是根据中日条约移交德国利权给日本还是直接移交德国利权给日本？有鉴于此，中国代表中若有知日外交家，向和会解释1918年9月中日密约与青岛问题无关联，据理力争，就可以让威尔逊和劳合·乔治无借口可寻，换来外交主动权。

中国代表中除因无知日外交家导致结构性缺失外，代表的有限能力和见识也给自己带来不利影响。

陆征祥对于担任首席代表始终不安于位。"行时身体本极健康"，② 可是从1918年12月1日出发，到1919年6月28日对德和约签字时，7个月内6次称病，5次提出辞职。1918年12月6日到横滨，陆电章宗祥代为辞谢天皇宴会，理由是过朝鲜时患病；1919年1月27日，和会通知中国代表参加有关山东问题的会议，陆称病，让顾、王二人出席；2月初，因代表团内部名次问题，王正廷和施肇基反应激烈，陆第三次称病，并第一次提出辞职；3月初，代表团内部矛盾加剧，陆无力掌控局面，第四次称病，秘密出走瑞士，第二次提出辞职；5月初，得知和会对山东问题的决定，第三次提出辞职；6月初，关于对德签字问题，第五次称病，第四次提出辞职；6月末，在对德和约签字问题上，第六次称病，第五次提出辞职。陆的病有明确病情记载的为在过朝鲜时所得的"偻麻窒斯病"，③ 即痛风病，其余的"病"都

---

① 〔日〕西原龟三：《西原借款之回忆》，《近代史资料》1979年第1期，第167~168页。
② 《外交界之大疑问》，《晨报》1918年12月7日，第2版。
③ 《东京电》，《申报》1918年12月6日，第3版。

未治而愈，被在华英美报刊称为"外交病"（diplomatically ill）。① 陆的"外交病"除第一次出于策略考虑不见天皇外，其他的 5 次是其缺乏魄力和能力及没有责任心的表现。陆应为代表团无时不在和无处不在的内讧承担责任。

陆征祥对中国代表出席和会造成的另一个损失是公文箱被盗。陆出发时，身边带有一个公文箱，内有满、鲁、蒙、藏问题绝密文件。对如此重要的公文箱，陆征祥路过日本时没有一点警惕性，导致途中失窃，当时纷传为日本人窃取。陪陆征祥到日本又返回北京的随员刘崇杰曾否认失窃，指责这些新闻"全系捏造"。② 然而此事并不像刘所言的"全系捏造"那样简单，外交部对公文箱的追查一直持续到和会结束，但没有任何结果。公文箱丢失之风波还曾引起中日交涉。3 月 5 日，日本使馆以"此事颇为重大，真相不明，深为可惜"为由，敦促中国外交部"迅将此事查明"。③ 不论公文箱是丢失的还是被谁窃取的，都对中国代表团的行动造成了巨大的不便。1 月 28 日，顾维钧对山东问题进行了卓越的阐述后，克里孟梭希望在两三天内得到一份代表中国观点的书面声明，因为公文箱的失窃，顾无法即时"提供全部必要细节的文件"，只好推迟提交和会的时间，④ 失去了一次趁热打铁解决山东问题的机会。如果公文箱不丢失，山东问题有很大可能会在和会初期得到解决。如果真是这样，则中国人的希望在和会一开始就大功告成。

不愿排名在顾维钧后面的施肇基在 2 月 5 日与英国代表谈话，当对方问其"近来中日间究有何种密约，是何内容。铁路新合同有几种，借款多少"，施竟不敢以"实情相告"，而以"近来事冗，不能尽记真确，容查明续告"搪塞，⑤ 使中国错失了一个很好的解释和宣传的机会。当然，这种不敢以实情相告的心理不止施一人持有，而是中国代表团没有宏大格局的结果。施在代表团内

---

① "Editorial Paragraph," *Millard's Review of the Far East*, Vol. 7, No. 2, December 14, 1918, p. 42.
② 《刘崇杰回京后之谈话》，《晨报》1919 年 12 月 23 日，第 3 版。
③ 《收日本使馆函》（1919 年 3 月 6 日），《中日关系史料——巴黎和会与山东问题》，第 62 页。
④ 《顾维钧回忆录》第 1 册，第 186～189 页。
⑤ 《附录一：出席巴黎和会中国代表团会议录》，《中日关系史料——巴黎和会与山东问题》，第 393 页。

部陈述此事时，没有一位代表觉得施的做法有何不妥。但施是驻英公使，应该对英日密约多方打听，应对英日联军制造的青岛问题多做研究。施欲将自己的排名置于顾前，却不肯出席 1 月 27、28 日涉及中国的会议，理由是"我不想去，我从未准备过这个议题"。① 中国外交失败最主要的原因——1917 年初日本分别与英、法、意、俄签订的战后援助日本要求割让德国在山东及太平洋赤道以北各岛屿之领土权利的密约，在十月革命之后已被列宁政府公开，1918 年 2 月 9 日英国《曼彻斯特卫报》将之刊登，② 施与其他驻外使节竟然一无所知，使巴黎和会成了中国的"一场春梦"。③

在组建中国代表团问题上，美国发挥了很大作用。在美国的建议下，南北两个政府从本欲单独派使到组成双方联合代表团，名义上代表一个统一的中国。又在美国的暗示下，中国代表排除了亲日力量，组建了一个反日亲美的队伍。美国的出发点是好的，即借国际会议之机解决中国内政问题和驱除日本在华势力，可是按照美国的建议，中国联合代表团的组建首先得考虑政治因素，在顾及南方意志的情况下，最终形成了一个格局不高、能力低下的代表团。如果仿效美、英、法等国代表团成员由政府首脑、外交大臣、财政总长、驻外使节、军事领袖等各色人等组成的方法，中国代表团的组建可以有多种方案。如果仅按照中国代表团只有外交官组建的实际做法，驻美、日、英、德四国公使应该在内。四国公使是必要人选，因为解决山东问题是中国参会最有力的理由和最核心的利益，而英国是一战前世界上最强大的国家，且其与日本之间有协约关系，青岛是英日联军攻占的，美国在一战后取代了英国的霸主地位，中国当时的外交政策就是联美抗日，德国租借青岛，日本是与中国利益冲突最严重最突出的国家。上述四位驻外公使，加上政府再任命一位首席代表，这样一个能解决山东问题的中国代表团就可游刃于巴黎和会。这样的代表团无须将国内政治放在第一位，且王正廷在和会中的作

---

① 《顾维钧回忆录》第 1 册，第 184 页。
② 〔澳〕骆惠敏编《清末民初政情内幕——〈泰晤士报〉驻北京记者、袁世凯政治顾问乔·厄·莫理循书信集》下卷，刘桂梁等译，知识出版社，1986，第 710 页。
③ 刘彦：《最近三十年中国外交史》，第 112 页。

用主要是在和约签字时持坚决反对的态度，坚定代表团其他成员的立场，除此之外，在中国自身利益方面也没有什么突出的贡献。如果这样，中国代表团也许能避免消耗掉大量精力的内讧。

一个内讧不断的代表团

中国代表团在巴黎和会上的表现给人印象最深的，除顾维钧 1 月 28 日在和会的发言语惊四座，赢得西方大国领袖的喝彩外，就是内讧。内讧不仅置首席代表陆征祥于尴尬难堪境地，虚耗主辩手顾维钧的精力，而且最终使代表团溃不成军，未能形成一个强有力的战斗团体，这是代表团的又一个损失。

内讧开始于和会开幕式中国代表团成员名单的排位。陆征祥出于对王正廷的许诺和其他考虑，开列报送和会的名单秩序是陆征祥、王正廷、施肇基、顾维钧、魏宸组，这份名单同时报送国内。北京政府考虑到陆征祥身体孱弱，若是生病，排名第二位的南方代表王正廷就会乘机代表中国出席和会，因此将名单排名调整为陆征祥、顾维钧、王正廷、施肇基、魏宸组，即将顾维钧的排名提前两位，排在南方代表王正廷和老资格外交官且是顾维钧连襟施肇基的前面。顾维钧 1 月 28 日的发言传回国内，亲手调整成员排序的外交委员会委员长汪大燮庆幸自己的先见之明，笑道："倘非我将顾使席次排在次席岂不误及国事！"① 可是他的这一调整在代表团内部掀起了轩然大波，从此以后代表团内部再也没有平静过。

北京政府调整后的名单再传回到巴黎，"王、施大哗，陆窘极"，② 王断言顾"在幕后操纵，想名列第二"，施则"毫不留情地逼陆拿出密电来，指责他说假话"。③ 于是王、施联手对陆、顾进行攻击，对顾起草的有关国联的文件吹毛求疵，施要求以自己的秘书施斌来代替原来的代表团秘书长岳昭燏，王则在代表团内部开会时要求与陆并列而坐，并用肘部将陆挤出主席座位。④

---

① 梁敬錞：《我所知道的五四运动》，《五四运动亲历记》，第 86 页。
② 叶景莘：《巴黎和会期间我国拒签和约运动的见闻》，《五四运动亲历记》，第 7 页。
③ 《颜惠庆日记（1908～1919）》第 1 卷，第 826～827 页。
④ 《顾维钧回忆录》第 1 分册，第 181～182、190～191 页。

1919年1月30日，在代表团第5次内部会议上，施对陆发难，要求对各地所来电报"似应设法传观"，王附和称，除陆总长个人之电外，其余电报"应行传观"，传观不足，"必须付印"。会议"议决照办"。① 2月17日中午代表团召开第19次内部会议，通过决议，凡关和会者，以后发文，无论是电报还是函件，"均应由五全权画行后，再行缮发"，取消了陆的单独发电权；同样地，收文，无论是电报还是函件，"均应即时抄送，五全权各一份"，这样就取消了陆单独与中央联系的权力。在会议中，施提出"每议一事，讨论完毕，应由主席讨论结果大纲时，向众述一次，以定赞成与不赞成者之多寡"，这等于要求取消陆的决策权。② 当天，出于对陆的忍无可忍，施致电北京要求撤换陆，以唐绍仪来代替，认为"唐绍仪是担任代表团团长的最佳人选"。③ 当时唐是南方政府七总裁之一，上海和会南方总代表。

20日，代表团召开第21次内部会议，王与施一唱一和，对陆报送和会名单与北京批准名单在名次上的不一致大肆攻击。陆在无奈的情况下，被迫道歉称："当时擅将施顾次序更调，未先与诸同事商量，实深抱歉，此后自当改弦更张。凡对诸君无不开诚布公，以谢前愆。"④ 21日，在代表团第22次内部会议上，会议议决"各项簿册写错之后，不必撕去"。⑤ 写错的簿册不让撕掉，成为攻击对手的证据，代表团内部的斗争到了白热化程度。5位代表之间的斗争将身边的驻外公使和工作人员也牵扯进来。25日，代表团召开第25次内部会议，陆没有出席，施乘机提议王担任临时主席。当晚颜惠庆在日记中写道："胡要我再逗留一段时间，以便抵制施的野心。"⑥ 颜惠

---

① 《第五次会议录》（1919年1月30日），《我国讲和专使团会议纪录（三）》，《晨报》1920年1月29日，第6版。
② 《第19次会议录》（1919年2月17日），《我国讲和专使团会议纪录（八）》，《晨报》1920年2月4日，第6版。
③ 《颜惠庆日记（1908~1919）》第1卷，第825页。
④ 《第21次会议录》（1919年2月20日），《我国讲和专使团会议纪录（八）》，《晨报》1920年2月4日，第6版。
⑤ 《第22次会议录》（1919年2月21日），《我国讲和专使团会议纪录（八）》，《晨报》1920年2月4日，第6版。
⑥ 《颜惠庆日记（1908~1919）》第1卷，第829页。

庆 1 月 29 日到达巴黎,感觉代表团内部气氛不好,想早点离开,胡惟德挽留他一道对施进行遏制。3 月 14 日晚,9 名留法学生到王下榻处询问陆是否不在巴黎而前往瑞士?刘崇杰以何名义前来巴黎?① 17 日,代表团召开第 48 次内部会议,代表团收到留法学生组织"和平促进会"来信,攻击刘崇杰为"亲日派",王正廷向刘追问陆在日本时与日本外交当局"究竟所说何语?"施也向刘施压,"总长何以答?"②

代表团内部的斗争使陆征祥精疲力竭、心灰意冷,于 3 月 8 日猝然避居瑞士。陆的出走在代表团内引起不安,"代表们商议到凌晨 3 点"。③ 陆在瑞士并非养病,而是"一直在和北京就提高团长权力,俾便处理代表团内部问题进行商谈"。④ 在获得政府支持的情况下,陆于 22 日前回到巴黎。⑤ 28

---

① 《第 46 次会议》(1919 年 3 月 15 日),《关于第一次世界大战后在巴黎和会召开期间中国代表团内部会议记录之印本(1919 年)》,中国第二历史档案馆藏,档案号:1039-2-233。
② 《第 48 次会议》(1919 年 3 月 17 日),《关于第一次世界大战后在巴黎和会召开期间中国代表团内部会议记录之印本(1919 年)》,中国第二历史档案馆藏,档案号:1039-2-233。
③ 《颜惠庆日记(1908~1919)》第 1 卷,第 834 页。陆出走的时间,颜在同天日记中记载为 3 月 7 日;王正廷 10 日给北京的电报说是"陆总长近因体倦,于前晚赴瑞士休息",见《法京王专使电》(1919 年 3 月 10 日),《秘笈录存》,第 114 页,据此推算应是 8 日晚;陆本人 8 日给徐世昌的电报说是"乘美总统未回巴黎前,暂赴瑞士国休养数日",见《法京陆专使电》(1919 年 3 月 8 日),《秘笈录存》,第 114 页。因 2 月 17 日代表团第 19 次内部会议取消了陆的单独发电权,陆 8 日应该是在瑞士发电。王电报中的日期也许推算有误或表述有误。
④ 《顾维钧回忆录》第 1 册,第 192 页。
⑤ 陆回到巴黎的时间没有确切记载,笔者认为陆返回巴黎时间为 3 月 22 日。证据一,代表团秘书朱诵韩给政府发电报,报告其与魏宸组先后赴瑞士劝陆回巴黎,"苦劝数日,现已于二十二日回法",见《收法京朱秘书电》(1919 年 3 月 31 日),《北洋政府外交部档案》,台北中研院近代史研究所档案馆藏,档案号:03-13-071-05-001。证据二,当时媒体曾报道 3 月 28 日外交部呈总统密电一件,该电系陆从巴黎发来,禀报自己"二十二日抵法京照常任事,惟体力尚未复原",见《陆专使回法任事》,《晨报》1919 年 3 月 29 日,第 2 版。证据三,陆致政府电报的落款为"祥",其出走后,代表团内部决定给政府电报落款为过去集体署名使用的"祥等"。至 3 月 22 日代表团致政府电报署名皆为"祥等",但 23 日开始出现数封落款为"祥"的电报。代表团在陆出走后决定用"祥等"名义发电事,见《第 41 次会议录》(1919 年 3 月 11 日),《中日关系史料——巴黎和会与山东问题》,第 407 页。3 月 22 日署名"祥等"电报,见《法京陆专使电》(1919 年 3 月 22 日),《秘笈录存》,第 118 页。3 月 23 日署名"祥"电报,见《法京陆专使电》(1919 年 3 月 23 日),《秘笈录存》,第 118 页;《发外交部电》(1919 年 3 月 23 日),《北洋政府外交部档案》,台北中研院近代史研究所档案馆藏,档案号:03-13-011-02-001;《发外交部电》(1919 年 3 月 24 日),《北洋政府外交部档案》,台北中研院近代史研究所档案馆藏,档案号:03-13-067-03-001。

日，政府加派陆"全权委员长"头衔，由其"主持一切"。① 同一天政府又致电巴黎相关人员讨论事件时，"在未经讨论决定以前，除委员长便宜行事外，在会人员概不得以个人名义对外擅行发表，以昭慎重"。② 国务院这道命令，否决了2月17日代表团第19次内部会议的决议，帮助陆重新树立了单独与中央联系的权威。陆有了"尚方宝剑"后，代表团内部关系并未改善，只是斗争更为隐蔽，顾维钧感觉到此后内讧的矛头"所指更多的却是我，而非陆先生了"。③

4月中下旬，山东问题重新进入和会讨论议程。16日，美、英、法、意、日代表举行五国会议，讨论山东问题。会间美国代表蓝辛为抵制日本独霸山东，提议德国在山东所占各项权益先由五国暂收，"俟中国将青岛及山东省内要点按照协约国另议之办法开作商埠后，即将前项各权利利益交还之"。日代表牧野伸显当即起而反对。④ 在这个节骨眼上，据报纸报道，先有胡惟德"电陈母病，乞假归省"，⑤ 后有王正廷19日"请假归国"。⑥ 4月底，和会对山东问题做出最后裁决，代表团争取和会同意中国在"保留"的情况下签字。在这个过程中，希望越来越渺茫，代表团的凝聚力越来越差。

5月28日，代表团召开内部会议，讨论和约不能保留时签字不签字的利害关系，参加者除5位代表外，还有胡惟德、王广圻、伍朝枢。关于签字与否，与会者态度分为四种。第一种，反对签字的有顾维钧和王正廷。王正廷认为对德和约关于山东问题的3个条款比"二十一条"还不利于中国，"前约中国尚有自主之权，今则听人处分而已"，因而坚决主张"不保留则不签字"。他从三个方面分析了不签字不会导致各国加害中国的理由：从德国角度看，"彼自顾不暇，何能害中国？"从英、法、美角度看，如果它们

---

① 《国务院致陆专使电》（1919年3月28日），《秘笈录存》，第115页。
② 《国务院致陆专使电》（1919年3月28日），《秘笈录存》，第115页。
③ 《顾维钧回忆录》第1册，第192页。
④ 《收法京陆总长〔征祥〕电》（1919年4月22日到），《中日关系史料——巴黎和会与山东问题》，第90页。
⑤ 《专电》，《申报》1919年4月13日，第3版。
⑥ 《王正廷请假归国》，《晨报》1919年4月24日，第2版。

欲侵害中国，虽签字，"亦无可挽救"，况威尔逊"此后亦不足恃"；从日本角度看，"日本得陇望蜀，其志叵测……此次签约亦无益"。顾维钧认为日本"志在侵略"，不签字则"全国注意日本，民气一振"，签字则"国内将自纷扰"。第二种，赞成签字的是伍朝枢与胡惟德。伍朝枢认为"签字对外利多而害少，惟对内害多而利少"，两害相权，力主签字。胡惟德认为签字一层，苟利于国家，毅然为之，不必为个人毁誉计，"深赞成伍先生之说"。第三种，态度模棱两可的是施肇基和王广圻。施肇基称"此次和约，各小国均不满意，恐不能永久践行，中国亦可以不签字，当然仍应研究"。王广圻认为签字有签字的好处，不签字有不签字的好处，"窃愿诸公再静心研究"。第四种，态度是不表态，"陆总长采纳各使所陈之利害，取决审慎研究，再行决定"。① 驻西班牙公使戴陈霖没有参加这次会议，其观点早在8天前已向政府陈明，即主张签字。戴认为如果不签字，中国"将在联合会之外，势更孤立"，且对德所获利益"悬而无着"，而签字后，"胶澳归还有日，主权未尝有伤"，并且山东问题由美、英、法三国保证，"于我不为无利"。②

会议结束后，陆征祥在向北京汇报时对王、施的恶感力透纸背。陆在电报中陈述，王"本主张签字"，对于保留一层未尝关心，"至此程途反忽变其态度，表示决心"，施"向来大致意主签字，现亦改变主张"，他们两位对于签字态度"先不一致"，而"对外亦不得体"。③ 陆在给政府的电报中用"对外亦不得体"这样的措辞殊为少见，可见对王、施的内讧已到忍无可忍的地步。在和会中，陆吃尽了王、施的苦头，对于邀请他俩作为代表，陆心中充满后悔。在给徐世昌的一封电报中，陆汇报说国际联盟在9月或10月于华盛顿召开第一次大会，中国有3个名额。对于所派人员，陆认为顾最为

---

① 《我国讲和专使团会议纪录（二十一）》，《晨报》1920年2月26日，第6版。
② 《收法京戴公使〔陈霖〕电》（1919年5月27日），《中日关系史料——巴黎和会与山东问题》，第188页。
③ 《收法京陆总长〔征祥〕电》（1919年6月2日到），《中日关系史料——巴黎和会与山东问题》，第203页。

合适，"我国适宜之员无出其右"，对于另外二员人选，陆认为除了要"有资望"外，特别强调"彼此能同心协力共济时艰者"，这样"方为妥协"。①

5月28日会议是代表团最后一次会议。散会后，施以陪梁启超访英为名于6月初离开巴黎，离开了职守，而颜惠庆早已在3月14日离开法国返回丹麦。到了和会后期，甚至连驻法公使胡惟德都不常出面，代表团在对德和约签字前已分崩离析。顾维钧对此深有遗憾："当初，中国获胜希望很大，政界要人及名流纷至沓来。但是，'十人会'的决定以及威尔逊总统、劳合·乔治和克里孟梭对代表团的通知令人大失所望，这就使得那些人一个个溜之大吉，哪里还顾得上首尾一致、善始善终呢！甚至在代表团内部也是如此。"②

代表团内部的不团结对成员之间的关系造成了重大伤害，也严重削弱了中国代表应有的能量。在巴黎的梁启超观察到，"专使屡以细故争执，正事因之闲置"。③ 作为代表团首领的陆征祥曾向中央政府大倒苦水，因南方政府的人事纠纷，"祥实焦头烂额，穷于应付，不但无余暇以资对外，且恐贻患大局"。④

代表团内讧，第一个原因在于中国的分裂，王正廷被任命为代表的原因不是他对中国问题的了解和对和会的准备，而是他代表南方政府，这导致他参加和会的主要任务不是为山东问题和其他中国利益去搏杀，而在于对北方代表的监视。王正廷在赴巴黎的大西洋邮船上向南方政府汇报称："须知南方有人与会，则得与闻提议之内容，谈判之颠末，与其影响于国利民福者。奚若庶使邦人君子，咸晓然于当轴者之所为，于以昭示大公，慰我民望。吾党之所为，断断者固在此而不在彼也。"⑤ 其中，把获知北方提案内容与谈

---

① 《法京陆专使电》（1919年5月7日），《秘笈录存》，第153页。
② 《顾维钧回忆录》第1册，第210~211页。
③ 梁启超：《外交失败之原因及今后国民之觉悟》（续），《晨报》1919年7月8日，第2版。
④ 《钱能训致朱启钤电》（1919年4月23日发，24日到），《一九一九年南北议和资料》，第249页。
⑤ 《王正廷致吴景濂等函》（抄件，1919年1月5日），李家璘等编辑《北洋军阀史料·吴景濂卷》（3），第279~280页。

判过程，伺机揭露北京政府代表可能出现的"卖国"行为作为国民党"断断者固在此"的工作核心。北京对广州的防备也时刻在心，汪大燮对代表位次调整的原因主要在此。陆避走瑞士再回巴黎后，北京加派胡惟德、汪荣宝、颜惠庆、王广圻四位公使参与和会，"在内部讨论时，准其一律列席，发抒意见，加入可决否决之数"的原因也在此。① 如此，则便于在代表团内增强北京的力量，制衡南方。

第二个原因在于陆征祥的软弱。陆在外交上熟悉西方外交规则，长于调和与周旋，短于魄力与决断。外交委员会第一位秘书叶景莘对陆的印象是陆是个"好好先生"，自己与同事们"常批评他不过是个'大礼官的材料'"。② 对代表团内部的矛盾，陆不是去整饬纪律，迎难而上，将各种不和谐因素消灭，而是采取道歉、退让和躲避的方法，使内讧逐渐升级，到了国内外皆知的程度，形成"总长哭，全权乐；全权闹，总长逃"的局面。③ 颜惠庆对此现象痛惜道："陆的软弱是一切纠纷的根源。"④

第三个原因在于王正廷尴尬的代表身份。王正廷本为南方政府内定的 5 位代表之一，但南方只有一人可以作为代表出席和会，且王在南方参议院投票未能通过，⑤ 军政府不同意把这难得的象征国际承认的机会给予王，也不愿意王接受北京的任命，认为这样"未免太失南方体面"，⑥ 因此拒绝承认其为官方代表，而是另派代表伍朝枢去巴黎。⑦ 这样，王的代表资格一直未被军政府所批准，⑧ 在巴黎的南方政府人员郭泰祺、陈友仁、汪精卫，以及拖延到 1919 年 2 月初才从香港出发的伍朝枢都当面向顾维钧指出王代表资

---

① 《国务院致陆专使电》（1919 年 3 月 28 日），《秘笈录存》，第 115 页。
② 叶景莘：《巴黎和会期间我国拒签和约运动的见闻》，《五四运动亲历记》，第 12 页。
③ 《巴黎特别通信：中国之代表观》，《申报》1919 年 6 月 16 日，第 7 版。
④ 《颜惠庆日记（1908～1919）》第 1 卷，第 827 页。
⑤ 《粤闻纪要：旧参院全权大使案》，《申报》1919 年 1 月 27 日，第 6 版。
⑥ 《赴欧议和代表决定内容》，《晨报》1919 年 1 月 9 日，第 2 版。
⑦ Pao-chin Chu, *V. K. Wellington Koo: A Study of China's Diplomat and Diplomacy of Nationalism, 1912－1966* (The Chinese University Press, Hong Kong, 1981), p. 14.
⑧ 唐启华认为 1919 年 1 月 27 日广州军政府特任伍廷芳、孙中山为赴欧和平会议全权大使，王正廷、伍朝枢、王宠惠为全权特使，等于变相追认了王的任命，参见唐启华《巴黎和会与中国外交》，第 159 页。

格的非法性,① 南方参议院议长林森曾要求军政府将王召回审问,开除并宣布罪状。② 处于北京合法与广州非法旋涡中的王正廷为了表明自己忠于广州的立场,最好的方法就是把政治放在第一位,发出与北京不一致的声音,这导致他在代表团中行为乖张,主导的"窝里斗"层出不穷。

第四个原因在于施肇基的个人主义。施与顾的关系有些特殊。1904年顾赴美留学,留学生领队是施,施对顾有照顾之恩。1905年施与唐绍仪侄女唐钰华结婚,1913年顾维钧与唐绍仪之女唐梅结婚,施与顾成为连襟。民国肇始,施任交通总长兼财政总长,后转任总统府大礼官时,顾在外交部任参事。然而由于顾能力突出,很快崭露头角,1914年施任驻英公使,1915年顾任驻美公使,这两个位置在当时极为重要。1919年巴黎和会,两人各以自己驻使身份成为中国代表。北京把陆征祥上报名单顺序调整,将顾置于王、施之前,施难以接受,尽管顾向施及其夫人做了解释,但是施"面色铁青、愠然不语","一言不发",把代表团内部的会议变成了"肆意攻击"陆和顾的"集会"。③

代表之间的内斗,使本来软弱的中国代表团变得更加软弱,不仅给国人,也给国际留下了负面印象。回到丹麦的颜惠庆在6月20日的日记中记载,今天有外国朋友来访,谈及和会事,外国朋友说中国的弱点是签署了"二十一条","不团结也对中国不利"。④ 和会还没结束,议员艾庆镛等因外交失败提出查办赴欧各专使案,其中关于内讧提出查办的理由是,"自相轧轹,争执不休,而予人以可乘之机,坐视外交败坏"。⑤ 内讧使代表失去了和会初期的锐气与朝气。

巴黎和会对中国来说是一个千载难逢的机会,也是一个需要学习的机会。中国南北两个政府在美国的撮合下组建了联合代表团。中国代表团反日

---

① 《顾维钧回忆录》第1册,第179页。
② 《旧议员请召王正廷》,《晨报》1919年1月8日,第3版。
③ 《顾维钧回忆录》第1册,第181页。
④ 《颜惠庆日记(1908~1919)》第1卷,第876页。
⑤ 《查办赴欧各专使之提案》,《晨报》1919年5月8日,第3版。

亲美的特点，使其在与美国代表团的沟通上达到流畅通达的效果，获得了美国代表团的同情与支持。然而，代表中没有知日外交家的结构性缺陷，中国代表团始终不能厘清1918年9月《山东问题换文》和《关于济顺高徐二铁路换文》与1915年"二十一条"的关系，也不能破解《山东问题换文》与青岛之间的关系，致使中国在山东问题上一直不能改变左支右绌的被动窘境，给和会指责1918年9月中日两个密约找到了"理由"，这是中国在外交上失去山东权益的一个不可忽视的原因。

美国促使中国组成联合代表团的动机是好的，希望借机解决中国南北分裂问题。然而，令美国和中国措手不及的是，分裂的两个政府对谁代表中国的敏感已使外交与内政高度地搅在一起。对南方代表而言，政治的重要性重于外交。层出不穷的内讧，连续不断的窝里斗，严重削弱了代表团的战斗力，损害了代表之间的关系，和会还未结束时，代表团已溃不成军。

从愿望上看，所有的中国人都想抓住这次机会，可是外交人才缺乏，最终只能组成一个低级别、低能力的代表团。除美国外，没有其他国家对中国代表团予以重视。中国代表团在和会上人微言轻，在长达5个多月的时间里，中国代表出席关于中国问题的会议只有3次，中国的意志未能在和会充分表达和受到充分的尊重。其实，代表席位是2席还是3席，甚至5席，都不重要。即使给了中国3席或5席，没有出色的外交人才，给再多席位也形同虚设。弱国无外交人才，这是中国失利的一个重要因素。

如果说陆征祥不适合担任首席代表，那么在华英美报刊推荐的梁启超、熊希龄、伍廷芳等人也不适合担任这一角色。梁启超曾做过司法总长和财政总长，未处理过外交事务，且其从日本回国后，尽管在"二十一条"事件上反日态度激烈，但在五四运动前其政治背景"一向被认为在涉及中日关系的问题上态度是较为和缓的"，① 他在青岛问题上的"吾辈着眼不在归还之名义，而在主权之实际"的主张，② 与五四时期国人要求直接归还青岛的

---

① 《顾维钧回忆录》第1分册，第192页。
② 《收法京梁前总长〔启超〕电》(1919年2月26日到)，《中日关系史料——巴黎和会与山东问题》，第52页。

主张格格不入，在巴黎的中国留学生曾对梁发出"要末〔么〕走，要末〔么〕死！"的抗议。① 凭青岛可以间接归还的主张，就可以断定梁的外交眼光低于陆征祥、顾维钧、王正廷等人。梁的外交能力正如法国人所言："若斯人者，文学知识则擅长，财政知识则泛泛，外交则更无经验矣。"② 熊希龄做过内阁总理，可是他的经验主要在河工水利方面，也无外交经历。至于伍廷芳，他有外交能力，但 1919 年已 73 岁，精力不济，其在南方政府里的外交总长职务由王正廷代理。至于北京政府首脑徐世昌及南方政府孙中山和唐绍仪，也未必能超过陆征祥，陆征祥竟成了当时无人可以替代的人选。

在中国联合代表团的筹建过程中，在华英美报刊起到了鼓吹作用，同时对代表人员的选择施加了压力，使其排除了所有的亲日派，成为一个纯粹的反日亲美代表团，然而它们也没有找到更好的解决中国和会代表问题的办法。

不论是美国还是中国，都希望代表团能够折冲樽俎，借机解决中国统一问题，但是中国内政不统一，联合代表团也难做到统一。联合代表团没能为解决中国统一问题提供任何帮助和机会，中国在巴黎和会后分裂反而更加严重，除南北战争老问题外，又增加了新问题，北京政府内部直系与皖系互不相容，和会结束一年后直皖战争爆发。

---

① 《颜惠庆日记（1908~1919）》第 1 卷，第 827 页。
② 《法文报论中国各代表及梁启超之举动与中国在和平会议关系》，北京《益世报》1919 年 4 月 15 日，第 2 版。

第六章

在华英美报刊与五四事件

五四事件仅指1919年5月4日这天北京学生上街游行示威之事，为狭义的五四运动的起点。主流的五四事件叙事一般由三个环节构成：威尔逊"十四点"风靡全球、顾使辩论获胜、外交失败消息传回。在这三个环节构成的叙事中，威尔逊"十四点"激起了中国对和会的希望，顾维钧辩论获胜让国人看到了希望，外交失败消息传回把国人推入失望的深渊，于是五四事件爆发。这三点确实是五四事件从酝酿到爆发过程中的重要环节，是当时中国参加和会的真实写照，基本上能够完成五四事件爆发原因解释体系的任务，形成了一个比较严密的叙事框架。然而，如果把引爆五四事件的外交失败消息究竟何指及其传回中国的时间引入叙事之中，这一看似严谨的叙事链条却出现了薄弱环节。

外交失败消息是指梁启超从巴黎发回的一封有关中国在和会上处境的电报，其内容是："汪、林两总长转外交协会：对德国事，闻将以青岛直接交还，因日使力争，结果英法为所动。吾若认此，不啻加绳自缚，请警告政府及国民严责各全权，万勿署名，以示决心。启超，二十四日。"[①] 梁发电时间

[①] 《山东竟如是断送耶》，《晨报》1919年5月2日，第2版。梁电同时刊登在《国民公报》上，内容稍有不同。见林长民《代论：外交警报敬告国民》，《国民公报》1919年5月2日，第2版。

是 24 日，所讲的内容是 4 月 22 日下午和会关于山东问题的讨论。这次会议是第 3 次也是最后一次在有中国代表出席的情况下专门讨论山东问题的会议。按照中方档案记载，在这次会议上，威尔逊对 1918 年 9 月的中日密约表示了不满，劳合·乔治特意指责了"欣然同意"，并给了中国代表是按照中日条约还是按照日本实际占领的状况将山东利权转让给日本的两个选择，中国代表未接受劳合·乔治所给的难题。中国外交是否失败？梁电并未明确，只说到"英法为所动"，最后的结果还未出现，相当于向国内发出一种警告。中国代表继 22 日会议之后，于 24 日向和会提出 10 天前由美国代表蓝辛倡议的五国共管方案，且加上一年内归还中国的要求。至于威尔逊，其立场尽管在 22 日有所动摇，但之后积极劝说英法日三国代表接受五国共管方案，直到 4 月 30 日在坚持无果的情况下才不得不放弃努力。4 月 30 日会议才是中国外交失败的会议，在这一天的会议上形成了《凡尔赛和约》有关山东问题的第 156、157、158 三个条款，规定德国在山东的经济利权全部由日本继承。

巴黎和会的消息传回国内需要一定时间。关于 4 月 22 日会议，陆征祥当天向政府汇报的电报，外交部 4 月 28 日才收到。梁启超 24 日发给国内的电报，国民外交协会 30 日收到，报纸登出时间是 5 月 2 日。关于 4 月 30 日会议，陆征祥当天将会议精神（陆其时不知道具体条款）向政府汇报的电报，外交部 5 月 7 日收到，国内报纸 9 日对此次会议做了报道。而和会关于山东问题的 3 个具体条款内容，陆 5 月 3 日才私下打探到并用电报向政府做了汇报，外交部大概于 12 日收到，报纸也于 12 日对这 3 个条款做了介绍。从中可以发现，外交失败消息不是指 4 月 30 日和会的决定，而是 4 月 22 日会议的讨论。从内容上看，梁电很普通，与其前面发回的电报无甚区别，都是出于对国内的警告而发，不普通之处在于报纸在刊登梁电时附有林长民撰写的社论，直接将梁电解读成外交失败消息，从而刺激北京学生走上街头。

林长民的社论，用词激昂，鼙鼓动地，用了时人熟悉的递进关系，青岛一地亡等于山东一省亡、山东一省亡等于全中国亡，引起集体大恐慌。

林在社论中惊呼:"呜呼!此非我举国之人所奔走呼号,求恢复国权,主张应请德国直接交还我国,日本无承继德国掠夺所得之权利者耶?我政府、我专使非代表我举国人民之意见,以定议于内折冲于外者耶?今果至此,则胶州亡矣!山东亡矣!国不国矣!……国亡无日,愿合我四万万众誓死图之。"①

5月3日,同时刊登梁电和林论的《晨报》却又刊登了中国外交并未失败的新闻:"昨日外交方面尚未接何种消息,大约本问题尚未至绝命之境域……山东命运,此数日间必告决定。其结果如何,我国家存亡荣悴所关,政府、国民不可不善自审者也。"②5月4日的消息更加令人可喜:"山东问题之危险,近已迫在眉睫。据昨日外交界得讯,日代表对于直接交还一节,日来主张愈力,和会空气确甚紧张,惟此事尚未完全确定,我代表仍坚持主张,竭力抗争。结果如何,则未可料云。又悉陆使艳日(二十九日)亦有电报告欧会近势,并陈草约已提出大会,有主权还复,操券可期云云。……据此电观之,似尚可有挽救希望。"③

将《晨报》5月2日、3日和4日三天的报道进行对比,突出之处在于后两天的新闻报道否定了2日的"外交失败"断言,五四事件的叙事在此链条中松动。由此需要追问的是,在中国"主权还复,操券可期"时,林长民为何把梁电解读成中国外交失败?国人为何看到梁电和林论即刻就认同外交失败论并爆发请愿示威活动?在梁电传回国内之前,中国国内到底发生了哪些事情让民众如此紧张,稍有风吹草动即成轩然大波?

中国在和会初期占据有利地位的同时,却也具有隐忧。隐忧表现在中国代表在巴黎折冲樽俎,日本驻华公使在北京进行恫吓,要求中国政府训令其代表服从日本代表的意志。尽管钱能训内阁坚持本国的利益,拒绝了日使的

---

① 林长民:《代论:外交警报敬告国民》,《晨报》1919年5月2日,第2版。此篇社论也发表在《国民公报》上,个别文字有出入,见林长民《代论:外交警报敬告国民》,《国民公报》1919年5月2日,第2版。
② 《山东问题之最后五分钟》,《晨报》1919年5月3日,第2版。
③ 《危急万分之山东问题》,《晨报》1919年5月4日,第2版。

要求，但防止"卖国贼"对日妥协和防止政府钳制巴黎和会代表行动从此成为国人的一块心病。在此心病作用下，果然4月初出现了梁启超"卖国"的传言。梁启超"卖国"一波未平，一波又起，4月底又传出顾维钧娶曹汝霖之女的谣言，加上驻日公使章宗祥不合时宜地从4月中旬由日本起程到月底抵达国内，再加上代表团内讧的消息不断从巴黎传回，国人在和会开始时的兴奋和喜悦之情渐渐散去，失望、沮丧、愤怒之情逐渐滋生。在这不断出现的不利新闻中，顾曹联姻的消息几乎粉碎了人们的信仰，被人们视为中流砥柱的顾维钧竟投靠"卖国贼"，顾曹联姻的谣言在威尔逊"背叛"的衬托下也就成了国人不能承受之轻，人们很难找到一样可以信任的东西，这才使对梁电的解读出现重大夸张，也才使一电一论能够左右众人的情绪。

因此，五四事件的叙事框架在顾使辩论获胜与外交失败消息传回之间，还需补上"日使恫吓事件"和"卖国贼"问题两大环节才能形成一个完整而又牢固的体系，才能解释梁电和林论为何有如此大的影响力。在华英美报刊在这两个环节上，或由于在经费和技术上占据上风率先进行报道，或由于拥有中国报刊所不具备的不惧日本和中国官方借助它们有意释放一些内幕的优势在报道权上率直进行揭秘。中国报刊闻风而动，迅速跟进。在华英美报刊与中国本土报刊形成前呼后应和舆论激荡的局面，为五四事件的爆发做了层层铺垫。

一 中日两国眼中的青岛问题

日本：山东是用鲜血换来的

1914年7月28日，一战正式爆发。8月15日，日本向德国发出最后通牒："兹以诚意劝告德政府实行左之二款：一为在支那海洋之德舰即日退去，否则宜解武装。二为德政府将胶州湾租借全部，以还付支那国家之目的，本年九月十五日为限，无偿还，无条件，交付于日本官家。日政府对上之劝告，限八月二十三日正午无条件应诺，否则日政府即取必要之行动。"①8月23日，日本在未收到德国政府复文的情况下向德宣战，并与英国联手于11月7日打败青岛德国守军，占领青岛。日本占领青岛后，不仅未将青岛"还付支那国家"，反而向中国政府提出了"二十一条"要求，扩大在华权利。

日本自1914年11月占领青岛至1919年1月巴黎和会召开，也没有将青岛"还付支那国家"，该如何为其未遵守诺言的行为进行辩解？日本政府从两方面着手。一是从德国把青岛"交付于日本官家"的形式上进行狡辩。如果德国是和平交付于日本，则日本"无偿还，无条件"交还给中国，但如果德国是非和平交付于日本，则日本有权向中国提出偿还的条件。1915年，日本外相加藤高明对前去讨要青岛的中国驻日公使陆宗舆训斥道："因最后通牒，德国和平地把胶州湾交给日本，和今日日本以庞大费用与牺牲许多人命由德国夺取胶州湾，其意义完全不同。贵国想以日本的劳费，由德国拿回胶州湾，天下那有这样便宜事？"② 二是从玩弄文字游戏上进行欺骗。据日本学者研究，日本对德最后通牒的日文和英文版本是有区别的。"在日文，它可以解释为要把胶州湾租借地立刻还给中国"，而日本政府在将日文通牒译成英文时，将第二条内容变成了"To deliver on a date not later than September 15th 1914 to the imperial Japanese authorities, without condition or compensation, the entire leased territory of Kiaochow with a view to eventual restoration of the same to China"。通牒英译本做了这样的变化，失去了"即时退还的意味"，将归还变成了一种"措辞"。日本政府做如此文字游戏，其本意在于"胶州湾的退还决定于占领它所消耗的血和费用的多寡"。③ 巴黎和会决定把山东利权归于日本后，原敬内阁的陆相田中义一发表讲话，

---

① 《收驻日陆公使〔宗舆〕电》（1914年8月15日），中研院近代史研究所编《中日关系史料——欧战与山东问题》（上），台北：中研院近代史研究所，1974，第50页。
② 〔日〕臼井胜美：《中日关系史（1912~1926）》，第90页。
③ 〔日〕臼井胜美：《中日关系史（1912~1926）》，第64、90页。此处英文的中译，即陆宗舆给中国政府电报中提到的日本通牒第二条。

认为青岛是日军用鲜血所换来的:"青岛是我军人以血购来的,对于已经同意的条约的履行,要以坚决的决心保护它也是我军人当然的事。这次好在政府的决心和媾和委员的努力,以及国民舆论的支援,而很顺利地获得解决,真是值得国民同庆。"①

日本把青岛看作用鲜血换来的,这在其参加和会时对继承山东利权所给的理由中也可见端倪。1918年11月,随着大战结束与和会的迫近,原敬首相多次召集负责研究和制定和会外交方针的"临时外交调查会"成员开会,围绕着和会可能出现的主题详细商讨日本应采取的具体方针与对策。关于根据什么理由要求德国转让在山东的权益问题,临时外交调查会曾颇费心机,最后决定"还是直接提出战胜国的权利作为政治依据为好"。②

日本自知尽管有"二十一条"和与英法意俄四国密约保障,但其战胜国的身份很容易败给中国的战胜国身份,若能在和会前做些手脚使中国失去参会资格或使中国不在和会上提出山东问题,则是最佳结果。然而,1918年10月30日日本处心积虑促成的五国公使劝告事件并没有使中国失去参会资格,直到陆征祥过东京时"积极赞成日本的意见",同意内田"胶州湾等山东的权益,日本作为战胜者的权利,由德国让渡以后,拟将租借地交还中国"的要求,并答应"在媾和会议将与日本合作",日本政府才转忧为喜。③

日本将青岛看作流血的产物,所以将青岛问题的解决分作两步。第一步,先从德国手里获得青岛的继承权,此时仅为日德交涉;第二步,从德国手里取得青岛处分权后,再与中国谈判归还条件,此时青岛问题从日德交涉变为中日交涉。

在1月27日上午的"十人会"上,牧野认为"日本提出的关于青岛的案件只涉及德国",他提出的主张"仅针对德国,而与中国无关",因此,

---

① 〔日〕臼井胜美:《中日关系史(1912~1926)》,第215~216页。
② 〔日〕植田捷雄主编《近代日本交史研究》,东京,1956,第385页,转引自黄尊严《日本与山东问题》,齐鲁书社,2004,第208页。
③ 〔日〕臼井胜美:《中日关系史(1912~1926)》,第200~201页。

他不愿意在中国代表面前讨论"日德关系"。① 在 1 月 28 日中日代表辩论的会议上，牧野坚持认为"日本通过武力从德国手中取得胶州，在把它交给第三方之前，有必要从德国那里获得自由处理胶州的权力"，日本现在在和会上着手的工作"就是准备向德国陈述的"，"因而胶州的转让在执行前必须征得德国的同意。在此之后当如何处理则一直是中日间讨论的问题"。② 在山东问题上，中日两国都不愿单兵相接，区别在于，中国不愿与日本私下单兵相接，因实力不足而担心两国私下交涉会失去更多；日本不愿与中国在和会上单兵相接，担心中国理由正当且会引起美国介入。

除了从流血角度拒绝归还青岛外，日本还有一些人从国际法角度来论证占领青岛的"合法性"。中日辩论发生后，日本野心暴露无遗。两国专使在巴黎针锋相对，两国民众之间也展开了论战。1919 年 2 月 8 日，《朝日新闻》登载《胶州湾问题》一文，认为青岛是割让地而非租借地，日本可以不还给中国，理由是："中国急欲收回青岛，其理由谓中德宣战以后，则中德胶州湾租界条约当然消灭云云，此说果得其正鹄耶？吾人深以不能承认为憾。夫战争影响条约效力自无待言，如交战国间所存在同盟条约、亲好条约等，因战争结果当然消灭；如通商条约、犯人引渡条约等，亦当然中止。若夫国境条约、领土割让条约、国家承认条约等，则不因战争而生影响，战后纵有改订国境、变更领土事实发生，而和约未成立以前，则此种条约仍继续有效也。然则青岛租借条约果如何乎？该约必非修好条约，又非通商条约，实与国境条约、领土割让条约性质相同，当然不因战争而生影响。盖所谓租借者，不过尊重被租借国感情，领土权移转之变态的形式耳。……则中国因参战而废弃青岛租借条约，论理上毫无成立根据，而急欲收回则尤无理由。况一九一七年之中国参战，岂能使三年前日本占领青岛之努力，悉归无效者哉？再进一步言之，则中德宣战又岂能影响及于第三者日本之一九一五年中

---

① "Secretary's Notes of a Conversation Held in M. Pichon's Room at the Quai d'Orsay"（January 27, 1919），FRUS, 1919, Vol. Ⅲ（Washington: United States Government Printing Office, 1943），p. 737.
② 金光耀、马建标选编《顾维钧演讲集》，上海辞书出版社，2006，第 13 页。

日协约者哉？"9日，东京《日日新闻》社论认为中国要求废除"二十一条"乃是忘却正当手续，"以国际法上毫无根据之理由而呼号奔走无条件之交还，是非所谓'拦舆直诉'者乎？为中国计者，今日非实行中日协约，即要求日本修改中日协约，二者必居一，舍此无他术矣"。①

由此可见，日本从德国手中夺取青岛后食言不还，其能寻找到的理由有两点。第一，从实践上看，日本是付出鲜血而不是和平地从德国人手里得到的，需要中国给予补偿。中国如何补偿日本？日本则需要保留对青岛的占有权而与中国进行谈判。第二，从法理上看，日本人认为青岛是割让地而非租借地，中国对德宣战不能废除"二十一条"的有效性，日本可以不将之归还给中国。

中国：固有的权利

青岛原名胶州，位于胶州湾南端，为胶州湾与黄海连接处，自古属于齐鲁之地，为中国领土。1897年11月，山东发生"巨野教案"，两名德国传教士在山东巨野被害。德国以此为借口迅速占领胶州湾，逼迫清政府与之谈判。1898年3月6日，中德在北京签订了《胶澳租界条约》（当时"租界"与"租借地"两个概念之间没有严格的区分），胶澳租界范围包括胶州湾四周及岛屿。1899年，德皇威廉二世下令将胶澳租界的新市区定名为"青岛"，五四运动时所指的青岛问题，是指整个胶澳租借地。中德《胶澳租界条约》第5条规定：

德国向中国所租之地，德国应许永远不转租于别国。②

这条规定保证了中国对青岛的永久主权，保证了德国将青岛转租给他国行为的无效性。

---

① 日方媒体言论均见于《异哉！日本之排华言论》，《晨报》1919年2月16日，第2版。
② 王铁崖编《中外旧约章汇编》第1册，第738~739页。

一战爆发后，日本阻止袁世凯政府参加对德战争，却乘西方列强无暇东顾之机驱走德国在山东势力，占领青岛，向中国提出"二十一条"要求。经过两个多月的25次谈判，1915年5月25日，中国被迫签字画押，计签订的条约2件，换文13件。其中《关于交还胶澳之换文》规定了青岛交还的条件：

> 日本国政府于现下之战役终结后，胶州湾租借地全然归日本国自由处分之时，于下开条件之下，将该租借地交还中国：
> 一、以胶州湾全部开放为商港；
> 二、在日本国政府指定之地区，设置日本专管租界；
> 三、如列国希望共同租界，可另行设置；
> 四、此外关于德国之营造物及财产之处分并其他之条件手续等，于实行交还之先，日本国政府与中国政府应行协定。①

中国受此奇耻大辱，上自政府，下至民众，不胜悲愤，排日运动勃然而起，教育部将"二十一条"事件作为国耻编入教科书，② 希图有朝一日收回山东利权。1917年8月14日，中国对德奥宣战。在参战宣言中，中国政府明确宣布：

> 爰自中华民国六年八月十四日上午十时起，对德国奥国宣告立于战争地位。所有以前我国与德奥两国订立之条约、合同、协约及其他国际条款、国际协议属于中德、中奥间之关系者，悉依据国际公法及惯例，一律废止。③

顾维钧在1月28日和会上提出中国收回青岛的三条法理分别是：第一，

---

① 王芸生编著《六十年来中国与日本》第6卷，第272~273页。
② 王芸生编著《六十年来中国与日本》第6卷，第283页。
③ 王芸生编著《六十年来中国与日本》第7卷，第77页。

根据中国参战宣言，"中德间所有一切约章，全数因战争地位而消灭，约章即如是而消灭，则中国本为领土之主，德国在山东所享胶州租借地暨他项权利，于法律上已经早归中国矣"；第二，中德《胶澳租界条约》明文规定，"约内既有不准转交他国之明文，德国本无转交他国之权"，德日之间的让继是非法的；第三，中日"二十一条"为"战事所发生之问题"，中国不得已而允之，属于临时性质，属于无效之条约。至于日本攻陷青岛所付出的代价，中国愿意提供经济上的补偿，但绝不会同意"割让中国天赋之权利以为酬报"。①

青岛为中国固有领土，中国对德宣战后，可将失去的领土和利权重新收回，中日之间不存在关于青岛的交涉，这也是青岛从1914年末被占领至1919年初这4年多的时间内，中国从不主动与日本谈判的法理所在。

对于日本从国际法角度论证其占领青岛的"合法性"问题，国人进行了针锋相对的反驳。当时国际法对租借地这一德人新开创于中国的新式问题的定性，有主张领土割让说、委任统治说、特别制度说几种。割让说创始于德人，日人继承德人之说，也叫嚣青岛为割让之地。胶州湾是否割让之地？国人对日人的割让说辩驳道：

（一）割让土地，须移转主权，而胶洲湾租借条约则订明主权仍归中国。

（二）割让地内居民，非变更国籍必勒令迁移，而胶洲湾租借条约，则订明华民仍可随意居住，一体保护。

（三）割让地土无归还之期，而胶洲湾租借条约则以九十九年为限。

（四）割让地自割让后，让与国不得调兵其地，而胶洲湾租借条约则只准德国可以调兵，并无限制中国调兵字样。

有此数端，则租借之非割让更彰著矣。况乎认所有权与使用权分

---

① 《收法京陆总长〔征祥〕电》（1919年2月2日），《中日关系史料——巴黎和会与山东问题》，第37~38页。

离，可以并行而不悖，为罗马法所明定，以之适用于国家之领土处分，亦何不可。故公法上之租借国使用租借地，犹之私法上赁贷者使用赁贷借地，不得因土地上使用权移转之故，而谓其土地之主权或所有权亦随意之移转也。①

《晨报》总经理刘铿看到日本言论后，以中国参战意义为切入点从法理上对日本的论调进行批驳："（一）中国对德宣战以后，已为交战国之一员，与德国之国际关系，已返于无条约之状态，从前租借地之条约，当然归于消灭。日本既无从继承转租，则对于青岛，自不能与日俄战争时，取得旅顺大连，相持并论。盖根本不同，办法自异。若必以条件附的交还，则日本为有乘机利得之心，而中国之参战为无意义，揆诸公理，未得谓平。（二）中国既为交战国之一员，则凡与中国有关之利害问题，自不能不由媾和会议共同判断之，以示大公。否则国际行为，不足为光明磊落。即利害之际，难免失于偏颇。此所以青岛问题，非于和会席上取决于众论不可。若由中日两国私相授受，则今次议和，亦未免为无意义也。以上两种理由，极为明显，不特中国人知之，即协约各邦亦无不知之，固无俟吾人再为疏解矣。"②

《胶州湾问题》在8日的《朝日新闻》上发表后，《晨报》驻东京特派员陈博生以"渊泉"为名11日从日本发回通讯，14日，《晨报》总编辑刘以芬对租借地与割让地进行剖析，也从法理上展开论证，从而说明战后日本应该把青岛归还给中国。刘以芬对日本人的观点驳斥道：

且彼主张割让说者，不外以租与国既不能行使主权于租借地域，又租借期限虽有规定，租借国往往默示一久假不归之意，因而谓租借为一种割让之变词耳。抑知不行使主权，与失却主权，其间实有区别，岂能

---

① 庐复：《异哉！所谓胶洲湾问题》，张一志编《山东问题汇刊》（下），第136~137页。
② 放园：《危急中之山东问题》，《晨报》1919年2月7日，第2版。

因租与国一时主权之不行使,遂谓租与国已对于其地根本上无有主权?至期间制限之有效与否,虽一依实力为断,然要有终止之期,与绝对不可收回者,固自有异。故以此理由而以租借与割让等视,其不足为定论也明矣。况就法理言,凡割让地域,其居民以改易国籍为原则,而租借地之居民,则仍隶属于租与国,初不闻有国籍之变更,割让地域受让者有完全处分之自由,而租借地则有种种之拘束。如胶澳条约第五款即定明德国永远不得转租与别国,此皆足以见二者之绝不相蒙也。他如中俄旅大条约第一款则云,断不侵害中国大皇帝主此地之权。中德胶澳条约第一款则谓,离胶澳海面潮平周遍一百里内,自主之权,仍全归中国。中法广湾条约第一款则曰,中国自主权无得妨碍,尤可证明各国对于租借地未尝与割让地同视。更就日本观之,当俄租旅大后,国际间颇生一问题,即第三国人于租借地内应否享有其原有之领事裁判权是也,彼时日本所主张者,则以司法主权之要素,不能因租借而移转,中俄约中,中国既明白保留其主权,则司法权之行使,自应仍属中国。又谓日本对于中国以条约所得之权利,决不能因中国与第三国另结条约之故,致受损害。是日本当日明认中国对于租借地上未尝失却主权。换言之,即明认租借非割让也。而日人今井嘉幸于所著之《外国裁判权与中国领土》书中论及此事,亦云以租借解为非领土之割让,则日本所主张者,衡于理论,实为正确,故无论租借与割让实为两事,租借条约与割让条约实为二物,无可致疑。即令果有辩论之余地,而日本亦不应为是之主张,何者?往例具在,断不能以今日有利于己之故而忽加变更也。综上所述,该论文中之前提,既已蹈于错误,则其所谓青岛租借条约不归废弃之结论,根本上当然不能成立。于是而吾代表顾君之说,固自屹然而不可动矣。①

刘以芬从主权行使、归还期限、国籍变更、租借实例几个方面从法理上

---

① 以芬:《为青岛问题对于东报之商榷》,《晨报》1919 年 2 月 14 日,第 2 版。

多角度论证了青岛为租借地而非割让地，日本割让之说为无稽之论。国民外交协会对日本论调的否定也带有一种法理性质。"（一）中德宣战后，德在山东一切权利，应直接归还中国。（二）欧战期内凡各国所结密约关于处分中国土地权利者，擅视中国为专卖品，中国人民誓不承认。（三）欧战后，中日所订各约及各合同，皆由日本用武力阴谋强迫，应全取消。"①

总之，在青岛归还问题上，日本的如意算盘是以流血牺牲为借口，要求以战胜国的身份直接从德国人手里继承利权，不与中国交涉，在取得山东处分权后再与中国私下谈判，以强权压迫中国出让更多的利权。中国则以战胜国身份、国际法理、日本承诺以及威尔逊主义倡导的"民族自决"为原则，要求不经过日本，而是直接从德国手里收回自己固有的利权。中国的主张获得了美国代表团的支持，国务卿蓝辛认为"中国对德宣战结果，中德间之一切条约及协定均归无效"。② 中国代表团在正义的激励下，在美国的支持下，在巴黎放手一搏，获得了良好的效果。然而中国代表知道，国内亲日势力严重，日本在巴黎失去的一定会想法从北京得到。不出顾维钧等人所料，驻日公使果然向北京政府施压了。

二 在华英美报刊与"日使恫吓事件"

小幡酉吉

1918 年 9 月 29 日，日本首相寺内正毅因"米骚动"事件倒台，继任者为原敬。不久，日本驻华公使也发生更迭，由小幡酉吉代替林权助。在一战即将结束、和会马上召开之际更换驻华公使，意味着日本对华政策有重大改变，这自然引起了中外报刊的极大兴趣。

小幡的经历首先成为中国报刊的报道内容。

---

① 《国民对于外交之声援》，《晨报》1919 年 2 月 7 日，第 2 版。
② 《美国国务卿蓝辛关于巴黎和会议决山东问题情况的记录》，《外交公报》第 2 期，1921 年 8 月，"译丛"。

小幡氏现年四十五岁，日本石川县金泽市人。明治三十年东京帝国大学法科毕业，翌年在警察厅办事，同年领事试验合格后任候补领事派驻天津领事。三十二年四月转任新嘉坡，翌年转任奥国，三十四年转任英国。三十八年擢任驻华公使馆三等秘书官，同年八月升任烟台领事。四十年转任天津领事，四十二年升任天津总领事。民国三年五月升任驻华公使馆一等秘书，五年二月升任驻华公使馆参事官，同年十一月转任日本外交部政务司司长。本年十月二十九日擢任驻华公使。①

明治30年为1897年，此年小幡自法科专业毕业后，迅速转入外交领域工作，担任驻华公使前，大部分时间在中国各地领事馆任职。

小幡对华态度，是中国报刊特别关心之事。11月27日《申报》转登了15日东京《时事新报》发表的小幡关于对华方针的意见：

一、尊重中国主权　由来中日之间一交涉起，日人往往有藐视中国之态，是徽独有害中国人之感情，且于中日亲善、东洋平和等大目的障隔殊多，此后无论有何事故，双方皆宜保持冷静之态度，详察其事之内容，经过一切，是则是，非则非。苟我国而理直气壮，俯仰无愧，国人宜万众一心，以期此事之必成。设反之而中国人为有理，亦宜虚忠坦怀，示以公道，以尊重中国之主张是非。独于有事之秋宜然，即在平日彼此交际之间，亦宜以公平正大之态对之。要之，中国主权不可不尊重。凡有交涉，不可不勉以对等国之礼遇待之也。

二、日本当与列国行动一致　中国于第三国之利害关系非常错杂，此事我日本最宜留意之。苟不悖于右述之对华根本观念者，宜尊重第三国及其国人之已得权。凡借款及一切问题，概当据右述之趣旨与列国一致行动之。

---

① 《小幡公使之略历》，《晨报》1918年12月22日，第3版。

三、希望中国之统一 中国之统一除中国自己外，惟我日本为关系最切，故希望之而促成之，于理似无不合。但促之而热心过度，即不免有干涉其内政之行为，或类似干涉之行为，此不可不留意回避，以免瓜田李下之嫌。要之，中国之统一当任中国人自己图之，非吾人所得而效力，此即所以尊重中国之主权也。苟轻忽从事而冒昧干涉，匪徒无济于事，且亦非中国人所希望，是可断言。如是而天佑中国，南北果一旦融合，是固为中国人之福，我日人亦欣忭无似者也。苟其不然，亦无可如何之事，惟有听之而已。

以上云云即余所夙持之对华根本意见是也。此后，一举一动要当持此为标准，以期无忝我责任而已矣。①

对于小幡的到来，中国报刊几乎持欢迎态度。《申报》认为小幡代替林权助并非意外，因小幡反对前内阁的西原借款，不惜与大藏大臣胜田主计发生冲突，而现在原内阁对中国采取不干涉方针，所以"小幡于此职可谓人地相宜之至"。② 更因小幡"唱道正义"和"排斥所谓秘密外交"，对华意见又"从来稳健"，上次人事更迭，"亦足深庆得人也"。③《晨报》报道："小幡氏温厚笃实，沉默寡言，在华日久，熟悉中国情形。氏之阅历虽未独当一面，发挥其手腕而办事稳练，日人久赞为外交界之后进人材。且氏素唱正义外交之说，则今兹来华必能一洗从前秘密外交之恶习，此吾人所以极表欢迎者也。"④

然而，与中国报刊公开的一片赞歌不同的是，在华英美报刊对小幡的到来非常警惕。中国报刊没有一家提及小幡在"二十一条"谈判时的表现，而在华英美报刊则对此紧抓不放。《密勒氏评论报》在社论中对小幡来华进行了长篇评论：

---

① 《新日使之对华意见》，《申报》1918年11月27日，第6版。
② 《日本新任驻华公使小幡西吉》，《申报》1918年11月1日，第6版。
③ 心危：《东京通信：小幡日使评》（10月30日），《申报》1918年11月6日，第3版。
④ 《日本驻华公使更迭详情》，《晨报》1919年12月1日，增刊"最近中外大事记"，第3版。

小幡酉吉被东京任命为驻华公使,他在中国受到的反对情绪在全国各地的中国人和外国人中普遍延续着,因为他在1915年犯了不小的错误。据了解,所有在北京的盟国公使馆都认为这一任命是日本政府这边可能犯下的最大错误。毕竟他们现在得出的结论是原敬内阁不比寺内内阁好到哪里去,日本新首相说他的国家将会在很大程度上公正对华,且不允许他的官员向中国榨取更多让步的宣言,结果可能仅仅是一种伪装,否则他不会让小幡代表日本去中国。小幡的名字会让人产生非常不愉快的联想,它与向已故总统袁世凯直接提出"二十一条"要求的联想密切相连,尽管日本多次慷慨断言对中华民国表示友好,但是"二十一条"要求泄露了日本对华非凡的领土野心。许多人还记得就是小幡,那时日本使馆的参赞,向在中国首都各国外交公使保证只是提出十一条,并且指责德国是诽谤日本政府善意的始作俑者。他特别否认了第五号提出的实际上将中国主权移交给日本保管的要求。直到5月17日,日本政府宣布了其官方版本的"二十一条"要求和导致最后通牒的谈判,小幡才停止歪曲事实。

自从收到新的有关小幡被任命为日本在华官方代表的消息,若干北京、上海、天津、汉口和其他地方的中国报刊一直在要求他们的政府坦率地告诉东京,小幡是一个不受欢迎的人,并且拒绝承认他为日本驻华公使。他们提出中国有权接受和拒绝外国官方代表,这是国际法所认可的。如果不能阻止小幡先生来华,他将给中国带来某些进一步被征服的计划。那时,鉴于他在上次活动中的"成功",他将可能向在处理外交事务上经验少于袁世凯的徐世昌总统提出"四十二条"要求。不管怎样,中国民众视这项任命为极大警报,引用中国报刊的话,毫无顾忌地批评他是"一个披着外交服装的怪物,准备扑向中国,扼住她的喉咙,让其窒息而死"。在华外国人沉溺于对小幡新使命的各种猜测中。日本首相自然被严厉谴责选择声名狼藉的"二十一条"谈判人为这一公使职务。一位中国高层官员相信日本政府打算用这个专横的外交官来阻止中国向和会提出由日本强加给中国的冤情,或者来收买一些无原则的中国官员服从他的命令,因为他充分了解这些官员。

路透社远东分社北京通讯员为了测试对小幡驻华公使任命的舆情,采访了若干杰出的人物,从他们的谈话中得出这样的结论:舆论一致认为这些评论恰如其分地描述了不仅是中国人而且也是外国人的意见,这一任命使人想起一件事情,这件事在所有慈善活动中被完全忘记,它容易破坏我们的信仰——仍然为生存而斗争的信仰——原敬政府代表比它的前任对待中国人和在华外国人的利益更宽广、更明智、更民主的态度,最终这项任命让日本最好的朋友感到沮丧,在那些不怎么友好人的心目中它代表着基于"二十一条"要求的挑战。路透社通讯员代表着英国的观点,因为这个原因,他的评论被饶有兴趣地阅读。①

《密勒氏评论报》在评论中所言中国报刊对小幡新任命的反对之声,笔者未曾查到。在中国报刊的报道中,小幡倡导正义,反对秘密外交,但在在华英美报刊的报道中,小幡欺骗协约国公使,从事秘密外交。在中国报刊报道中,小幡任驻华公使是"相宜之至",中国对其"极表欢迎",但在在华英美报刊看来,这是日本政府犯下的"不小的错误",有可能给中国带来双部于"二十一条"的伤害。"二十一条"谈判时,小幡为日方代表之一,中国人对"二十一条"谈判过程不可能忘记,然而中国报刊对小幡还是进行了正面报道。小幡上任不到两个月,就将中国人的美好愿望击得粉碎,《密勒氏评论报》的预言不幸言中,"二十一条"谈判时的威逼恫吓手法重新上演。

"日使恫吓事件"

1月28日,中日代表在巴黎为山东问题大起争执,中方代表的行为出乎日本的预料,使日本处于尴尬难堪之中。会议结束时,威尔逊总统询问日本代表是否愿意将中日之间的各种密约提交大会,牧野表示需请示政府。英

---

① "Editorial Paragraph," *Millard's Review of the Far East*, Vol. 6, No. 11, November 16, 1918, pp. 427 – 428.

美法三国代表以同样的问题询问中国代表，顾维钧回答中国并无反对交出之意。① 争执之后，中国代表团担心日本会从中国政府身上寻找突破口，便主动寻求美国的帮助，向国务卿蓝辛表示他们最大的担心是"日本人会企图恫吓北京政府，劝告北京政府否认顾博士在这里的代表地位"。② 中国代表团的担心很快得到了证实。31日，正值中国农历除夕，小幡当天晚上打电话要求会见代理外长职务的处于休假之中的外交次长陈箓，遭到拒绝后，又强硬约定2月2日（正月初二）下午3点半访问外交部。

到了2日下午3点半，小幡携参赞西田与陈箓相见，中方参加会见的还有外交部参事施履本。因为这场谈话在传播过程中被添加了许多传言，为了弄清事件的本来面目，兹将双方谈话全部内容录之如下：

> 小幡云：一月二十八日巴黎凡尔赛会议德国殖民地问题，贵国代表顾维钧、王正廷两氏带同一随员出席，顾氏谓关于胶州湾及胶济铁路并其他山东各利权问题，中国有应陈述之意见，于是甚有议论。乃顾氏在会议席上并未与日本代表接洽，遽告各国新闻记者，谓：关于山东之各项问题，中日两方面所订之秘密文件，无论何时，可以发表。查外交惯例，两国所订之秘密文件，如须发表，必须得两方面之同意，顾氏此举，是漠视日本之体面，且违反外交之惯例。兹奉本国政府之训令，嘱唤起贵国政府之注意，一面并请以此意电知贵国代表。
>
> 次长云：本部所得电报，亦知二十八日会议席上顾、王两氏与贵国珍田、松井两氏颇有辩论，当经呈明大总统。大总统注重两国邦交，已嘱外交部电令该代表等勿得过于激烈。今贵使既来提及此事，本国政府当更注意。
>
> 小幡云：日本政府并非不愿发表前项文书，无论何时，但得两国政府同意，均可发表。今顾氏并未得日本方面之同意，竟向新闻记者言明

---

① 《法京陆专使电》（1919年1月28日），《秘笈录存》，第72~73页。
② Arthur S. Link, ed., "From Robert Lansing" (February 4, 1919), PWW, Vol. 54 (Princeton: Princeton University Press, 1986), p. 474.

可以发表，日本政府殊不愉快，且于外交惯例不符。

次长云：该代表等所来电报，并未提及向新闻记者言及发表何项文件之事，本国政府亦未训令两代表等言及此事，且陆总长最看重我两国邦交，深信不至如此操切。

小幡云：本公使得巴黎会议之电报及本国政府之训令，谓此事之详细情形，系一月二十七日为德国殖民地问题开预备会议，顾维钧、王正廷两氏出席，顾谓此项会议须使中国有发言之机会。嗣于二十八日正式会议，顾氏向美总统、法总理声请发言。顾氏所主张之理由，谓日英合力攻取青岛，深表谢意，惟民国四年之中日条约，并非中国之自由意思所订定，应请将胶州湾、胶济铁路及山东各利权直接交还中国。抑知民国七年九月二十四日中日约定关于合办胶济铁路及该铁路之延长，何尝非出中国之自由意思，且胶州湾之还付中国，为日本已定之方针，且陆总长过日本时，内田外相亦曾与之接洽。乃顾氏欲假外国之势力以抑压日本，殊予日本以不快之感。且又未与日本代表接洽，任言可以发表秘密文件，殊属漠视日本之关系。

次长云：中国政府并无定须发表前项文件之意，因如欲发表则早已发表矣，何必待至今日？惟闻二十八日会议席上美总统及法总理曾询问中国代表是否可以发表前项秘密文件，中国代表谓中国方面并不反对发表。彼时日本代表颇不赞成发表，谓须请示政府云云。

小幡云：当是日会议终了之时，顾氏忽向新闻记者言及此事，日本牧野代表以将散会，未及发表意见，因言此事之辩论，拟保留至下次会议之期。总之，中国代表欲假借外国之势力以抑压日本，无论日本能否受此抑压，而中国代表所恃之英国势力，已不可靠。该国之爱尔兰，现已独立，改为共和国，且尚有多数人之罢工矣。况日本亦有相当之体面，不能不极力维持。日本舆论之态度，较前已形变更，且事事为好意的考量，不料中国代表竟有如此之态度。

次长云：日前将会议情形报告大总统时，大总统尚不知会议之详情，即言中日两国邦交素笃，万不可因此次之会议伤及两国之感情。足见大总统甚注重两国之邦交。

　　小幡云：闻贵代理总长之言，极为满足，容即电达本国政府。惟本国政府仍希望贵国政府以本国政府训令之意，电达贵国代表。

　　次长云：容向国务会议讨论，再行奉复。①

　　小幡在谈话中歪曲事实，把顾同意发表密约的被动行为说成是主动行为，将顾诉说对象从大国代表变为新闻记者，加重日本眼中的中国方面对中日关系的破坏性。小幡的谈话内容可概括为四点：一是陆征祥食言，中国代表发言未经日本同意，给日本造成不快之感；二是中国代表欲借英国势力压制日本，但英国因内部问题已变得不可靠；三是其奉日本政府之训令，要求中国政府训令中国代表在涉及中日关系的问题上要与日本代表协商，服从日本意志；四是日本有相当之体面，中国及其代表若不改变方针，日本可能采取极端手段。其中，第一点与第三点暴露了日本对中国极端貌视的立场。早在1915年，日本外相加藤就对中国驻日公使陆宗舆训斥过："贵国说想参加媾和会议，这是荒谬绝伦，贵国到底向那一国宣了战？不战而欲参加媾和会议，究竟是什么意思？真是滑稽透顶。"一国政府与另一国政府代表以这样的口吻说话，连日本学者都觉得"这种说法实在太目中无人了，但这正表达了日本的意图"。② 日本的意图就是占领青岛不还和代表中国出席媾和会议。第二点和第四点，日使恐吓中国政府对抗日本无外援可依，而日本为维持体面不排除动用武力的可能性。日本驻华公使小幡酉吉2月2日对中国外交部的这次访问被称为"日使恫吓事件"，它与中外报刊披露的情节有很大出入。

　　陈箓与小幡会晤一结束，就去会见美国驻华公使芮恩施，芮恩施将他们的谈话内容在凌晨1点向华盛顿做了汇报。

---

① 《收次长会议日本小幡公使问答》（1919年2月5日），《中日关系史料——巴黎和会与山东问题》，第39~41页。
② 〔日〕臼井胜美：《中日关系史（1912~1926）》，第90~91页。

绝密。今天日使与中国代理外长会晤结束不久，我与代理外长有一场谈话。日使表示抗议，宣言其政府对顾公使所言中国政府并不反对公布密约的声明非常不满，告诫首先不经过日本政府的准许，中日密约就不可公开。日使然后质疑中国准备求援的国家，英国已被其内部困难弄得手忙脚乱，而日本五十万吨海军舰艇和一百万军队正在枕戈待命。他还提到日本军事贷款未付部分的问题，这表明虽然参战处的名字改成了国防处，但中国政府特别有必要继续使用原名来动用这笔贷款。因为中国政府无法寻求外国军事保护，也因为控制内阁的武人党觉得需要继续依赖日本的财政支持，因此上面所说的两件事是不会错的。

日使询问中国政府是否想公布9月24日协议。这个协议与山东铁路相关，它承认日本对德国在山东利权的继承。它由铁路总长曹谈判，驻东京公使签字，但从来没有被批准。①

在芮恩施的汇报中，除日本对顾维钧发言不满、中国代表发言需与日本代表接洽及英国不能向中国提供帮助这三处与中方档案记载相同外，还多了两处中方档案所没有的内容，即小幡提到的两种情况：日本50万吨海军力量和100万陆军力量、日本军事贷款。其中，最主要的是小幡以日本海陆军武力进行恫吓，这在巴黎和平会议期间是十分耸人听闻的。

据查阅过小幡与外务省电报往来相关日文资料的台湾学者应俊豪的考证，"日本五十万吨海军舰艇和一百万军队正在枕戈待命"的文字在日文档案中付之阙如。② 日本学者臼井胜美在对民国初期中日关系的研究中，对那个时期日本高层人士的做法多有批评，但认为小幡不可能如此赤裸裸地恫吓。③ 在中美日三国外交档案中只有美国档案有关于日本军力的记载。小

---

① Arthur S. Link, ed., "From Frank Lyon Polk" (February 4, 1919), *PWW*, Vol. 54, pp. 474–475.
② 应俊豪：《公众舆论与北洋外交——以巴黎和会山东问题为中心的研究》，台北：台湾政治大学历史系，2001，第174~180页。
③ 〔日〕臼井胜美：《中日关系史（1912~1926）》，第202~203页。

幡有没有做出这样的恫吓？如果有，为何中日两国档案都没有记录？如果没有，到底是陈箓添油加醋，还是芮恩施无中生有？据目前的资料来看，难有确凿答案。不过，陈箓与芮恩施的谈话，有芮恩施向政府汇报的电报，中方却没有档案记录。鉴于陈箓与法国公使柏卜（Auguste Boppe）、英国驻华公使朱尔典（John N. Jordan）的谈话记录存于外交部档案中，①陈箓与小幡的谈话也留有记录，唯缺陈箓与芮恩施的谈话记录，这里面充满了蹊跷。由此可见，日本武力威胁之言出于陈箓之口的可能性最大。然而，小幡有没有进行过这样的威胁并不重要，因为小幡2月2日的访问对中国的威胁恫吓确实存在。

春节期间，中国报刊全部放假。《晨报》休刊时间在2月1日至6日，《大公报》休刊时间在1月29日至2月5日，北京《益世报》休刊时间在1月31日至2月5日，《申报》休刊时间在1月28日至2月3日。然而，在华英美报刊与小幡一样，在中国新年期间不休假。

2月3日，也就是芮恩施向华盛顿发电的当天，在华英美报刊铺天盖地地报道了小幡对陈箓进行访问的新闻，拉开了"日使恫吓事件"的序幕。《华北明星报》报道：

> 阴历方贺新年，日本外交忽形活动。日使馆得东京外交部之后助，竟向中国政府施其逼压手段，务使巴黎和平会中之顾、王两氏闭口吞声而后已矣。其逼压详情，外间不得而知，正与昔年提出"二十一条件"威禁中国泄漏之事相类，惟外人所传日本已向中国声明只有是否两法。是，则允其要求，即谕在巴黎之中国代表完全听日本代表指引。否，则将援并高丽之先例，永远占领胶州及山东全省以为自保岛国之计。闻日人竟以兵力相恫喝，甚谓中国如不禁止顾、王两人阻碍日本之行动，日

---

① 《收法柏使会晤次长问答》（1919年2月10日），《中日关系史料——巴黎和会与山东问题》，第44~45页；《收次长会晤英朱使问答》（1919年2月11日），《中日关系史料——巴黎和会与山东问题》，第46页。

本将以武力干涉云云。①

在《华北明星报》的报道中，小幡"竟以兵力相恫喝"，但未出现芮恩施电报中兵力的具体数据。同一天，《字林西报》报道：

> 日人欲约束中国和使之谋昨日又进一步，驻京日使小幡氏昨晤代理外交总长，告以如中国于欧洲和会事愿尊重日本志愿，则去年九月间段祺瑞为参战处缔结日人借款二千万元合同中迄未缴付之款一千七百万元可以照缴，如中国不欲承认，此项借款合同则中国将已付之款三百万元交还日本，即可取销合同云云。中国财库空虚，政府筹款无着，故日使此举显为微妙。小幡氏又谓英国方有内乱，对于中国未能援助而日本则近在咫尺，且有精锐未用之海陆军。总长敷衍答复，谓此事将提交国务会议。②

《字林西报》的报道比《华北明星报》具体许多，不仅有英国内乱的消息，而且对参战借款的使用情况讲得非常精确，但是对日本海陆军力量的报道未有具体的信息。在这一天，《大陆报》的通讯记者向总部发回了通讯稿：

> （来自我们自己的通讯员）北京，2月3日　日使小幡氏昨访外交陈代长，晚间始见之，即陈述口头要求，并问中政府愿否批准去年九月二十四日段祺瑞、曹汝霖辈与日本所立之合同。该合同载明日本借款二千万元供参战处经费，而德国前在中国之利益概由日本继承之。闻小幡氏见陈代表后，先告以中国在战局中对于日本之义务，继言中国代表在和会所行方针大不利于日本，日政府深以为痛，旋请中政府谕令巴黎代

---

① W. S. R., "Japan Tries to Force China's Hand," *North China Star*, February 3, 1919, p. 1. 译文采自《各通讯社消息之一》，北京《益世报》1919年2月6日，第3版。
② 《中日新交涉之外讯》，《申报》1919年2月6日，第6版。

表改变态度,与日本协谋进行。其所谓协谋者,实则置中国于日本保护之下也。小幡氏又讽示,苟不如是,日本将不得已而有武力表示之意,谓各国之能友中国者,莫日本,若他国相距甚远,日本则近在咫尺,有陆军百万人,海军五十万吨。此种谈论所以表明日本能友中国之性质者,实为恫吓之词。又小幡氏询问中政府对于参战处借款合同作何办法一层,亦含有恫吓之意。①

在三家外报中,只有《大陆报》的通讯出现了日本军事力量的具体数字,而且《大陆报》的报道从内容到精神与芮恩施的电报最接近。个中原因也许是芮恩施要选择自己最信任的报人泄露消息,以舆论来迫使日本退缩。

2月4日,"日使恫吓事件"继续发酵。这一天《字林西报》、《密勒氏评论报》、《大陆报》、《华北明星报》、美联社、路透社就"日使恫吓事件"联合采访小幡。5日,《字林西报》《大陆报》使用路透社的通稿对这次采访进行了报道,但所拟标题不同。这次采访的重点有三。一是小幡访问中国外交部,是否得到东京的训令?小幡答称:"未接东京训令,亦不知东京政府曾否因此事向中国公使交涉",而是接巴黎日本代表团来电。二是中国欲宣布中日密约,而日本不让宣布,将会如何?小幡回答:"日本并不反对文件之发表,所当讨论者,不过为手续之问题耳。"并表示"并未有中国应担保不披露密约,否则采行军事计划之恫吓言论"。三是如果中国不训令巴黎代表改变立场,对日本要求置之不理,日本会不会惩罚中国?小幡答曰:"不然。中国如不见从,则亦无可如之何也。"②

4日,《申报》休刊结束,为新年上班第一天,登载的新闻为中日两国代表在巴黎和会上的辩论,没有"日使恫吓事件"消息。5日,《申报》登

---

① "Peking Believes Japanese Threat Doomed to Fall," *The China Press*, February 7, 1919, pp. 1, 4. 译文采自《中日新交涉之续闻》,《申报》1919年2月8日,第6版。

② "Obata in Interview Denies Using Threat; Only Friendly Visit," *The China Press*, February 5, 1919, p. 2; "Mr. Obata Denials," *The North-China Daily News*, February 5, 1919, p. 6.

载了两条有关小幡访问陈箓的非常简单的新闻,并翻译了《字林西报》的一小段报道。在翻译过程中,《申报》将《字林西报》中的《支持在巴黎的中国人》收录在《西报之中国时局杂讯》中,"从可恃方面探悉,日人于最近二日内以压力施诸中政府,逼其否认王正廷、顾维钧两代表在和会之行动。盖以王顾二使之活动,大为日本之妨害,且列强之前置日本于虚伪之光中也。中国方以为其代表地位坚固为喜,今则转以为忧。如王顾两使继续为中国发言,不先商诸日本,则可悲之事或将发生"。① 6日,《申报》用了两栏的篇幅大量翻译了《字林西报》3日与4日的报道及社论。② 6日,结束休刊的北京《益世报》在开工第一天即译载了《华北明星报》2月3日有关"日使恫吓事件"的新闻和2月5日外报记者联访小幡的报道,猛烈抨击小幡对中国代表发言权的干涉,责问小幡"能干涉我之发言权乎?"直言"使臣失词,其政府应加以惩戒"。③

令中国民众惊讶的是,署名"一位亚洲的民主主义者"(An Asiatic Democrat)的日本人向《字林西报》投函,认为美国是中国"装模作样的朋友",威尔逊在提倡国际主义和世界民主时,"他没有提到亚洲国家的人",在西方对东方的偏见还没有放弃之时,"对中国来说,相信她的邻居和接受邻居的合作是非常重要的",中国最安全的做法是"与日本的账一劳永逸地算清,共同推动基于佛教和儒家精神教义的真正文明",一战之后世界迎来了和平,中国和日本这两个东方最伟大的国家的精神联盟"将使世界和平永存"。④ 这封呼吁中国对日本"信任与合作"的信函于2月1日刊登在《字林西报》上,第二天竟然发生了"日使恫吓事件",致使部分国人不敢相信自己的眼睛,怀疑"传闻之失实乎?"⑤

---

① "Stand by Chinese in Paris," *The North-China Daily News*, February 4, p. 7. 译文采自《西报之中国时局杂讯》,《申报》1919年2月5日,第6版。
② 《中日新交涉之外讯》,《申报》1919年2月6日,第6~7版。
③ 郁青:《日使能干涉我之发言权乎》,北京《益世报》1919年2月6日,第2版。
④ "China and Japan— Plea for Trust and Cooperation," *The North-China Daily News*, February 1, 1919, p. 8.
⑤ 郁青:《日使能干涉我之发言权乎》,北京《益世报》1919年2月6日,第2版。

自 2 月 6 日开始，在华英美报刊对"日使恫吓事件"为中国抱不平，将报道集中在中国人对小幡恫吓的反应与中国人应该如何反应上。

这一天，《大陆报》先列举日本夺取青岛、提出"二十一条"、侵略东三省、阻止中国参战、在山东设民政署等十大罪状，然后指出现在中国代表须得日本代表同意才能发言，那么"中国尚有国家之形影耶？"万一中国成了日本的"属国"，其后果必将是"则将造成一种新巴尔干之局势"，是使中国成为"亚洲大陆半成外交阴谋商务竞争之舞台矣"。因此世界欲想和平，关键在于"中国之领土完全与独立自主，不受日本或他强国之羁绊"。欲达此目的，《大陆报》强调世界列强必须帮助中国，"苟列强之会集巴黎者，不自由审查关系中国一切问题，则中国决不能获此种独立自主之权，苟举世非完全否认（非由中国否认）小幡氏之要求，则此项审查又决不为能也"。①

同天，有关"日使恫吓事件"的文章几乎占了《华北明星报》头版的一半篇幅。其中，《中国坚持己见》一文报道了中国政府对此事的看法：

> 各方面的调查显示，中国政府并未被小幡先生的轻率之举所吓倒。尽管曹汝霖先生施加的压力很大，但内阁仅仅是什么也不做，没有给巴黎中国代表发布命令，实际上对这件事毫不在意。据说总统决定坚持己见，不被直接或间接的恫吓吓倒。总统这边和内阁那边的态度都被普遍认可。②

在另一篇报道《惊讶是意见的基调》中，《华北明星报》评论中国政府对小幡恫吓的反应"初虽震愕，今已镇静"，赞成中国对日本采取强硬立场，这样做对中国而言，比采取妥协立场不会失去更多的东西，"无论如

---

① "Japan's New Demands," *The China Press*, February 6, 1919, p.6. 译文采自《美报对于中日问题之公论》，《晨报》1919 年 2 月 9 日，第 3 版。
② W. S. R., "China Stands Pat," *North China Star*, February 6, 1919, p.1.

何，结果必无二致，盖事有不可掩者"。①

7日，《字林西报》报道徐世昌与段祺瑞对参战借款合同的分歧，"今段祺瑞之势力将诱国务院吞日人允续缴一千七百万元之饵，但总统诸人今尚反对此举"。② 同日，《大陆报》的报道注意到钱能训内阁的态度，"今日陈箓将日使来访之详情呈报钱总理，闻钱声色不动，处之泰然，并不惶惶然立即召集紧要阁议，足见钱总理尚未为虚声所吓倒而乱其步趋，此亦好消息也"。对于据说小幡以参战合同 2000 万元借款压迫中国之事，《大陆报》分析："今国务院苟不直接承认此合同之存在，即当声明不知有此合同，二者之间必有其一。使中政府而不愚昧，则当始终绝对否认此合同，果毅然行之，则日本关于此事之地位将完全倾覆矣。"并且中国在对待参战合同上，"尽可放胆进行，一面完全拒却，一面详告英美使署，如是，则大局即可保全矣"。③

8日，《字林西报》在顾维钧宣言中国愿意公开中日密约导致发生"日使恫吓事件"的原因之外，又报道另外一个原因。顾维钧在 1 月 28 日发言结束时，"和会各代表贺之，趋前而与顾使握手焉"，造成了"利于中国之空气"，而这"固非日本所愿也"，于是日本为了谋取"恢复声望之道"，利用中国财政"奇绌"，"政府亟于需款之机"，训令小幡向中国提出抗议和威吓，阻止"中国代表仍进行其不利于日本之独立步趋"。可喜的是，"华人一闻此消息，南北异见暂时抛弃，除黩武派外，莫不恳请政府坚持勿让焉"。④

在华英美报刊对"日使恫吓事件"穷追不舍，到 2 月 16 日仍在长篇大论地进行报道，中国报刊对这些报道即时翻译并登载于报，使"日使恫吓

---

① "Astonishment is Key-Note of Opinion," *North China Star*, February 6, 1919, p. 1. 译文采自《中日新交涉之续闻》，《申报》1919 年 2 月 8 日，第 6 版。
② "The Japanese Bait," *The North-China Daily News*, February 7, 1919, p. 7. 译文采自《中日新交涉之续闻》，《申报》1919 年 2 月 8 日，第 6 版。
③ "Peking Believes Japanese Threat Doomed to Fall," *The China Press*, February 7, 1919, p. 4. 译文采自《中日新交涉之续闻》，《申报》1919 年 2 月 8 日，第 6 版。
④ "Japan's Drastic Action," *The North-China Daily News*, February 8, 1919, p. 7. 译文采自《中日新交涉之各外讯》，《申报》1919 年 2 月 9 日，第 6 版。

事件"成为1919年春节期间中国最突出、最具有轰动性和最吸引人的新闻。笔者将所搜集到的在华英美报刊对此事的报道做一统计（见表6-1），附以中国报刊的译载情况，更有利于看清当时在华英美报刊的报道与中国报刊呼应之间的关系。其中，NCDN代表《字林西报》（*The North-China Daily News*），CP代表《大陆报》（*The China Press*），NCS代表《华北明星报》（*North China Star*），MR代表《密勒氏评论报》（*Millard's Review of the Far East*）。需要说明的是，在合并的单元格项目中，若不同的英文标题对应同一篇中文的，那么这样的英文稿件为路透社通稿，不同的在华英美报刊在报道时加上不同的新闻标题；而同一英文标题对应不同中文的，是同一英文稿件被不同的中国报刊翻译，或同一家中国报刊做了不同的翻译。

表6-1　1919年2月在华英美报刊与中国报刊在"日使恫吓事件"中的报道与互动

日期	外报	报道标题	日期	华报	报道标题
3日	NCS	Japan Tries to Force China's Hand	6日	益世报	各通讯社消息之一
4日	NCDN	Stand by Chinese in Paris	5日	申报	西报之中国时局杂讯
5日	CP	Obata in Interview Denies Using Threat	6日	申报	中日新交涉之外讯
	NCDN	Mr. Obata's Denials			
5日	NCS	Obata Interviewed by Press Categorically Denies Rumors	6日	益世报	各通讯社消息之一
5日	NCS	China-Japan Clash Arouses Interest	8日	申报	巴黎和会之中国消息
5日	NCS	Return of Kiaochow Probably by Congress	9日	申报	中日新交涉之各外讯
6日	CP	Japan's New Demands	8日	晨报	中日问题之反响
			9日	晨报	美报对于中日问题之公论
6日	NCS	Astonishment is Key-Note of Opinion	8日	申报	中日新交涉之续闻
7日	NCDN	The Japanese Bait	8日	申报	中日新交涉之续闻
7日	CP	Peking Believes Japanese Threat Doomed to Fall	8日	申报	中日新交涉之续闻
7日	NCDN	China's Appeal for Justice			
7日	CP	Incident in Paris That Gave Rise to Japanese Demands			
8日	MR	Editorial Paragraph			
8日	CP	Ownership of Tsingtau to be Decided by League	9日	申报	中日新交涉之各外讯

续表

日期	外报	报道标题	日期	华报	报道标题
8日	NCDN	Japan's Drastic Action	9日	申报	中日新交涉之各外讯
8日	NCDN	Peking Press Difficulties	11日	申报	中日新交涉之进行
9日	CP	Foreign Minister Reveals Details of Obata's Visit	10日	申报	日本新要求之外讯
13日	NCDN	The Japanese Demand	14日	申报	中日新交涉之移转
15日	DCDN	The Imbroglio in Peking	16日	申报	中日新交涉之外报观察
			19日	晨报	英报对于中日交涉之愤言
15日	NCS	World is Ready to Support China	18日	申报	各通讯社电
15日	MR	Can Japan Successfully Gag China at the European Conference			
16日	CP	Japan is Threatening War if China Makes Secret Treaties Public			

通观"日使恫吓事件"的整个报道过程，在华英美报刊率先报道，其主要原因不是因为中国报刊处于休刊之中而让外报占了先机，而是因为在华英美报刊的特权，日本和恐日的中国政府对其揭秘日本对华阴谋无可奈何。如果不是有在华英美报刊的揭秘和报道，仅凭中国报刊的努力，不是无从得到相关信息，就是打探到消息也不能报道，"日使恫吓事件"就不可能大白于天下。在"日使恫吓事件"的报道上，中国报刊即使是翻译在华英美报刊的报道，在日本的高压下，也难以自由行动，遑论其独立地探知新闻、追踪进展和深挖内幕了。北京《益世报》在2月5日散发号外，报道日人对中国代表的态度和小幡往晤陈箓消息，报道材料全部翻译自4日《华北明星报》和《京津泰晤士报》的新闻，然而当天报纸主笔被警厅传唤，诫之"登载关于日本要求之新闻，务须慎重将事，否则将有严重之后果"。① 后来北京《益世报》坚持登载不利于日本的消息，终被北京政府于5月23日查封。因此，在揭破"日使恫吓事件"上，再怎样强调在华英美报刊的作用也不过分。日本人本想通过恫吓在北京获得巴黎和会上所不能获得的东西，

---

① "Peking Press Difficulties," *North China Star*, February 8, 1919, p. 1.

没有料到此事被在华英美报刊公开后，反而弄巧成拙，进一步暴露了专横跋扈的面目，激起中国民众的强烈抗议。

五四运动的预演

1919年春节，巴黎和会才开幕十几天，中国首次作为战胜国参会就有顾维钧辩论旗开得胜的消息传回，① 因此这年春节，"北京社会别有一种气象，为民国八年来所未曾有者，满都商民住户悬旗结彩，爆竹之声通宵不绝，即警厅亦特别为人民助兴，令城厢内外遍挂提灯"。然而，正当中国上下全部酣嬉沉醉之时，"日使恫吓事件"犹如一声霹雳，惊破了美好的气氛，"连日以来人心惶惶，咸以为日本果将派兵来京矣"。② 日本"派兵来京"的流言传播开来。

日本"派兵来京"流言的生成，主要来自中外报刊对小幡"陆军百万人，海军五十万吨"威胁言论的报道。无论小幡是否确实做过这样的恫吓，但是当时中国社会皆信以为真。中国代表团2月6日在巴黎召开内部第11次会议，王正廷认为对于小幡的恫吓，应该向新闻机关"略露消息"，这样能"庶使天下人稍知日本野心，或可制其不敢实行动兵"，在场的陆征祥、顾维钧等与会人员经过决议，委托施肇基"在伦敦接洽办理"。③ 留日学生救国团听闻此事，致全国通电谓，"驻华公使小幡酉吉氏至我外部妄加诘问，肆行恫吓，要求我国政府撤还顾王两公，声称我国如不听从，日本将以五十万吨之海军，一百万之陆军威加于我……务望我政府严词拒绝，毅力主持，我国民群起反对，勿甘屈服"。④

上海和会南方总代表唐绍仪通过阅报知道"日使恫吓事件"后，致电

---

① 中日代表辩论最早的新闻报道发生在春节之前，见《我国王顾二代（原文如此——引者注）与日本代表之舌战》，北京《益世报》1919年1月30日，第2版；《青岛问题提出和会矣》，《晨报》1919年1月31日，第2版。
② 秋水：《北京通信：阴历新年中之外交风云》，《申报》1919年2月10日，第6版。
③ 《附录一：出席巴黎和会中国代表团会议录》，《中日关系史料——巴黎和会与山东问题》，第393页。
④ 《沪上对于外交问题之电争》，《晨报》1919年2月9日，第3版。

北京政府总统徐世昌，要对参战借款秘密合同"决不承认"，对日本的威吓绝不能"容忍此等之凌辱"。洋货商业公会、出口公会、广肇公所、全国和平联合会、浙江旅沪学会、宁波旅沪同乡会、绍兴同乡会联合致电国务院，认为本国代表发言，"应得自主，岂容他国挟制？"对日使的无理要求，"务严词拒绝，以保主权"。① 上海总商会致电总统徐世昌和总理钱能训等人，对于日使干涉中国代表发言之事，政府虽已拒绝，但"务乞坚持到底，以保主权"。寰球中国学生会一面致电顾维钧和王正廷，表示愿为"诸公之后盾"，一面要求徐世昌和钱能训内阁，对于日使干涉，"乞坚持勿让"。国民励耻会除致电中国代表团"愿盾公后"外，还致电北京政府，"恳公勿为胁从，沦胥邦国"。②

《晨报》发表社论，对"日使恫吓事件"中所显露出来的日方的虚伪和奸诈提出"正告"："吾今敢正告吾友邦曰，中日两国在国际上为同等之国家，彼此诚欲举提携之实，则宜互相尊重。迩来日人口中辄曰亲善，曰同意，按诸事实，皆含有片面的意味，是亦适成为日人之亲善与同意而已。"③《益世报》社论认为日使对中国的恫吓，"是直以藩属视我也"，与巴黎和会的宗旨"无一不立于极端冲突之地位"，中日之间发生这样的冲突，不应该是日本让中国政府去告诫自己的代表，而是日本政府应该对于自己的失词使臣，"加以惩戒"。④

北京学界在抗议"日使恫吓事件"活动中，表现非凡。北京大学的学生得知小幡干涉中国发言权后，在愤怒的各界中表现"最激昂"，5日这天把《益世报》所发的号外重印分发，晚上7点在法科开全体大会，到者2000多人。教育次长袁希涛闻讯赶来阻止，但见学生群情愤慨，仅以告诫学生须守秩序而返。开会结果选出干事十余人，分头进行，决议联络各界，以"中国国民名义"致电巴黎和会，承认中国代表为"中国国民之真正代

---

① 《国民对于外交之声援》，《晨报》1919年2月7日，第2版。
② 《关于外交之公电》，《申报》1919年2月9日，第10版。
③ 以芬：《为青岛问题正告日本政府》，《晨报》1919年2月9日，第2版。
④ 郁青：《日使能干涉我之发言权乎》，北京《益世报》1919年2月6日，第2版。

表",并将以"日本对华之野心及屡次不平等之要求诉诸各国,请为正谊之判断"。① 继北大学生开会之后,北京学界召开联合会议,决议分别致电巴黎和上海。致巴黎电报使用英文,"巴黎和会中国代表诸公鉴:青岛问题,务望毅力坚持,拥护国权,顾全邦交。同人不敏,愿为群公后援。北京高等专门学校联合会学生一万一千五百名同叩"。他们在致上海各界的电报中称:

> 上海《申报》、《时报》转各报馆、教育会、商会、各学校、各团体均鉴:我国平和会委员提议取消中日密约,原属正当要求,闻某国竟向我国政府请撤顾王二使,称其不足代表我国政府与民意,国人不胜愤激,除电达委员诸公坚持外,特飞电公等速集同志,表布国民公意,以作委员后盾。北京大学、高等师范、工业、农业、法政、医学、邮电、税务各专门、中国、民国、朝阳各大学、清华汇文各学校及高等警官、俄文专校、女子师范全体学生一万一千五百人同叩。②

北京学生抗议小幡恫吓的行动,为五四事件做了预演。一是北大学生于2月5日晚上7点在法科开全体大会,五四事件爆发的前天晚上7点,北京学生也是在北河沿北大法科召开全体大会,开会的时间和地点如此相同,不能不说2月5日晚上的大会为5月3日晚上的大会积累了经验。二是参加2月5日晚上会议的学校达15所,除邮电、俄文专校、女子师范3所没有参加五四事件外,其他学校(加上铁路管理学校)在5月4日这天都走上北京街头,促成了五四事件。

全国各地的抗议运动,迫使陈箓8日向要求接见的《北京导报》和外交后援会吐露小幡恫吓的实情。陈箓陈述小幡以密约既由两国缔结,依照外交习惯,必先得双方同意方可发表为词,向中国政府要求两事,"(一)中

---

① 《青岛与中日亲善》,北京《益世报》1919年2月6日,第2版。
② 北京学界致巴黎和上海的电报,需要比照《晨报》和《申报》的报道,才能弄清原委和具体内容,见《学界对于外交之愤激》,《晨报》1919年2月8日,第3版;《中日新交涉之进行》,《申报》1919年2月11日,第6版。

日密约苟无日代表之同意不可公布。（二）中政府应即发电谕令巴黎中国代表改换态度"。陈箓继续透露，小幡氏又称"如此要求不蒙采纳，日本将采用保持其利益之必要方法"。① 9 日，北京外交部为"日使恫吓事件"做公开声明。在声明中，北京政府认为"各国代表在巴黎会议席上顾本国之利益，为正确之主张，为今日国家独立自存应有之义，他国绝无干涉之理"。② 外交部的声明等于公开拒绝了日本的要求，然而这不能平息民众的愤怒，"日使恫吓事件"无意中为中国民众抗日进行了一次广泛的社会动员。可是，一波还未平息，另波又起。"日使恫吓事件"还在发酵之中，"卖国贼"新闻又猛然出现在众人面前，中国民众恐日和防日之弦绷得更紧了。

三 在华英美报刊与"卖国贼"

梁启超"卖国"

在去巴黎的中国人当中，梁启超的身份与众不同。其他人不是政府委派就是部门派遣，梁启超是以个人身份赴巴黎考察。

1919 年 2 月 18 日，梁启超一行经伦敦到达巴黎，正赶上中国代表团因座次问题内讧激烈之时，梁在这个节骨眼到来使代表座次问题变得更加复杂。王正廷怀疑梁带有政府的任命，是来接替陆征祥的。持这种看法的不止王正廷一人，顾维钧也持相似的观点，他对颜惠庆说"梁是来取代陆的，陆时运不济"。③ 对于王正廷而言，本有一种希望是在陆征祥生病时能代替他主持代表团工作，而梁的到来阻碍了这种希望的实现。27 日，王致电南方旧国会众议院副议长褚辅成，认为已到巴黎的伍朝枢尽管有陆征祥的推让，但不可能代替陆任代表团团长，因为这要通过北京的任命。谁能接替

---

① "Foreign Minister Reveals Details of Obata's Visit," *The China Press*, February 9, 1919, pp. 1 - 2. 译文采自《日本新要求之外讯》，《申报》1919 年 2 月 10 日，第 6 版。
② 《外交当局对于中日问题之声明》，《晨报》1919 年 2 月 10 日，第 2 版。
③ 《颜惠庆日记（1908~1919）》第 1 卷，第 825 页。

陆？王在电报中说"即为段氏豢饵驻此伺隙而动之某氏"。① 王电中的"某氏"指梁启超，此时的王不了解北京政府内部的分化，梁启超早已与段祺瑞反目成仇了。

梁在戊戌变法失败后长期流亡日本，将日本喻作"第二故乡"，曾自取日文名字"吉田晋"。梁流亡日本期间，对"第二故乡"确实心存偏袒。在日本吞并朝鲜问题上，梁偏袒日本，在日本侵略东三省问题上，梁又采取默认态度。如今到达巴黎，在青岛问题上，主张"吾辈着眼不在归还之名义，而在主权之实际"，②"赞成同日本和解"。③ 因此梁在中日问题上很容易受到攻击。巴黎留学生给梁两个选择，要么选择离开巴黎，要么选择死亡。④ 如何驱走梁？王的招数比学生的痛斥更加老到，即将梁打扮成"卖国贼"的形象。此招若能成功，梁不仅不得不离开巴黎，且会身败名裂。3月6日，王密电南方旧国会众议院议长吴景濂：

> 众议院吴议长。友密。东电讹码多，大意悉。我国和会提案注重废廿一款及诸密约。日本非胁即诱，固背公理，而国人竟有受诱济私者，事同串卖，（内小一码，译不成文）大逆。望激率全国舆论，一致聚诛，则废约较易措词。廷。鱼⑤

王正廷的"鱼电"加密异常，致有密码不能译出。吴景濂9日收到。在此电中，王利用中日密约迟迟不能宣布的背景，将责任推到梁的身上。在电报日期代码中，"鱼"代表6日。然而直到4月初，国民党才将其公布在机关报《民国日报》上。几乎相隔一个月，国民党明显带有一种政

---

① 《王正廷就伍朝枢列席巴黎和会事致褚辅成等电》（1919年2月27日），李家璘等编辑《北洋军阀史料·吴景濂卷》（3），第295页。
② 《梁任公先生来电原文》，《晨报》1919年2月28日，第3版。
③ 《颜惠庆日记（1908~1919）》第1卷，第827页。
④ 《颜惠庆日记（1908~1919）》第1卷，第827页。
⑤ 《王正廷就巴黎和会我方提案及日方活动情况事致吴景濂电》（1919年3月6日），李家璘等编辑《北洋军阀史料·吴景濂卷》（3），第297~298页。

治运作的意味。王在电报中虽未指明"受诱济私"的国人是谁,但指梁启超显而易见。《民国日报》在公布密电新闻的按语中干脆指名道姓,按语说:

> 我国欧和会代表顾王两氏在会提出撤废各种密约议案,及五月九日之二十一条件。不意近日时闻梁启超在法与日本诡密行动,而军政府最近接到王代表正廷最近来电,谓"有受诱济私之人,事同卖国,有若大逆"。虽未明指梁氏,然除梁氏外似另无人在法活动,则梁氏洵全国舆论所亟应声讨者也。①

"鱼电"未见报时,小部分国人已经有所耳闻,对梁的行为展开争论。有意思的是,这些争论只在在华英美报刊上展开,大多数普通民众并不知晓。有人说他是一位爱国者,有人认为他对日本的贡献多于中国,但大部分的争论围绕他是否"暗中破坏中国赴巴黎的代表团"进行。"一位消息非常灵通的中国官员"称梁"没有破坏中国代表团,但他使代表团黯然失色",因为梁在巴黎发表演讲,与克里孟梭和其他杰出的法国人晚餐,大出风头,而陆征祥身体孱弱,难以胜任,所以"梁先生为公众所瞩目,代表团相形见绌"。也有人认为梁"无意中占据了画面太多的前景,没有给代表团留下位置";还有人认为梁"能够在实质上帮助中国代表团",他应该发个支持代表团的声明,"支持代表团所支持的一切",但"这些他都没有做,给人造成的印象就是他准备取代陆征祥先生"。②

当少数国人在外报上争论时,研究系机关报《晨报》已经着手为维护梁的形象做准备工作了。3月30日,《晨报》同时登载了三封来自巴黎的电报。第一封来自中国驻巴黎使馆,介绍3月11日至18日梁在法国陆军部和外交部官员陪同下参观欧战战场的礼遇,"沿途备受各军长官欢迎"。第二

---

① 《王正廷声讨卖国贼》,《民国日报》1919年4月2日,第2版。
② "Liang Chih Chiao in the Public Eyes," *North China Star*, March 30, 1919, p. 6.

封来自驻法公使胡惟德，介绍梁 19 日在巴黎受万国报界联合会邀请做的演讲，内容包括游历战地感想、和会意义、国际联盟、中国问题，梁的演讲取得了良好效果，"闻者动容"。第三封电报来自梁本人，请外交部转汪大燮和林长民，介绍自己在巴黎的近日情况，"战地归来连日各界招待，今日谒威总统谈，极快"，同时请汪、林二人"转各报"。① 这三封电报分别发自 19 日、24 日和 25 日，《晨报》同一天将它们登出。梁请汪、林二人将其电报"转各报"，研究系替梁和梁为自己辩白的意图很明显。

"鱼电"一经登报，立刻掀起轩然大波。4 日，上海商业公团联合会闻讯后直接致电梁启超，告知中外各报登载的消息有其"为某国利用，侵轧专使之说"，同时告诫梁，为避嫌疑，"请速离欧回国，方可辨明心迹。特此忠告，勿再留恋"。② 5 日，南方旧国会开会，议决对梁的处置如下：请军政府下令逮捕，没收其国内产业；要求北京亦下逮捕令；向中外宣布其"卖国"罪状。③ 12 日，北京《益世报》发表社论《卖国者谁欤》，抨击梁在欧洲邀宠，"不通欧文"，自鸣在欧洲鼓吹，"而能动他人视听？"以梁的善变，"则又恶知彼不完全牺牲其与友人商定之主张，而反颜事仇乎？"④《益世报》这篇社论被《民国日报》称赞为对于梁启超"卖国"之研究，"皆切中肯綮"。⑤

与此同时，为梁辩护的文章也大量见诸报端。国际联盟同志会以梁在欧洲拍回的电报证明其爱国，以其在欧洲的演讲表明"梁之主张实足代表我国人士，且能左右世论"。⑥ 蔡元培、王宠惠、范源濂联名致电上海各报馆和商业公团联合会，认为梁"赴欧后迭次来电报告，并主张山东问题为国家保卫主权，语至激昂。闻其著书演说，极动各国观听，何至有此无根之

---

① 《梁任公在法之近况》，《晨报》1919 年 3 月 30 日，第 2 版。
② 《商业公团联合会致国内外电》，《申报》1919 年 4 月 9 日，第 10 版。
③ 《专电》，《申报》1919 年 4 月 11 日，第 3 版。
④ 正谊：《卖国者谁欤》，北京《益世报》1919 年 4 月 12 日，第 2 版。
⑤ 《梁启超卖国说之考据》，《民国日报》1919 年 4 月 16 日，第 3 版。
⑥ 《北京国际联盟同志会来电》，《申报》1919 年 4 月 7 日，第 3 版。

谣? 愿我国人熟察,不可自相惊扰"。① 梁氏"卖国"说惊动了在巴黎的陆征祥和顾维钧,两人在电报线路拥挤和越洋电报费用昂贵的情况下致电国内辟谣,"任公来欧,议论主张均与本会一致,外间谣传各节亦无根据,恐有误会"。② 外交部也给梁正名,认为梁在巴黎的言论主张均与中国代表团一致,"外间谣传各节毫无根据"。③ 在"卖国"罪名的压力下,梁本人不得不为自己洗冤,认为"谣谤之来,确有人横造蜚语,挟私倾我,谁实嗾使,未便质言"。梁在电文中挑明造谣之人就在代表团内,并为"有责任之人"倾心内讧感到"可痛耳"。④

在华英美报刊对日本在华野心始终抱有警惕,关注着中国代表在巴黎的表现,有关中国代表团内讧与梁爱国还是卖国的论战自然在其报道范围内。《大陆报》认为梁是"当今最博学的中国人,是现今中国历史许多关键阶段的目击者与参与者",因此"他的观点具有分量"。⑤《北华捷报》介绍一家中国报刊的观点,这家中国报刊认为上海商业公团联合会对梁启超的攻击是毫无根据的,如果把梁认为是"卖国贼",中国"无异于自杀"。⑥ 梁启超的自辩电 11 日发给《字林西报》,12 日发给汪大燮和林长民。梁发电的时间差说明梁为自己洗冤首先想到的是外报。梁在给《字林西报》的电报中说,"卖国"说是"一个旨在让外国人相信我们在这个重大问题上存在分歧的谎言",他在巴黎发表的文章、演讲和采访证明这些是"虚假的谣言",如果《字林西报》能刊登他的"明确的否认",他"将不胜感谢"。针对之前有人认为他应该对自己的态度做个声明而他没有做的说法,梁借机表达了自己的态度,"我衷心支持中国迄今对和会提出的要求"。⑦《华北明星报》先是中立地转载《晨报》3 月 30 日的三封电报,⑧ 而后直接表明对梁支持

---

① 《北京蔡元培等来电》,《申报》1919 年 4 月 7 日,第 3 版。
② 《陆顾二使之辟谣电》,《晨报》1919 年 4 月 17 日,第 3 版。
③ 《外交部为梁任公声辩》,《申报》1919 年 4 月 20 日,第 10 版。
④ 《梁任公最近来电》,《晨报》1919 年 4 月 20 日,第 2 版。
⑤ "Mr. Liang Chi-chiao's Advice," *The China Press*, February 20, 1919, p. 6.
⑥ "Mr. Liang Chih-chao," *The North-China Herald*, April 12, 1919, p. 79.
⑦ "China and Peace Conference," *The North-China Daily News*, February 14, 1919, p. 9.
⑧ "Mr. Liang Chi Chiao in the Peking Press," *North China Star*, April 2, 1919, p. 4.

的立场，认为有人散布梁代替陆的谣言，"目的是在陆征祥先生与日本代表团之间制造恶感"。①

由于王正廷对梁启超的指责无任何具体事实，相反，梁从巴黎发出的电报，每封都充满了爱国热情，加上在华英美报刊全部挺梁，《民国日报》很快以自嘲收场，"梁氏卖国，而袒之者犹可谓今无确据，第以吾人护国志切，既闻种种传说，不得不亟起豫防。宁使今日冒神经过敏之名，毋使异时贻噬脐不及之悔也"。②

虽然王正廷欲以"卖国贼"的名义赶走梁启超的目的没有达到，但"卖国贼"话题已经进入媒体的议程设置中。在中国外交局势越来越危急的情况下，"内惩国贼"是情绪和压力最好的宣泄口，民众也需要这样的议程设置。章宗祥不合时宜地回国，正好成了媒体议程设置的下一个目标。

章宗祥回国

章宗祥，浙江省湖州府乌程县人，幼年进私塾，1899年南洋公学毕业后留学日本，攻读法科。1903年在日本毕业，获法学学士学位。回国后主要在法律部门工作，在清末曾任法律馆纂修官、宪政编查馆编制局副局长、北京内城巡警内丞；民国建立后，任法制局局长、大理院院长、文官高等惩戒委员会委员、司法总长兼署农商总长，袁世凯去世后投靠段祺瑞，1916年6月30日出任驻日公使。

陆征祥过东京时，先是请章宗祥安排晋见天皇，后陆以生病为由推辞，章由此"受日人诘责"，便借口头痛向中央提出辞职回国请求。③ 政府虽一再慰留，但章执意要回国。至4月中旬，章宗祥回国请求得到批准，《密勒氏评论报》报道，"总统同意他回北京稍作休息"。④ 4月13日，章由东京

---

① "The Chinese Delegation at the Paris Conference," North China Star, April 13, 1919, p. 3.
② 力子：《凡卖国贼皆当声讨》，《民国日报》1919年4月4日，第2版。
③ 《专电》，《申报》1919年12月9日，第3版。
④ "Who Is Who in China," Millard's Review of the Far East, Vol. 9, No. 1, June 2, 1919, p. 19.

启程回国，① 正赶上中日密约在报纸上公布之时，人们看到陆续公布的 21 个中日密约中，曹汝霖、章宗祥和陆宗舆签名的就达 13 个，如果再将两个署名"交通总长"的转换成曹汝霖，他们三人签字的就多达 15 个，其中驻日公使章宗祥签名的就达 6 个，分别是《共同防敌换文两件》《撤退军队换文两件》《参战借款合同》《济顺高徐二铁路贷款预备合同》《日本声明撤废山东民政之文书》《满蒙四铁路借款预备合同》。报纸对这些密约的报道，使曹、章、陆三人成为万众瞩目的焦点和痛恨的对象。据五四运动当事人的回忆，密约公布之后，"大家看到又是曹汝霖、章宗祥所经手，已经火上添油"，加上"欣然同意"的牵制，"青年怨愤，悉集于曹、章、陆，是可以想见的"。② 章宗祥回国之前已成众矢之的，因此他在巴黎和会中国处境一天坏于一天的情况下回国，其回国的目的引起了众多猜测。有中日密约公布，"章氏自问不免受国民攻击，因思不如及早求去"及日本停付参战、军械借款，章氏"大有进退维谷，故不得不以一去了之"说；③ 有与变动后的日本内阁相处"不甚顺遂"，"遂思舍去原有地位而颇有意于欧"说；④ 有回国"亟待磋商"某项与日条约说；⑤ 有取代陆征祥任外长并出席巴黎和会，"改善中倭和会关系"说；⑥ 有"带有日政府所交之中日亲善条件，将要求徐世昌、钱能［训］实行"说；⑦ 等等。

民众有众多猜测，表明民众对章回国之举充满好奇，报纸捕捉到这样的社会热点，会顺势将此设置成媒体的议程。媒体"议程设置功能"是一种理论假说，其创立人之一麦库姆斯（Maxwell Mccombs）认为新闻每天告诉

---

① 章宗祥回国行程：13 日由东京到达神户，同日从神户解缆离日，22 日抵达沈阳，26 日到达天津，将家眷留在天津，只身一人 29 日来到北京。5 月 4 日，总统徐世昌接见并招待午餐，作陪的有曹汝霖和陆宗舆等人。得知学生向曹家进发的消息后，他与曹同到曹宅，遂被殴击致伤。
② 梁敬錞：《我所知道的五四运动》，《五四运动亲历记》，第 81 页。
③ 桂生：《北京通信：章宗祥回国原因与继任问题》，《申报》1919 年 4 月 23 日，第 6 版。
④ 《驻日章公使辞职消息》，《晨报》1919 年 3 月 24 日，第 2 版。
⑤ 《章使回国之所闻》，《晨报》1919 年 3 月 14 日，第 2 版。
⑥ 《章宗祥阴谋出席和会》，《民国日报》1919 年 4 月 18 日，第 3 版。
⑦ 《章贼挟卖国条件而归》，《民国日报》1919 年 4 月 18 日，第 2 版。

我们大环境中那些我们无法直接经历的事件与变化,报纸为这些事件和变化提供大量线索,通过头版头条、标题大小、篇幅长短等显示各种话题在新闻议程上的显要性,公众利用这些来自媒体的显要性线索去组织他们自己的议程,并决定哪些是最重要的议题。时间一久,新闻报道中强调的议题就成为公众认为最重要的议题,因而新闻媒体的议程在很大程度上成为公众的议程。① 媒体的"议程设置"理论告诉我们,媒体通过对一个议题的不断的报道,影响受众的认知,构成一种"媒介环境"。媒体认为重要的事件也会成为受众心中的重要事件,媒体不报道的事件或被媒体忽略的事件无法进入公众的视野,对公众而言似乎没有发生一样。议程设置功能赋予媒体这样一种能力,"通过反复播出某类新闻报道,强化该话题在公众心目中的重要程度",某一问题"若被大众媒介所关注","那么该问题在公众心目中的重要位置便得以提升"。② 然而,媒体也不是随心所欲地设置议程,"从微观、个别、短期、次要问题看,媒介有很大的活动天地和权力,可以根据自己的意志、判断报道什么和不报道什么;但是,从宏观、总体、长期、重大问题看,媒介只是在一个或大或小的'框框'里施展抱负,它必然受到来自社会各方面的制约"。③

　　章宗祥回国成为报纸议程,主要受当时巴黎和会与中日关系的宏观制约,再加上当时国内党派之争的微观因素。整个4月,章宗祥占据媒体议程,《晨报》在4月对其回国的报道有:5日《章宗祥辞职归国》和《章公使归国期》,6日《递相差别章公使》,11日《日报之章使送别辞》,13日《章公使起程归国》,14日《章公使离东情形》,15日《章公使由神户解缆》,16日《留学生痛斥章宗祥》,17日《亲日派之活跃》,19日《留日学生总会来函》,20日《章宗祥之临去秋波》,21日《章宗祥与胡惟德对调

---

① 〔美〕马克斯韦尔·麦库姆斯:《议程设置:大众媒介与舆论》,郭镇之、徐培喜译,北京大学出版社,2008,第1~2页。
② 〔美〕沃纳·赛佛林、小詹姆斯·坦卡德:《传播理论:起源、方法与应用》第4版,郭镇之等译,华夏出版社,2000,第246~247页。
③ 张国良主编《新闻媒介与社会》,上海人民出版社,2001,第80页。

说》和《章宗祥公使明日可抵京》,22 日《东京特约通信：留学生与章宗祥》,24 日《章公使抵奉》,26 日《章宗祥已抵京》,29 日《章宗祥昨日抵京》。《民国日报》的报道有：13 日《段党必欲章宗祥留日》和《章宗祥卖国第一》,18 日《章贼挟卖国条件而归》、《章宗祥阴谋出席和会》和《留日学生痛斥章宗祥》,19 日《请看亲日派实行卖国》,23 日《国人共弃之章宗祥》和《讨章宗祥》,26 日《请注意章宗祥行踪》,28 日《章宗祥满载而归》。

在报纸的议程设置中,章宗祥的每日活动都暴露在大庭广众之下。有关其回国的新闻因具有轰动性和戏剧性效果,备受大众的关注。13 日章辞别东京时,一群留日学生赶来送行,《华北明星报》的新闻夺人眼球：

这里收到的东京官场报告说,当中国驻日公使章宗祥在东京登车回国,日本热情相送时,一群中国学生携带书有汉字"卖国贼"或其他带有侮辱性文字的旗帜来到站台。这些学生举行了示威,但被日本警察驱散。人们相信示威出自一种概念,即章先生是亲日派,但是谁也不知道他们是从哪里得到这种印象的。①

4 月 22 日,《晨报》对这一幕的报道更加引人入胜：

临行时各国公使、代理,日本农商、交通两阁员等皆亲送之,惟东京驿登车最后十五分钟间,章氏神色沮丧,大有魂不附体之概,留东学生之恶作剧是也。先是章氏到东京驿时,即有留学生百余人,心中颇形喜色,意谓临行送别,方欲表示歉意,未几白旗飞扬,旗中所书不一,或"卖国贼",或"祸国",或"炭山铁道尽断送外人"等字,或旗中漫画,寓讽刺之意。登车时,群呼"卖国贼",白旗掷入车中,几如雨

---

① W. R. S., "'Traitor' Flags Waved as Chang Quites Tokyo," *North China Star*, April 15, 1919, p. 1.

下。其夫人见此形势，双睫泪下，大有不保生命之虞。当时新闻记者有诘我国语，莫名其妙。呜呼！章氏驻日竭媚外手段，虽得见好日人，临行时乃见此佳景，深夜扪心，得无惭愧万状耶？①

报纸对章离开东京情节的报道，为5月4日北京学生的示威形式提供了示范效应。参加过五四运动的北大学生杨晦回忆5月3日晚各校代表开会时的情形说：

> 在会上，有人提议：留日学生可以那么对付章宗祥，我们为什么不可以对他们三个（曹章陆）来一下？就是说，要把旗子送到他们的家里去。大家一致同意，准备行动。决定提前于明天五月四日，举行游行示威，并给卖国贼送白旗。当夜，住西斋的同学一夜没睡，用竹竿做旗子：长竹竿上大旗子，短竹竿上小旗子。第二天，北大学生每个人手里都有旗子了。找到卖国贼怎么样呢？也有人想到那里跟卖国贼干一场的；但是大多数人，都没有经验，想的很单纯，只打算把旗送去，象留日学生对章宗祥那样，搞他们一下就算完事。②

第二天，北京学生果然带着白旗，上书"内惩国贼""还我青岛"等标语来到曹汝霖家，随即发生了毁屋伤人事件。政府为了惩罚肇事的学生，逮捕了32人，北京学生和社会名流为了营救被捕学生与政府展开了博弈。

报纸对"卖国贼"问题的议程设置，增加了民众的紧张感和压迫感，"在五四时，我们还认识不到帝国主义与封建统治的内在联系性。但我们粗略地从历史看出：没有内奸是引不进外寇的。……事实教导我们，把内奸与

---

① 振公：《东京特约通信：留学生与章宗祥》（4月16日），《晨报》1919年4月22日，第2版。
② 杨晦：《五四运动与北京大学》，中国社会科学院近代史研究所编《五四运动回忆录》（上），中国社会科学出版社，1979，第223页。

敌国联系起来了"。① 在议程设置之下，报纸不仅左右着人们在想什么，而且影响着人们怎么去想。在华英美报刊在章宗祥回国问题上的报道虽不比华报占有优势，但它的累积效应和共鸣效果增加了人们对章的关注和对"卖国贼"的担心。顾维钧投靠曹汝霖的消息传出时，国人即失去了最后的希望，只有放手搏击了。

顾曹联姻

1919年4月是国人神经最为紧绷的月份，先是梁启超"卖国"的消息引起强烈震动，挺梁派与批梁派的争论占据着中外报纸的版面，接着是章宗祥原因不明地回国，且回国时在东京车站发生戏剧性的"欢送"情节，引起媒体追踪报道的兴趣。在这些个人负面新闻连绵不断地出现在报端的情况下，和会外交的不利消息也从巴黎传回。

4月23日，《晨报》刊登"欧行记者"3月6日从巴黎寄回的通讯《和会初幕与中国地位》，"欧行记者"在通讯中对1918年9月中日密约进行攻击，"乃去年九月正德军垂败之际，和会之开指日可待。我政府究何居心，乃忽以其时与日本缔结此约，不啻将日本承袭德人遗产之权利，由我加一重保证"。更为严重的是，"欧行记者"透露"某国"人对此密约的看法，"某国外部要人尝语人，谓此次交涉，中国弱点惟此一著，他日胜负，或将系之"。②

此处的"某国"暗指美国，国人都能心领神会。在"欧行记者"寄出通讯不久，梁启超3月11日从巴黎发回过一封内容与口气大致相同的电报，梁在电报中说："去年九月，德军垂败，政府究何用意，乃于此时对日换文订约以自缚。此种密约有背威氏十四条宗旨，可望取消。尚乞政府勿再授人口实，不然千载一时良会，不啻一二订约之人所坏，实堪惋惜"。③ "欧行记者"与梁启超对美国人对1918年中日密约看法的披露，加重了国人对和会

---

① 杨振声:《回忆五四》,《五四运动回忆录》(上)，第261~262页。
② 欧行记者:《游欧通讯：和会初幕与中国地位》,《晨报》1919年4月23日，第2版。
③ 《梁任公之重要来电》,《晨报》1919年3月22日，第2版。

结果的隐忧。

4月23日,《晨报》在刊登"欧行记者"通讯的同时,又刊登了梁启超4月16日发来的另一封电报,梁在来电中表达了对中国提案的关心和对1918年9月中日密约的态度,"和会内情向未过问,惟知已提者似仅山东问题。当局与各国要人曾否切实接洽,探察各方面情形,不无疑虑。此间议论二十一条,共知被逼,而高徐顺济路约,形式上乃我自动,不啻甘认日本袭德国权利为正当。去年九月,德国垂败,我国因区区二千万加绳自缚,外人腾诮,几难置辩。现最要先废此约,务请力争"。①《晨报》公布梁电的报道用的标题是《外交上之失败》,尽管用了"失败"一词,但国人并没有在心理上认同这一结论。

24日,《晨报》刊登一则消息,"闻王正廷十九日来电,请假归国一行,未详述原因"。② 王正廷虽没有顾维钧表现出色,但中日代表辩论时他是中方两个代表之一。新闻报道王正廷在会议没有结束时欲请假归国,且原因不明,不由得使人们去猜想导致这种行为的原因和这种行为对和会结果的影响。

25日,《晨报》用"危机一发"来形容"昨日传来之恶报","五国会议对于山东问题,竟自主张不由中国,亦不由日本,暂先由英法美意日五国向德国收回暂行管理,现正在商榷,尚未完全决定"。《晨报》披露的是4月17日美国代表蓝辛在和会上提出的山东问题"五国共管"解决方案。对于这一解决方案,《晨报》认为"此讯如果确实,吾国断断不能承认,吾国当出死力争持"。③《民国日报》认为这"颇似以战败国待我,认为外交大失败",号召"如我全国各民能再奋起抗争",那么"当可达直接收归目的"。④

26日,《晨报》对五国共管方案勉强接受,用"虽若差强"来形容这

---

① 《外交上之失败》,《晨报》1919年4月23日,第2版。
② 《王正廷请假归国》,《晨报》1919年4月24日,第2版。
③ 《危机一发之山东问题》,《晨报》1919年4月25日,第2版。
④ 《国民应力争青岛问题》,《民国日报》1919年4月26日,第2版。

个解决方法。① 然而，刚勉强接受五国共管方案，当天却又有更坏的消息传来，《大陆报》用"骇人听闻"形容这一"恶报"：

> 昨日上海得骇人听闻之政治消息。盖征实上星期北京所传出日本来缚巴黎和会中国代表业已得手之说，而尤足惊人者，此举之成功，非全出自日本压力，乃出于中国袒日派之运动。闻巴黎已有电报传来，纪述此事。闻曹汝霖党堵塞中国代表之口，已达目的一说。中国代表顾维钧已附曹党而受曹指挥，此说颇确，但尚未绝对征实。盖顾近赋悼亡后，尝与曹女订婚之故，而王正廷之辞职即为反对代表之更变态度也。今为内国（应为国内——引者注）议和集于上海之中国政界领袖闻此消息大为震动，初犹不信，而对于顾氏之变志，尤为怀疑。惟顾之发迹虽由唐绍仪聘为秘书，妻之以女所致，但近年来顾曹甚相接近，此则为一般人士所知者也。上海和会连日渐有进步，但闻南北两面皆谋破坏和会之任何决议，使不能见诸实行，今复加以巴黎和会中国将遭失败之恐慌，故旅沪之中国政治分子皆为意兴阑珊焉。②

顾维钧 1912 年从美国哥伦比亚大学毕业后回国，同时任总统袁世凯和总理唐绍仪的秘书，并于 1913 年 6 月与唐的女儿唐梅结婚。1915 年 8 月，顾任驻美公使，唐梅随之到达美国。一战后期，西班牙流感夺去了众多生命，唐梅也未能幸免，于 1918 年 10 月染疫而逝。出于对顾的好感，在华英美报刊对于顾夫人的去世曾进行了报道。1918 年 10 月 14 日，《字林西报》报道一则美国无线电消息："华盛顿，10 月 11 日。中国驻美国公使顾维钧的夫人感染肺炎六个星期，今天去世。"③ 12 月 14 日，《字林西报》以《已故的顾维钧夫人》为题对顾夫人的葬礼进行报道，称赞顾夫人生前在外交

---

① 《一纵即逝之山东问题》，《晨报》1919 年 4 月 26 日，第 2 版。
② "Report Renewed China Has Hushed Paris Delegates," *The China Press*, April 26, p. 1. 译文采自《外报所传之顾曹联姻消息》，《申报》1919 年 4 月 27 日，第 6 版。
③ *The North-China Daily News*, October 14, 1919, p. 7.

界以"能力、活力和魅力"而闻名。① 顾夫人的去世，为顾曹联姻说法的产生提供了可能性。

顾维钧与曹汝霖的关系始于两人同在外交部工作的那段时间。1913年4月5日，顾署理外交部参事，9月23日转任，曹汝霖同年8月10日任外交次长。1914年元旦，日本天皇嘉仁给各国元首的贺电都得到复电，唯独没有收到中国的回复，引得第二天日本公使携带电报副本来询问不复电的缘由。曹特别关心中日关系，但他并没有看到电报，为此坐立不安，打电话告诉顾。顾问明情况后，立即按照日本公使带来的电报副本给日本天皇复电，且查出电报被总统府武官处忽略。由于顾在处理日本天皇贺电这件事上解了曹的燃眉之急，曹对顾刮目相看。顾在回忆录中说其任驻美公使是陆征祥和袁世凯两人的主意，② 但曹在回忆录中认为是他向总统袁世凯推荐了顾。③ 顾对曹的评价是"就我们所共之事而言，我始终感到曹先生是一位能干的外交家，是拥护国家利益的。至于此外，他是否还作过其他对国家不利的事情，我则一无所知"。④

26日，《字林西报》也刊登了顾曹联姻的消息。

> 近今北京传出消息谓，巴黎和会中国代表已被迫放弃对抗日本代表之态度，现专以拥护北京曹汝霖所主持之袒日派利益云云。本埠华人昨已得有征实消息并闻前以干能博众钦佩之顾维钧博士近由驻巴黎北京代表为冰人，已与曹汝霖之女订婚，一切事宜似出于此故也。⑤

《大陆报》的消息把王正廷的辞职附会于顾曹联姻，突出了顾对曹投靠的危害性。其实王辞职的原因在于伍朝枢到达巴黎后，欲跻身于正式代表之

---

① "Late Mrs. Wellington Koo," *The North-China Daily News*, December 14, 1918, p. 7.
② 《顾维钧回忆录》第1分册，第139页。
③ 《曹汝霖一生之回忆》，第155页。
④ 《顾维钧回忆录》第1分册，第192页。
⑤ "Chinese Delegates in Paris," *The North-China Daily News*, April 26, 1919, p. 7. 译文采自《外报所传之顾曹联姻消息》，《申报》1919年4月27日，第6版。

列,而没有名额可以添加,但伍"又甚热心",王提出回国,"腾出一席以界伍氏",① 王实行的是以退为进策略。《字林西报》的报道更是扩大范围,将梁启超牵扯进去,梁成了顾曹联姻的媒人。《字林西报》在当天的社论中将顾视为"袁世凯时代抵抗'二十一条'要求最力之一人,不独国人信任之,即熟于中国时事之外人亦尊重之",因而视顾曹联姻"此诚不祥消息之尤者",为"近中国所未见最大政治黑幕",对"引颈以望"的中国人而言,"有较此为甚者乎?"全部"陷于极深极黑之悲观境矣"。②

巧合的是,北京政府为加强陆征祥在代表团内部的地位,任命其为全权委员长。未经委员长同意,其他成员不得擅自发布消息的消息在社会上公开,被媒体解读为"北京政府对于各专使如此压抑,不知山东权利,中国人尚有法以争回否也?"③ 甚至将之与中国的安危联系在一起,"如果为实,欲系钳制专使口舌,见好强邻,我国危亡即兆于此"。④

《大陆报》和《字林西报》对顾曹联姻的报道立即被中国报刊发觉,《申报》第二天就将译文刊登出来,使国人对国家前途的悲观情绪更甚。《民国日报》发表时评,认为顾曹联姻是顾"变节"投入"卖国派"阵营,此乃"真梦想不到之事",如果属实,"则中国在和会之要求,殆已全功尽弃,满盘全输,而中国政界人才,亦对世界宣告破产矣"。联想到北京政府辩明并未致电陆征祥对日让步,梁启超自白自己没有卖国,这些事还没有完全弄清楚,现在又有顾曹联姻的消息,如果也有所辩,"尚足信耶?""读西报之论,不禁掷笔三叹,为国民放声一哭"。⑤

然而就在《申报》译载顾曹联姻消息的 27 日,在华英美报刊已经开始辟谣。这一天,《华北明星报》报道:"顾维钧先生没有与曹先生的女儿订婚","这是没有事实的报道","也没有证据证明顾先生对中日问题的态度

---

① 《王正廷与伍朝枢》,《晨报》1919 年 4 月 26 日,第 2 版。
② "A Great Chinese Political Scandal," *The North-China Daily News*, April 26, 1919, p. 6. 译文采自《外报所传之顾曹联姻消息》,《申报》1919 年 4 月 27 日,第 6 版。
③ 《祖日派卖国之大黑幕》,《晨报》1919 年 4 月 18 日,第 2 版。
④ 《朝野对于山东问题之态度》,《晨报》1919 年 4 月 29 日,第 2 版。
⑤ 无射:《速起救国》,《民国日报》1919 年 4 月 27 日,第 3 版。

有所改变"。① 但是由于消息转变太快,国人仍然相信顾曹联姻之事并非谣言。28 日,《民国日报》报道曹汝霖本人对此事的否认,却认为曹"当然有此辩护"。②

如何看待在华英美报刊"独家"披露的顾曹联姻消息?这要放入整个 4 月的新闻中去考察。4 月的新闻是立体的:梁启超"卖国",章宗祥回国,王正廷要求回国,青岛五国共管,和会快要结束而中国许多要求还没有提出,政府任命陆征祥为全权委员长被认为是钳制本国代表发言。这些新闻或谣言都发生在 4 月,且在 4 月下旬盘根错节,在这种背景下,在华英美报刊送来的顾曹联姻消息,成了压垮中国人心态的最后一根稻草,国人经此嘘吓,再也不能承受任何新的打击。《民国日报》直指顾维钧"变节",并跳出此事本身来看内奸问题,认为顾即使不变节,"非即中国在和会不失败之谓",况且卖国贼"丧心病狂,绝无觉悟",奸谋不会停顿,所以国民的重要任务在于"讨贼救国",而且"终不可一日懈也"。③

在各种不确消息的狂轰滥炸和各种不利新闻的连续冲击下,特别是在顾维钧"变节"的消息震动下,国人的心理紧张到了极点,仅仅是口头舆论已经不能满足安抚情绪的需要,国人开始进行行为舆论,要求直接行动。4 月 21 日,已有山东绅民"万数千人"因"青岛及路矿问题"聚集在济南城南演武堂一带,开会演说,"群情激动","愤挹万难遏止"。④ 25 日,全国报界联合会愤于内奸之破坏,发表宣言,"如有违反吾国国民之公意,希图破坏者,本会誓竭全力与国人一致抗拒之"。⑤ 更有人鉴于和会上真理难抗强权,山东问题形势急逼,"已有朝不保暮之概",投函报纸,正告国民,"我国一无所恃,今惟当竭死力以与此暴力相抗"。⑥ 国民外交协会因山东问

---

① "Dr. Wellington Koo is Not Engaged to Mr. Tsao's Daughter," *North China Star*, April 27, 1919, p. 1.
② 《曹汝霖当然有此辩护》,《民国日报》1919 年 4 月 28 日,第 2 版。
③ 无射:《速起救国(二)》,《民国日报》1919 年 4 月 28 日,第 3 版。
④ 《鲁省之国民大会》,《晨报》1919 年 4 月 22 日,第 2 版。
⑤ 《全国报界联合会对外宣言》,《晨报》1919 年 4 月 29 日,第 10 版。
⑥ 《舆论对于山东问题愤慨》,《晨报》1919 年 5 月 3 日,第 2 版。

题日益紧急,于 5 月 3 日集会,倡议 5 月 7 日召开国民大会,"讨论对付方法"。① 5 月 5 日,还不知五四事件已经发生的《申报》发表的"杂评"代表了当时多数国人的心声:

当巴黎和会开始时,以正义人道相号召,我人私心窃幸,以为此次外交,庶几不致失败矣。迨顾王出席之际,侃侃而谈,各国动听,我人又私心窃幸,以为此次外交,庶几可操胜算矣。而不谓今所得之消息如是。虽然,此亦岂出于意外者哉。夫以此偌大之外交问题,本非可仅恃人之援助,与依托少数人之转旋也。国人多数之人,奋全力以争自利,每一恶消息至,则哗然以骇,稍稍戢其私心,事过又依然故态矣。是故青岛问题之险象屡见,而国人若明若昧之态度如故,总未能毅然排除一切内争,而实行其所谓一致为外交后盾也,此即外交失败之大原因也。今既情势如此,国人之决心,又将何若耶?当此紧急关头之际,全视全国人之决心如何,国人苟决心一致,则其事未始无一线转圜之机;若再因循蹉跎,则真陷于万劫而不复耳。五月七日之国耻纪念会,距今仅两日,国人方思有以洗涤其前耻,而消息传来若是,使无法以挽救其失败,不将成为国耻之双纪念耶?呜呼国民,可耻孰甚?②

《申报》的"杂评"号召国人放下"自利",如果能"决心一致",则中国还有"一线转圜之机",在 5 月 7 日国耻纪念日奋然行动,不让这天成为"国耻之双纪念"。在对卖国贼高度警惕的心理作用下,也在国人神经高度紧张的情况下,梁启超的电报才会被解读成和会已经"失败",而这种解读也才会被广大民众所接受,犹如火星落入干柴堆中,点燃了民众再也无法忍受的愤怒之火,冲向卖国贼,使"内惩国贼"的口号风行天下。

青岛乃中国固有之领土,由于国弱,1898 年被德国强租,一战时期又

---

① 《国民外交协会特别大会》,《晨报》1919 年 5 月 5 日,第 2 版。
② 默:《山东问题警耗》,《申报》1919 年 5 月 5 日,第 7 版。

被日本强占。青岛问题产生后，中日两国各自从自己的立场对之进行解释。日本人玩弄文字游戏，将占领青岛分为和平占领和武力占领，认为其是通过流血从德国人手里得到的，所以青岛归还要由其从德国得到处分权后再交给中国，此种归还方法是谓间接归还。中国人认为根据中德条约，包括青岛在内的胶州湾，德国无权让渡给第三国，根据日本对德宣战的最后通牒，日本夺取青岛后要交还给中国，且中国对德宣战后，德国在华利权已在法理上全部收回。因此，青岛归还无须经过日本，可直接从德国人手里收回，此种归还方法是谓直接归还。

1919年1月28日，中日两国代表为青岛问题发生辩论，顾维钧的发言出乎日本人的意料，打乱了日本人的计划，震惊了世界，形成了中国在和会之初就先声夺人的局面。为了挽回败局，日本从北京政府方面寻找突破，爆发了"日使恫吓事件"。在华英美报刊首先探到消息，将"日使恫吓事件"披露报端，并联合采访日使小幡，将日本的专横和对中国的高压暴露于中国民众面前。在"日使恫吓事件"中，在华英美报刊首先探得内幕，然后跟踪深挖事件背景和来龙去脉，中国报刊迅速响应与跟进，形成呼应唱和关系。在中外报刊的联合报道下，日本欲通过北京政府钳制中国代表发言的企图以及日本政府动辄威吓北京政府的嘴脸人尽皆知，中国民众由此开始对日本警觉起来。经过对日使恫吓的抗议，中国民众被初步动员，采取的通电、结社、集会等形式，特别是北京学生在北大法科开会的方式，为五四事件的爆发做了一场预演。在此事件上，在华英美报刊破灭了小幡绕开媒体的打算，揭露了日本对华的野心及其蛮横无理的形象，其对"日使恫吓事件"的报道是中国报纸新闻的唯一来源。

中国代表团的内讧导致南方代表王正廷对梁启超进行攻击。王正廷因担心梁启超代替陆征祥任中国代表团团长而阻碍自己在陆生病时取而代之的计划，因而欲将梁贴上"卖国贼"的标签而驱逐出巴黎。在梁是"爱国"还是"卖国"以及是否干涉了中国代表团的活动争论进行之时，章宗祥从日本回国，青岛五国共管等消息构成了4月底报纸的主要新闻，这使国人的心理处于高度紧张之中。在华英美报刊恰在此时登出顾维钧与曹汝霖之女订婚的消息，击溃了国人的心理防线。口头舆论此时已经不满足郁闷与失望的国人的需要，国人需要转向行为舆论，直接行动。因此梁启超的一封电报被解读成中国外交失败的消息，林长民的一篇社论成了行为舆论的号角，点燃了五四事件的导火线。

　　过去在五四运动爆发的叙事环节上，直接从中日代表辩论跳到"中国外交失败消息传来"，中间缺乏五四运动的动员环节。在华英美报刊对"日使恫吓事件"的披露与追踪，中外媒体对"卖国贼"问题的议程设置，紧张了气氛，动员了民众，为广大群众接受梁启超与林长民的一电一论做了铺垫。

第七章

在华英美报刊与五四运动结束

　　五四运动自5月4日爆发后，快速向全国推进。至7日，上海、天津、济南、太原、长沙、吉林、南京、广州、武汉、南昌等城市先后涌现群众声援北京爱国学生的集会。北京政府迫于压力，释放被捕学生。至14日，各大城市学生联合会相继成立，支持北京学生的游行示威遍及全国各地。6月5日，上海发生"三罢"运动后，各地响应，"三罢"运动在全国风起云涌，迫使政府同意罢免曹汝霖、章宗祥、陆宗舆三人的职务。

　　五四运动历时56天，运动遍布200多个城市。作为一场以学生为主导的群众性和平运动，历时之长，规模之大，成就之高，在中国历史上前所未有。之所以出现这种局面，首先是由五四运动的爱国救亡性质决定的。在民族危机面前，国人不分阶级和职业，高度团结，共赴国难，这使运动具有深厚的群众基础和社会力量。其次是亲日势力在一战后失势。一战结束后的国际和平潮流和国内和平呼声成为一种社会共同意识，这使以段祺瑞为首的亲日力量对学生运动不敢轻举妄动。在这两种原因之外，媒体的新闻报道和舆论监督也是不可忽视的因素，其对学生运动的同情与支持，作为一种权力力量置学生运动对立面的言行于风口浪尖，将学生运动同情面的声音放大，从而使学生运动的消息能够即时为大众所知晓，并获大众支持。

与对中国参加巴黎和会采取支持的立场一样，在华英美报刊在五四运动中对中国抵制日货亦采取同情与支持的立场，对学生运动在不损害英美在华利益的前提下也是给予同情与支持。在华英美报刊对学生运动的同情与支持，在一定程度上代表了"友邦"的立场与态度，是学生运动得以发展壮大的推动力量之一。对在华英美报刊在五四运动中的作用，需要一分为二地分析。五四运动最主要的目标是"外争国权，内惩国贼"，"外争国权"的本意是直接收回青岛，而不是拒绝在对德和约上签字；"内惩国贼"中的"惩"本意不是罢免公职，而是要求法律"惩罚"。然而五四运动最终在拒绝签字和罢免三人职务的层面上宣布结束，之所以这样，国人当时的现实考虑为首要原因，在华英美报刊对五四运动态度变化也制约了国人目标的彻底实现。

一　在华英美报刊眼中的五四学生运动

五四运动爆发前的学生

在中国近代史的叙事中，五四运动前几乎没有学生登场，因此五四运动中学生的出现有狂飙突出之感。而学生在五四运动中迅速筹备与成立各级学生联合会、对郭钦光之死的处理、各校之间的串联、与政府的博弈等，又使人们对其老练与成熟感到惊诧。

桑兵先生在《晚清学堂学生与社会变迁》一书中通过对清末新式学堂学生的考察，发现此时读书人的身份已经发生转变，"围绕专制统治向心运动的士子童生变成离异抗争的学生"。据其不完全统计，1902~1911年，全国共发生学潮502堂次，波及京师和20个省份的各级各类学堂。经过如此频繁的学潮锻炼，学生的斗争经验已经相当丰富和成熟，学生组织从学堂内部走向全国，1905年在上海诞生了以国内外高等学堂毕业生、在校生为对象的"环球中国学生会"，1906年又组建"旅沪二十二省学生总会"，1911年发起"中国学界联合会"。他们不仅在学界内部活动，而且越界与工农商联合，在保路运动中率先提出工农商学联合罢业、罢耕、罢市、罢课的四罢主张，"而且很快付诸实践"。他们采用的罢课（包括联合罢课）、静坐请愿、游行示威等斗争形式为五四学生提供了示范。①

特别在五四运动前一年，为反对中日之间签订《中日陆军共同防敌军事协定》和《中日海军共同防敌军事协定》，留日学生纷纷回国进行反日爱国活动。在他们的联络与发动下，北京学生决定到总统府请愿。1918年5月21日，北京大学、北京高等师范学校、北京工业专门学校等校2000多名学生齐集新华门。总统冯国璋被迫接见许德珩、易克嶷、段锡朋等8名代表。尽管这次请愿活动被冯国璋连恐带吓阻止，没有取得什么结果，但学生从中得到锻炼，增进了团结，积累了经验，经过一个多月的筹备，组成了"学生救国会"这样一个近乎全国性的学生团体，其中有的学生代表成为五四运动的活跃分子。

民国建立后，中国近代教育快速发展。1915年，全国高等院校有104所，其中大学10所，学生1219人；专门学校94所，学生27975人；中等学校803所，学生87929人。② 1919年，全国共有学生500多万人，其中聚集在北京的中高等学校学生达25000人。③ 这一新型的知识群体告别了传统书生"读书做官"的信条，以组织各种团体的方式致力于自身品质的提高和社会改造。据许德珩回忆，在五四运动前夕，北大有许多学会，如哲学会、雄辩会、音乐研究会、新闻学会、书法研究会、画法研究会、消费公社、健德会等。④ 当时《申报》的调查更准确一些，据《申报》1918年底报道，北大学生成立的学生组织有哲学会、雄辩会、体育会、数理研究会、化学研究会、乐理研究会、画法研究会、书法研究会、静坐会、技击会、阅书报社、学生储蓄银行、学生消费公社、成美学会、新闻学研究会、新思潮

---

① 桑兵：《晚清学堂学生与社会变迁》，广西师范大学出版社，2007，第3~9页。
② 李华兴主编《民国教育史》，第596、621页。
③ 桑兵：《晚清学堂学生与社会变迁》，第3~4页。
④ 许德珩：《五四前的北大》，《五四运动回忆录》（上），第229页。

杂志社,①达 16 个之多,而北大当时只有 2000 多名学生。此外,五四运动前夕著名的学生组织还有恽代英等人于 1917 年在武汉成立的"互助社"、毛泽东等人于 1918 年在长沙成立的"新民学会"等。这些学生组织在砥砺品质、改造自我之时,加强了学生之间的团结,使集会易于发动。

与 19 世纪末那个时代的学生不同的是,五四运动前夕的学生与社会的联系非常紧密。1919 年春节,北京大学学生为筹集画法研究会基金,趁寒假特开游艺会,演出军乐、中乐、西乐、昆曲、幻术、科学、游戏、舞蹈、趣剧、新剧等。观看演出的报社记者对学生的表现发表感慨,"观会中诸君之办事有条理,逆料将来出校任社会事业,必能远胜于腐劣之官僚",赞叹学生们的思想"所见至为远大"。② 一战结束时,全球爆发粮食危机,日本发生"米骚动"事件,广东也出现粮食紧缺的状况,为筹款抑价,广州学生举办游艺会,除有福建军队表演外,广东省立女子师范学校表演吹笙、剑术、试刀、单拳合战及苏依士跳舞,女子体育学校表演垒球,第一及第四女子高等小学校、公益女学校等表演行进游戏。③ 济南第一中学学生听说外交吃紧,在参加 1919 年 4 月 20 日要求废除中日密约的山东国民请愿大会时,约有 20 人登台演说,"沉痛激昂,声泪俱下,时台下听者无不汗流背夹,愤慨之情现于眉宇"。④

学生的转型、进步以及在运动中发挥的作用,不为曹汝霖等人所认识和信服。5 月 4 日这天,曹汝霖正参加总统徐世昌为驻日公使章宗祥回国举办的接风午宴,得到学生向其住宅进军的消息后,他不是向总统请求保护,而是选择回家,随之而去的还有章宗祥,迅致"火烧赵家楼,痛打章宗祥"事件发生。曹、章之所以做出如此冒险的选择,归根结底是因为对学生的不了解和对学生能力的轻视,以为这次学生集会会像 1918 年抗议中日缔结军事协定时那样风流云散。即使住宅被烧、朋友被打,曹汝霖仍然没有意识到

---

① 《国立北京大学之内容(续)》,《申报》1918 年 12 月 29 日,第 6 版。
② 静观:《年假中之北京学界》,《申报》1919 年 2 月 8 日,第 7 版。
③ 《广东粮食救济会近状》,《申报》1919 年 4 月 12 日,第 7 版。
④ 《山东之国民请愿大会》,《申报》1919 年 4 月 25 日,第 6 版。

今日学生已非昔日书生可比，认为学生运动只不过昙花一现，会被迅速忘记，自己没有理由不复出。①

五四运动中的学生

五四运动中的学生继承了过去学生运动的愤激方式，写血书宣示决心，自杀以警醒国人，但在对问题的处理上更加老练，因有群众的即时支持而更加坚定。

5月2日，当北京学生知道外交失败的消息后，国民杂志社的各校代表在北大西斋饭厅召开紧急会议，高工学生夏秀峰当场咬破手指写血书，同学们激动得"眼里要冒出火来"。第二天晚上7点，北京13个中等及以上学校代表在北河沿北大法科大礼堂开会。会议开到紧张之际，北大学生刘仁静拿出菜刀要当场自杀"以激励国人"；法科学生谢绍敏悲愤填膺，破指裂衣，血书"还我青岛"。②北大预科一年级学生广东人李畅秀，"性勤勉，尤留心国事"，因事回广东，"及外交之恶耗到粤"，拍案大呼"公理何在？"于是"扶膺痛哭，吐血数碗"，遂卧病而逝。③中国大学法科学生梁国才"愤外交失败"，"遽膺喀血之疾"，6月初听闻学生大逮捕事件，病情加剧，"且云国事如此，我何生为？"拒绝就医，并绝食，"以求速死"，竟于7日病故。④湖北中华大学法科学生李鸿儒，"对于国事素抱热忱，此次外交失败，李君尤慷慨激昂，奔走呼号"，在劝业场演讲时被警察殴伤，"既愤官厅之黑暗，又痛心国事之日非"，在返乡途中，"悲愤无聊，乃投河而死，以身殉国"。⑤

以上可见，五四学生保持了以往学生运动中的情操和志气，甘愿牺牲，以求唤醒国人。在五四运动中，影响最大的莫过于郭钦光之死，学生对郭钦

---

① "Tsao Ju-lin Shows Little Repentance," *The China Press*, May 21, 1919, p.14.
② 许德珩：《五四运动六十周年》，中国社会科学院近代史研究所编《五四运动回忆录（续）》，中国社会科学出版社，1979，第51页。
③ 《又一恸国殒身之青年》，《晨报》1919年6月10日，第2~3版。
④ 《又一悲愤病死之学生》，《晨报》1919年6月11日，第6版。
⑤ 《鄂学生忧愤投河记》，《申报》1919年6月22日，第8版。

光之死的处理表现了五四时期学生的成熟。

郭钦光，广东文昌人，北大预科新生，患有肺病。5月4日参加了学生示威游行，并随学生队伍到达曹汝霖家，因劳累过度，回校后病情恶化，7日吐血而亡。郭钦光是五四运动中死亡的第一个学生，他的死引起了巨大轰动，12日天津中等及以上学校学生数万人开会追悼，18日北京中等及以上学校学生5000人开追悼大会，31日上海1万多人举行公祭。媒体对其死亡原因的报道是："四日在曹宅时，被曹宅家人殴打，吐血甚多，虽未被捕，而已伤重不能救治，于六日在法国医院病故。"① 有的报道更加详细，"四日在曹宅时，被曹宅一家人并队兵二人殴打，当时吐血甚多。虽未被捕，而已伤重不能救治，于七日在法国医院病故"。② 对郭钦光去世的报道，媒体开始用"病故"这一中性词，后来的报道和情节描写越来越趋向褒义，至5月14日，报道已带有一定的感情色彩，"痛亡国之无日，呕血殒命，一瞑不起"。③ 5月31日的报道感情色彩更加强烈，郭的英雄形象越来越鲜明，"四日之役，奋袂先行，见当局下逮捕学生之令，愤然大痛，呕血盈斗。至法国医院，已有不起势。时有告以章宗祥已死者，尚能大笑以答。……因益呕血。延至七日，溘然遽逝"。④ 至6月初，《申报》和《晨报》都不约而同用"烈士"来称呼郭钦光。⑤

为何将郭之死归罪于曹宅家人和队兵殴打？五四运动过去12年后，罗家伦揭开了谜底。原来章宗祥被打成脑震荡后好几天没有脱离危险期，不时有死亡的消息传出，学生害怕章的家人起诉，在北大学生狄君武的策划下，"硬说郭钦光乃是五四那一天被曹家用人打死的"。⑥ 谁知章宗祥竟然没有死，学生也就不再坚持郭是被曹家佣人打死的这一说法，郭于是一变而

---

① 《学生之牺牲》，《晨报》1919年5月8日，第2版。
② 《郭钦光君事略》，《申报》1919年5月31日，第11版。
③ 《郭君钦光愤外交之失败》，《晨报》1919年5月14日，第6版。
④ 《郭钦光君事略》，《申报》1919年5月31日，第11版。
⑤ 《追悼郭烈士大会纪》，《申报》1919年6月1日，第11版；《上海之郭钦光追悼会》，《晨报》1919年6月4日，第3版。
⑥ 罗家伦：《五四运动与北京大学》，《五四运动亲历记》，第69页。

成击贼英雄,"郭力击章贼受重伤,后闻章宗祥死,大笑,与同人长别"。①

学生对郭钦光死因的说法不无策略考虑,而5月4日这天学生对步军统领李长泰的说服,更能反映学生的社会活动能力。5月4日,北京各校学生在天安门集合,准备向东交民巷使馆区进发,受到李长泰的阻拦。《晨报》对这次学生与李长泰的交涉描写如下:

> 李统领下车后,即入群众丛中操北音曰:"汝们现在可以解散,今天公使馆是不见客的,汝们就到那里也没有益处,有话可以由我转达。"
>
> 时大多数学生远立桥外,不识来人为谁,且误会李统领之言,有人大呼"卖国贼"……"卖国贼"……,因此秩序稍乱,幸代表尚能制止,一面向李统领婉言曰:"他们是误会老前辈的意思,对老前辈是丝毫没有意见的,大家都是为国,我们今天也不外游街示众,使中外知道中国人心未死,做政府外交的后盾而已。"
>
> 李统领闻言亦即息怒,低声言曰:"汝们有爱国心,难道我们做官的就不爱国,就要把地方让给别人么?不过总统之下,还有我们各种机关,汝们如有意见,尽管由我转达。若是汝们代表要见总统,我也可以替汝们带领,反正总有个办法,不能这种野蛮的。"
>
> 时傍有老叟厉声曰:"我们赤手空拳,那里有野蛮的事?"
>
> 又有多数学生呼曰:"我们举动是极文明的。"
>
> 李统领迟疑半晌,旋又对群众曰:"汝们就在这里解散么,不必再到公使馆了。"
>
> 时学生代表又向李统领婉言曰:"我们今天到公使馆不过是表现我们爱国的意思,一切的行动定要谨慎,老前辈可以放心的。"
>
> 各学生大呼"走!走!走!"

---

① 吴中弼编《上海罢市救亡史》,中国社会科学院近代史研究所近代史资料编辑组编《五四爱国运动》(下),中国社会科学出版社,1979,第265页。

李统领亦无言。旋取下眼镜细读传单半晌后，对群众曰："那么任凭汝们走么，可是千万必要谨慎，别弄起国际交涉来了。"言毕嘱咐警吏数语，即乘汽车而去，学生全体亦向南出发。①

正因为学生对话得体，对局面有控制能力，表现得冷静、理智，当天的示威游行才得以成功举行，为中国近代历史谱写出新的篇章。

郭钦光之死变得"悲壮"的故事与5月4日学生与步军统领之间的对话，表明五四学生在与社会接触过程中变得成熟，非过去读书人可比，历次社会活动给他们的经验教训使他们不再会像1918年5月抗议事件那样容易被政府糊弄过去。

学生在5月4日的示威游行及至赵家楼后的毁屋伤人事件，第二天即见诸媒体报道。《晨报》在报道时，对学生运动给予同情与理解，"学生举动诚不免有过激之处，但此事动机出于外交问题，与寻常骚扰不同。群众结合往往有逸轨之事，此在东西各国数见不鲜。政府宜有特别眼光为平情近理之处置，一面努力外交，巩固国权，谋根本上之解决。则原因既去，必不至再生问题矣"。② 社会上的即时支持使学生在运动中变得非常强势。

在华英美报刊对五四学生的观察与同情

学生的强势表现在五四运动爆发的第一天就发生了火烧曹汝霖的住宅、痛打在曹宅的章宗祥事件。第二天，北京学生听说某报馆"痛骂此次学生举动为捣乱"，立即去报馆，"寻主笔未得"，于是将报馆捣毁。12日，天津南开学校以电报局拒绝打电报为由，也"拟率往捣毁"，后被保定警察探悉，"将该校包围，禁止出入"，才未成行。③

学生的强势，也即学生的力量，让西方记者耳目一新。《字林西报》对

---

① 《山东问题中之学生界行动》，《晨报》1919年5月5日，第2版。
② 《山东问题中之学生界行动》，《晨报》1919年5月5日，第2版。
③ 陈其樵：《七十年前"五四"参加者的日记》，陈燕校注，《传记文学》（台北）第54卷第6期，1989年6月。

英国"是否存在这样一种阶级，其势力之强大，只要经过两周的和平运动，就能使三名大臣被免职"感到怀疑。① 因此在对学生运动的观察中，在华英美报刊特别注意学生的强势力量。

5月19日，北京学生实行总罢课，徐世昌21日免李长泰步军统领职，替以自己的心腹王怀庆。王怀庆素有"屠夫"之称，就职伊始，即以军警包围校园，阻止学生外出，"大有用武之势"。《京津泰晤士报》记录了5月28日高等工业学校学生与围园军警之间的一场交锋，最终军警撤围而去。事情起因于高工学生准备在这天开全体大会，被便衣侦闻，王怀庆闻信，"立派兵至，持枪实弹，如临大敌，大欲捕学生以去"。学生对军警"晓以大义，动以至诚，慷慨陈词，放声大号者有之，昏然倒地者有之，军警见状，始敛锋缩迹而去"。军警撤退时，学生鼓掌相送，却因"带有讥讽之意"，招致军警复回，扬言"学堂风气不佳，我辈当代为管理"。面对军警的威胁，学生却能痛斥军警："学校为教育机关，断不容武人干涉，即云维持秩序，学生开会有无扰乱秩序处？亦何至以武力恫吓，直视学生如土匪如乱党？凡稍有人心者，必不肯出。"军警闻之，"无如之何而去"。② 6月初北京出现演讲学生被大逮捕情况后，天津学生继续从事宣传活动。《华北明星报》观察到不论政府如何举动，学生"不为屈挠"，不是向警察避让，就是向警察解释，"劝其勿加干涉"。有一次学生欲在前奥租界进行演讲，警察担心引起外交纠纷，数次试图阻止学生宣讲，而学生以"唤醒人民为职务，犹之警察之职务"进行解释，警察闻言只得"相率引退"。③

如果把同军警进行交流视作学生的防守，那么暴力和非暴力合作则可视作学生的进攻。学生进攻的一种方式表现为以柔克刚。6月5日上海发动"三罢"时，上海学生对不愿参加罢市的商人采取下跪这一非暴力合作的方式促使商人关门闭市。"五日黎明，各学生结队先自南市十六铺各水果行

---

① "The Power of the Student," *The North-China Daily News*, June 24, 1919, p.7.
② 《武力钳制下之京学界》，《申报》1919年5月29日，第7版。
③ 《津学界之演讲情形》，《申报》1919年6月6日，第7版。

前,跪求闭市。凡少不表同情者,学生跪求不起。一时感动商民,遂全体罢市。"① 同日,天津学生欲见省长曹锐,《华北明星报》观察到学生采用的也是"悉跪于泥中哀求"的非暴力合作方式,"学生起而复跪,前后六次,历三小时",军警见之,"多亦答以同情之泪",最终使曹锐同意接见学生代表。② 南北两地学生采取相同的方式,也许是巧合,但不能排除协商的可能性。学生进攻的另一种方式是以牙还牙。6月8日,北京学生不畏逮捕,欲继续上街,出门则为军警阻拦。《京津泰晤士报》发现,在冲突中,有一游缉"以枪击一农业便衣学生,以其为普通行人也",学生见此,"大动公愤,上前一围,先将该兵之枪撤去,各以旗杆享之,以示儆戒"。不但如此,后来巡警也来"向学生道歉","责该兵对学生举动之野蛮,致招谴罚"。③

学生采取的有理、有力、有节的举动,为自己开创了良好的局面,赢得了各方同情,甚至地方督军不分直系还是皖系,对学生运动都持同情态度。如陕西督军陈树藩、山东督军张树元、湖南督军张敬尧、黑龙江督军鲍贵卿,要求政府"主张善用民气,保持主权"。④ 中国学生的行为也赢得了在华英美报刊的同情。

在华英美报刊认为五四运动爆发的原因是中国人民"被他们的代表在追求他们认为的正义和公正方面的可耻失败完全唤醒了",⑤ 联合抵制巴黎和会把山东利权交给日本的决定与呼吁中国代表拒绝签字的行为是"中国真正觉醒"。⑥ 对于学生在运动中的表现,在华英美报刊称赞他们虽是"稚嫩的政治家",但也是"满腔热情的爱国者",他们作为"宣传者"是成功的,他们在许多地方已经说动像商会和贸易工团这样持重的机构同意"组织一场运动来建立廉洁的政府"。⑦ 至于五四运动如何结束,是否会激起革

---

① 杨尘因:《民潮七日记》,《五四爱国运动》(下),第215页。
② 《津学生晋见曹锐情形》,《申报》1919年6月9日,第7版。
③ 《四日以后之京学界》,《申报》1919年6月9日,第4版。
④ 《疆吏对外意见再志》,《晨报》1919年5月20日,第6版。
⑤ "The Boycott of Japanese," *The North-China Daily News*, May 14, 1919, p. 7.
⑥ "China Rouse," *The North-China Daily News*, May 13, 1919, p. 8.
⑦ "The Student Agitation," *The North-China Daily News*, May 27, 1919, p. 7.

命，克劳创办的中美新闻社则对学生进行保护，将责任推向政府，认为"全在政府对人民之态度是否平和"。①

二 抵货运动与在华英美报刊态度的转变

抵制日货为"唯一武器"

五四运动爆发当天，学生的主要要求依其口号可分为两类：一是"还我青岛"，二为"打倒卖国贼"。"还我青岛"可代表"外争国权"目标，"打倒卖国贼"可代表"内惩国贼"目标。这两个口号或这两个目标之间从内部来看是相通的，国人认为青岛是卖国贼葬送的，收回青岛与惩办卖国贼必须同时进行；从外部来看其都与日本有关，都是日本不讲公理，不肯归还山东利权引起的，因此在收回青岛之前，必须抵制日货，在当时的情况下也只有抵制日货这一种手段。在这种认识之下，五四运动的斗争内容在运动发生后的第二天就增加了一个新的目标——"抵制日货"。

5月5日，北京学生界在北大法科礼堂开各校全体大会，到者3000余人。在会上，朝阳大学代表提出抵制日货的提案。② 这是抵制日货要求在五四运动中最早的出现。6日，北京学生联合会成立，通过对外和对内两个决议。对外决议第3条即要求"全国一致抵制日货，令全国商会与日本断绝通商"，并"请美国不供给原料与日本"。③ 在北京学生的倡议下，抵制日货运动席卷全国。

对于抵制日货，在华英美报刊的态度是矛盾的，既希望看到中国民众对日货进行抵制，又不愿抵货运动损害英美在华商业利益与在租界引起骚乱。在华英美报刊对抵制日货运动的欢迎分两种情况：一是在抵货之外做文章，或者加深中国人的危机感，或者分析战后中日关系，或者传达英美对中国的

---

① 《中国政局之危象》，《申报》1919年5月17日，第7版。
② 《昨日各校学生联合大会详情》，《晨报》1919年5月6日，第3版。
③ 龚振黄编《青岛潮》，《五四爱国运动》（上），第177页。

支持，从而坚定中国人抵货的决心；二是在抵货本身上做文章，称赞中国这种抵御日本侵略的方式，对中国民众的做法进行鼓励，从而坚定中国人抵货的信心。

在抵货之外做文章，是将世界对中日问题的看法告知中国人，是对中国抵制日货的一种间接支持。首先，在华英美报刊通过加重中国民众的危机感来增强中国人抵制日货的决心。5月3日，《大陆报》发表社论《朝鲜的现在，中国的什么时候？》，认为"今日之高丽将为未来中国之先导，而过去之高丽即为现在之中国"，朝鲜人哀求独立的文辞，出于中国人之口，"为期殆不甚远"。朝鲜被吞并之因在于，"内讧不息，国势瓦解，官僚腐败，惟权势利禄是争。外力侵入，阴谋蜂起，而党派倾轧，不惜以国家权利轻送于人，以求外援，借排异己，卒召亡国之祸"。中国今日现象犹如朝鲜之往昔，三十年来外交，"一毫无诚信，专以坐观甲国与乙国相争为得计之历史也。其始则观日本合他国以摈俄，至于今日则又观美合他国以抗日，至于以国家权利天赋财源售诸日本，此尤万国所共见而共闻者也"。中国若有一天亡国，与朝鲜一样，"大率由于自取"。① 《大陆报》社论论调若杜牧的《阿房宫赋》，又若苏洵的《六国论》，切中中国人担忧亡国的心理。第二天，有南京读者给《大陆报》写信，认为它的社论"明确而又富有同情心"，"不仅清楚地阐明了威胁这个国家的危险，而且还阐明了这些危险的根源"，这使中国受过教育的男女，"充分领会到国家事务的危险状况"。②

其次，在华英美报刊通过对战后中日关系的分析来提高中国民众抵制日货的决心。青岛问题是战后中日关系最敏感、最棘手的问题，日本反对由德国直接归还青岛，坚持青岛必须经其手交给中国。对于日本的多此一举，《大陆报》认为实质是日本欲确立其"亚细亚主义"，称霸亚洲。然而，日本的做法已经违背战后世界潮流，是对战后和平规则的"直接挑战"，列强必不能容忍日本这样做。"必不能承认日本之所以解释亚西亚者，必不容日

---

① "Korea Now, China When?" *The China Press*, May 3, 1919, p. 8. 译文采自《高丽与中国之比较》，《晨报》1919年5月6日，第3版。

② "Correspondence: China and Korea," *The China Press*, May 6, 1919, p. 10.

本以中国为日本专有之事业而立于中国及世界各国之间以为居间人。"①

最后,在华英美报刊通过对英美对中国支持的转达,增强中国民众抵制日货的信心。5月24日,《密勒氏评论报》报道了在华美国商会对巴黎和会关于山东问题决定的抗议,抗议书通过美国驻华公使送达美国务院和在巴黎的威尔逊。抗议书写道:

> 和会决议以德人在山东之权利移让日本,虽日本有将来以此等权利归还中国之诺言,但使此诺言不附有保证,证明此等诺言将于一相当时期之内完全履行,则所有一切维持门户开放及机会均等之约均将成为具文,中国将受在日本控制之下之武力主义之压制,世界不免因此再起战祸,故在华美人对于和会此项决议深为忧虑。吾人并拟商请在华英法意三国人民各团体一致行动,吾人对于此问题感情如何,可以不论,惟吾人在中国之切身利益总须保持。倘吾人不将东方目下之情形布告世界,则将来第二次世界大战爆发时吾人子孙将受其实祸,而日本若被给予在亚洲大陆之无限权力,则第二次世界大战必起,可断言也。②

6月4日,在五四运动即将进入高潮时,《大陆报》报道了在华美国商会收到的芮恩施公使的来电。芮恩施在电报中告诉在华美国商会:"总统威尔逊要求我告知他已收悉在华美国商会的声明,并且说这个问题他会仔细考虑。"③ 6月8日,《大陆报》再次报道在华英美人对巴黎和会决议的不满,要求"参与和议会之各国筹计施行一种适当之解决,使勿覆危中国之安全及世界之和平"。④

---

① "Japan to Give Back Tsingtau," *The China Press*, May 13, 1919, p. 10. 译文采自《日本违反国际同盟主义之外论》,《晨报》1919年5月17日,第3版。

② "Editorial Paragraph," *Millard's Review of the Far East*, Vol. 8, No. 13, May 24, 1919, pp. 465-466. 译文采自《美人对山东问题之不平鸣》,《申报》1919年5月23日,第7版。

③ "Shanghai Organizations Telegraph to Wilson on Shantung Question," *The China Press*, June 4, 1919, p. 1.

④ "Anglo-Americans at Peking Oppose Shantung Decision," *The China Press*, June 1919, p. 1. 译文采自《英美协会对华问题之决议》,《申报》1919年6月9日,第7版。

在华英美报刊在抵货上做文章，是对中国抵货的一种直接支持。5月13日，《大陆报》就中国抵货之事发表社论：

> 作为报复日本侵蚀中国主权的一种有效手段，抵制日本运动正成燎原之势展开。实际上，每一个商业机构和教育机构都在设计执行的方案。地方政府明确训令执法官员，除非鼓动者的行为扰乱了和平，否则不要干预他们的活动。①

在这篇社论中，《大陆报》将抵货看作是报复日本侵蚀中国主权的"一种有效手段"。《字林西报》对抵货手段的看法更进一层，认为中国人既"没有力量"，也"没有财富"来对付日本，那么抵货就是中国"所能得到的唯一武器"。②

《京津泰晤士报》通过对抵货发展过程的考察，发现中国人对日货的抵制先前是商人和店主决心不卖日货，到了运动后期，发展为几乎所有消费者都决心不用日货了。出现这样的进步，学生发挥了巨大作用。下面是《密勒氏评论报》转载的《京津泰晤士报》对学生作用的评论：

> 迄今为止街上的普通民众没有意识到他们使用日货是对国家权利的损害，但是现在学生花时间致力于向他们解释使用日货是多么的错误。同时他们被学生组织告诫绝不能使用暴力和制造纠纷，因为这样做有可能带来政治上的混乱。现在必须认识到学生运动是一场全国性的运动，是全民的运动。过去普通中国人的行为方式最显著的特征之一是无法理解个人对国家的责任，但是现在有证据表明中国人对国家的责任感已被

---

① "Organization to Boycott Japanese Being Workout Along Systematised Lines," *The China Press*, May 13, 1919, p. 1.

② "The Boycott of Japanese," *The North-China Daily News*, May 14, 1919, p. 7.

唤醒。①

在华英美报刊对中国抵制日货运动的评价很高，除《京津泰晤士报》认为它是中国民众对国家责任意识的觉醒外，《密勒氏评论报》还认为它是一场"新中国民族运动"。②

反对租界内一切骚乱

抵货运动必引起骚乱，骚乱不可能不影响到在华英美人的利益。在华英美人既想将抵货对象完全限制在日货之内，又想将抵货地区控制在租界以外，这是不切实际的幻想，因此他们对抵货运动态度矛盾。

五四运动刚爆发，《字林西报》就把这场单纯的反日运动理解成由中国政府在幕后支持的排外运动，企图转移中国民众视线，引到中国政府身上。《字林西报》告诉中国民众，"我们中的大多数人为巴黎和会处理青岛问题的结果感到遗憾时"，不得不承认和会"仅仅认同一个中国与日本之间先前的协议"，出现这样的结果，"错误在于北京政府，也在于允许这样一个政府存在的中国人民"。在《字林西报》看来，"在中国几乎每次有排外倾向的群众示威活动都是由官方支持的"，北京政府为推卸自己的过错，"亟须将外交失败的责任转移到盟国身上，而不单单是日本"，因而"当前学生收回青岛运动的危险在于政府官员可能会鼓动学生进行排外宣传"。③

看到抵货运动的兴起，追求"世界主义"的《密勒氏评论报》也变得紧张和恐惧起来，担心中国人由于不能区别外国人而爆发类似于义和团运动的事件：

> 现在在北京反对日本和亲日派官僚的骚动将变成普遍的排外运动，

---

① "Far Eastern Press Opinion: Deep Significance of Boycott Movement," *Millard's Review of the Far East*, Vol. 9, No. 3, June 21, 1919, p. 119.
② Hollington K. Tong, "The New Chinese National Movement," *Millard's Review of the Far East*, Vol. 9, No. 3, June 21, 1919, p. 92.
③ "Danger of the Student Movement," *The North-China Daily News*, May 12, 1919, p. 9.

在华的美国人、英国人、法国人和其他外国商业团体自然恐惧起来。这种恐惧感觉是基于他们知道普通中国民众没有达到如何区分外国人的水平。为了惩罚他们，无知的中国暴徒可能会不分青红皂白地反对所有外国人，就像义和团那样甚至谋杀在任何国家不能伤害的传教士和外交官。如有可能，日本会努力将这场运动转向排外。对排外运动的担心尤其存在于英国、法国、意大利的商业团体中。①

抵货运动在发展过程中偶尔损及英美在华公司，《大陆报》对此提出严重警告：

> 华人如欲抵制日货成功，应极小心从事，不可受人诱惑，致惹起枝节，中国若对于一切外货乱加排斥，必致失各国之同情，将从此无一赞助之友邦。美国尤无受抵制之理，美在巴黎和会始终助中国华人，若并美货而排斥之，不但丧失美人之同情，即排日之目的亦将不能达，而中国将无一好友。②

上海"三罢"斗争发生后，一日之内实现了全面罢市，各业工人也陆续罢工。在华英美报刊对于罢市尚能容忍，视之为"愚众"行为，只要引导得法，"安然过去"，"不致横决"，③但对于罢工一律持反对态度，因为罢工会影响到他们的生活、出行等，更有可能引发他们惧怕的无产者运动。6月7日，《大陆报》听说工人要举行总罢工，虽然意识到这是中国民众试图迫使北京政府罢免亲日派官员"打出的最后一张牌"，但是仍持强烈的反对态度，告诫中国民众如果第二天举行大罢工，所有的商行、公司、工厂都

---

① "Editorial Paragraph," *Millard's Review of the Far East*, Vol. 8, No. 12, May 17, 1919, pp. 425–426.
② "Correspondence: Boycott Hits Other Foreigners," *The China Press*, June 1, 1919, p. 2. 译文采自《抵制应有鉴别之西论》，《申报》1919年6月1日，第11版。
③ "To Foreigners as Well as Chinese: Keep Your Heads," *The China Press*, June 7, 1919, p. 8.

将受到影响,"这意味着外国将反对学生运动"。① 第二天,上海铁路、铁厂、印刷、汽车、电车、码头、清道等业工人,与商界、学界一致行动,举行被中国报纸称为"破天荒之工人总同盟罢工",预示着"工人参与政治问题之嚆矢"。② 《大陆报》发表长篇评论,极为担心罢工演变成"暴民行为",故用带有威胁的语言劝告中国民众为"自保"计,应停止罢工:

> 汝侪所万不可忘者,最足破坏汝侪目的之事即在使时事转为暴民行为,而为汝侪约束所不及也。汝侪停闭商铺,固属正当,但停闭工厂,则将使全体受害。大众爱国心诚为吾人所钦服,但爱国心不能枵腹而存,若干万(应为"若干万"——引者注)劳动家罢工三四日将有乏食之忧,而减少其爱国热度,汝侪之常识将为劳动家饥火所灼销,彼等穷极生变,难免不生杀人越货之事。至是外人当道,无他方法,惟有以铁拳严厉取缔而图自保耳。汝侪荣耀行动,将因此摧残,而中国最好希望亦将随之俱去矣。非停止示威行动即激成暴动,两者任令汝侪自择其一之时,汝侪宜停止示威,此即自保之道,此非屈服也,但可免大失败耳。③

最使在华英美报刊难以容忍的是罢工、示威游行等在租界内进行。《字林西报》直言不讳地对中国民众抱怨道:"在公共租界的外国人对中国人很生气,因为他感到了不方便,中国人没有能防止罢工扩散,这是一件遗憾的事。"中国人这样做损害的只是中国人的事业,"因为普通外国人对中国人的内部情况毫不介意,他对此一无所知,并且对此毫不关心"。中国人如果足够明智,意识到"外国人对中国人不感兴趣",就应该"自然地把罢工限

---

① "Strike Called Off or to Spread to All Industries?" *The China Press*, June 8, 1919, p. 1.
② 《破天荒之工人总同盟罢工(上海六月八日特约通讯)》,《晨报》1919 年 6 月 12 日,第 6 版。
③ "To the Chinese, and Some Foreigners," *The China Press*, June 11, 1919, p. 10. 译文采自《美报对于华人救国之评论》,《申报》1919 年 6 月 12 日,第 11 版。

制在租界之外",罢工的蔓延将导致外国人"反对而不是帮助中国人民"。与《大陆报》一样,《字林西报》威胁说,在华外国人"应不惜一切代价维护秩序",而维护秩序对他们而言并不困难,"利用外国军事力量进入上海是一件简单的事,因为几个训练良好的师就能征服中国"。① 为什么罢工等所谓的骚乱不能在上海租界出现?几天后《字林西报》给出的答案是:"当上海学生把骚动带进公共租界时,他们是不明智的,而且他们这样做可能已经丧失了大量外国人的同情。骚动在北京,或者在天津,似乎是有理由的,但不应该出现在自治的、外国人的和中立的地方。"② 将这两篇文章联系起来看,在华英美报刊反对在租界举行游行、罢工,主要原因在于租界是西方殖民者集中居住之处,这会危及他们的安全。

为此,工部局早就做了防备和应对。6月5日,上海公共租界工部局发出中文告示:"租界内不容散发煽惑性质之传单,悬挂有碍治安之旗帜,违者惩戒不贷。"③ 第二天,工部局又发出警告,遍贴于各马路,其内容为:

> 现颇有人凭借抵制日货事,绝不顾及中国或租界居民之幸福,专谋扰乱公安,以图私利,有意妨害安分营业之商民。为此,本局须即用严厉办法维持界内公安……现特警告公众知悉:凡散发煽惑人心之传单,及悬挂旗帜有直接激动扰乱公安者,一概禁止。如果故违本局布告,严行惩办不贷。……凡在界内街衢成群结队,一概不准。如无合法之事,不得在道路闲游或和附杂入各扰乱人之中,妨害秩序。所有安分居民应于晚间在家静坐,倘或不遵本局警告而受有损害,本局不任其责。④

工部局变本加厉,不但不允许中国民众在租界内散发传单和悬挂旗帜,连在街上闲游也不行,只可在家静坐,大有草木皆兵之恐慌。公共租界工部

---

① "The Student Movement," *The North-China Daily News*, June 12, 1919, p. 7.
② "Student Government," *The North-China Daily News*, June 19, 1919, p. 6.
③ 《工部局注意传单与旗帜》,《申报》1919年6月5日,第11版。
④ 《英美工部局昨日之布告》,《申报》1919年6月7日,第10版。

局是这样，法租界工部局同样如此。为防止法租界内出现集会示威之事，法租界工部局在 6 月中旬下令不准结队游行，将结队游行定性为"非法举动"，① 也下令临时戒严过。因此上海"三罢"运动结束后，6 月 12 日，在公共租界曾发生工部局与市民的冲突，但在法租界安堵如故，"法租界各商店因有学生队经过劝告开市各店燃放爆竹欢迎后，一律开门照常营业，各学生所经各街道旁观者多不免拥挤，幸由各捕房饬派探捕分途照料，故秩序井然，地方安静"。②

在华英美人对学生运动发展到抵货运动阶段态度的变化，以及对租界内集会游行的严厉预防措施，影响到了五四运动的结局。

三　在华英美报刊与五四运动结束

尽管全国学生联合会是在 7 月 22 日发表《终止罢课宣言》，"一俟秋高气爽，各校循例开学，即当挟箧怀铮，重理故业，务期擘阐新知，发扬旧贯，潜心修养"，③ 但一般认为五四运动结束于 6 月 28 日中国拒签和约这一天。从当时的实际情况来看，当三名亲日派官员作为"卖国贼"于 6 月 10 日被罢免的消息传开后，各地的"三罢"运动猛然减少，到 6 月 12 日基本偃旗息鼓。以往关于五四运动的研究，一致认为五四运动于 6 月 28 日结束时，已经取得了彻底胜利。然而，五四运动的胜利，对内只是罢免了三个"卖国贼"的职务，未能达到按其"卖国"之罪惩办的要求，对外只是拒绝签字，未能达到收回青岛的目标，由此可见，五四运动只是取得了阶段性的胜利。五四运动为何在最终目标没有达到时就画上了句号？这是由多方面因素决定的，其中在华英美报刊的态度对之也有重大影响。五四运动于 6 月 28 日结束的原因，在以往的研究中基本无人探讨。笔者在考察在华英美报刊促使五四运动结束所起作用之时，试图弥补这一缺憾。

---

① 《法总领通告不准结队游行》，《申报》1919 年 6 月 14 日，第 11 版。
② 《法租界巡防周密》，《申报》1919 年 6 月 14 日，第 11 版。
③ 《全国学生联合会消息》，《申报》1919 年 7 月 23 日，第 10 版。

天气

气候对事件的影响现在越来越被研究者重视。例如,章典等学者通过对古代气候记录的整理,以及对中国唐末到清朝一千多年的战争、社会动乱和社会变迁的系统对比分析,发现冷期战争率显著高于暖期,70%~80%的战争高峰期、大多数的朝代变迁和全国范围的动乱都发生在气候的冷期,中国历史上的朝代变迁,以及大乱和大治的交替,都受到气候波动变化的影响。① 易山明认为晚明处于中国气候史上的第四个寒冷期,降温对农牧业造成了灾难性影响,也对晚明军队的士气和将士的心理产生了重大影响,导致了明朝的灭亡。② 萧凌波等学者通过对清朝气候变化对华北平原动乱的影响进行研究,揭示出这样的规律:寒冷时段相比温暖时段动乱高发,干旱对动乱的影响比洪涝更为明显,19世纪最严重的三场农民起义均发生在旱灾背景下。③ 与大规模的社会动乱相比,五四运动只能算是一场规模非常小、持续时间极短的和平运动,然而它的爆发与结束也受到气候,准确来说受到天气的影响。

5月的北京刚进入春夏之交,天气多变。然而1919年5月上旬的天气格外的好,"一清早虽还有点微凉之感,午间却已烦热,也正是初穿单衣的首夏"。④ 5月4日那天正好是星期日,学生不用上课。当日天气"晴朗",⑤ "微微有西南风"。⑥ 因为气温回升快,正阳门里大道两旁的槐柳"被一阵阵和风吹过摇曳动荡",中央公园红墙内"飘散出来各种花卉的芬芳",⑦ 盎然的春意,正适合户外运动。度过了漫长寒冬的人们脱掉厚重的棉装,换上轻

---

① 章典等:《气候变化与中国的战争、社会动乱和朝代变迁》,《科学通报》2004年第23期。
② 易山明:《明朝灭亡与"小冰期"》,《华北水利水电大学学报》2015年第5期。
③ 萧凌波、叶瑜、魏本勇:《气候变化与清代华北平原动乱事件关系分析》,《气候变化研究进展》2011年第4期。
④ 王统照:《三十五年前的五月四日》,《人民文学》1954年第5期。
⑤ 《山东问题中之学生界行动》,《晨报》1919年5月5日,第2版。
⑥ 《王统照文集》第6卷,山东人民出版社,1984,第126页。
⑦ 王统照:《三十五年前的五月四日》,《人民文学》1954年第5期。

松的单衣。参加运动的北京高师学生陈其樵前天还穿着棉衣,却"今日着单"。① 中国大学的学生王统照预料那天午后天气会热,"只穿了一件爱国布的单长袍"。王统照还观察到,5月4日那天,从总体上看参加游行的学生皆穿着轻便,但分为两种情况:"穿短黑制服"是少数,"穿长袍的占大多数"。② 单衣为学生们施展手脚提供了方便,翻墙而入曹汝霖住宅的学生是从院墙窗户"滚入"的。③ 温暖的天气也为学生运动引来不少围观的群众,"他们多是从前门外与东西长安街就近集合而来,专为看看学生们要作什么样的举动,……也满怀热望期待着学生们有一场热烈有力的举动"。④ 学生出发游行的时候,围观的群众中有人"自动走进了学生的行列"。⑤ 学生运动因围观而变得更引人注目,力量更加壮大,学生情绪也更加激动。"这时候,无论怎样怯懦的人也都变成了一些有勇气的人了",终至"预备牺牲的几个热烈同学"翻墙"滚入"曹汝霖宅内,从里面打开大门,随即"如鲫如鳞的群众一拥而入",发生纵火伤人事件。⑥

随后的几天,北京的天气仍然适宜室外活动。陈其樵在日记中记载:4日"晴暖",5日"晴热",6日"晴暖",7日"晴热",8日"微阴,暖",9日"小雨",10日"微阴",11日"微阴",12日"微阴"。⑦ 对照前面记载5月4日这天"晴朗",陈其樵所说的"晴暖"应该也是比较舒适的温度。"晴热"气温有多高?陈在5日的日记中说午饭后回校睡觉,"天气忽然大热,如在伏天",看来比较热了,但也只发生在中午,且在这9天中,只有5日与7日是"晴热",8日的天气"暖",虽然阴,但温度不高不低。从中国社会科学院近代史研究所近代史资料编辑组编辑的《五四爱国运动》

---

① 陈其樵:《七十年前"五四"参加者的日记》,陈燕校注,《传记文学》(台北)第54卷第6期,1989年6月。
② 王统照:《三十五年前的五月四日》,《人民文学》1954年第5期。
③ 匡互生:《五四运动纪实》,《近代史资料》1957年第2期。
④ 王统照:《三十五年前的五月四日》,《人民文学》1954年第5期。
⑤ 杨明轩:《在五四的日子里》,《五四运动回忆录》(上),第235页。
⑥ 匡互生:《五四运动纪实》,《近代史资料》1957年第2期。
⑦ 陈其樵:《七十年前"五四"参加者的日记》,陈燕校注,《传记文学》(台北)第54卷第6期,1989年6月。

中两幅5月7日欢迎被释放的被捕学生照片来看，不论是欢迎者还是被欢迎者的着装，都表明7日虽然"晴热"，但仍然适合集会活动。这一天国民外交协会的集会活动，说明陈其樵所言的"如在伏天"是夸张之词，对集会没有多大不利影响。5月7日，国民外交协会纪念国耻，受到警察阻挠，五易集会地点，从中央公园转移到石虎胡同，又由石虎胡同转移到商务总会，再由商务总会转移到先农坛，最后从先农坛又回到石虎胡同，仅在路上奔波从下午1点到4点，历时3个小时，坚持召开了"国耻纪念会"。① 可见，"晴热"虽如伏天，但人体还是可以承受的。

如果不是晴天，而是雨天，这对集会游行又有怎样的影响？上海"三罢"斗争阶段的天气：6月5日至11日几乎都是晴天。9日那天有点意外："晴。午后，大雨如注。晚霁。"上海在这一个星期里，只有9日下午是雨，而就这半天的雨给"三罢"斗争带来的影响是，"间有躯格荼弱者，为气候所侵，顿染痧疫者綦伙"。同济医工学校只得派出100多人"普散药品，及临时诊治时疫"，"一时受其惠者诚匪鲜也"。② 9日那天极端的天气说明如果天时不利，人们进行群体性活动要困难许多，甚至行动还未展开，人已经染疫。

进入6月，北京变得多风多雨。6月3日，"北京的天气，忽然间大变起来，狂风怒号，阴云密布，继之以打雷，闪电，下雨，一时天地如晦，路上行人也断绝了"。4日，"天气虽然比前天好些，但是刮风大起"，致使"尘沙飞舞"。③ 7日，气温高得在户外的人已需要找地方纳凉，"择树荫小憩"。④ 曹、章、陆三人被罢免后，讲演的学生"大为减少"，其原因一是讲演材料"不得其新颖者"，二是"天气大热，游行炎日之下不免困苦太甚"。⑤ 到了18日，北京学生"渐现安稳静默之象，除三五卖国货之学生踩

---

① 《国耻纪念日之国民大会》，《晨报》1919年5月8日，第2版。
② 杨尘因：《民潮七日记》，《五四爱国运动》（下），第223页。
③ 一记者：《咳！这是什么景象》，《晨报》1919年6月5日，第3版。
④ 《昨日中央公园之国民大会》，《晨报》1919年6月8日，第2版。
⑤ 静观：《北京通信：学潮平静后之余闻》（17日9时发），《申报》1919年6月20日，第7版。

蹩街衢外，讲演团殆已绝迹"。①

在人类活动中，尽管人的意志可以克服各种不利的自然条件，但是从长时段来观察，气候变化对人类活动具有明显的影响。从气候对社会治安的影响来看，旱灾比涝灾更容易引起社会动乱。天气与个人活动的关系也是这样，晴天比雨天更适宜人类出行，春秋两季比冬夏两季更利于户外活动，人类不在不得已时很少会在恶劣的天气下活动。学生运动在5月4日爆发，3000多名学生于下午1点多齐聚天安门，经东交民巷受阻，转赴赵家楼，历时3个多小时，适宜的天气提供了很大的帮助。到6月中下旬，北京、上海等地天气趋向炎热，在基本目标已经达到的情况下，运动渐渐停息。

目标达到

五四运动对外最初目标虽是直接收回青岛，然而在和会内幕逐渐揭开的情况下，国人也务实地知道毕其功于一役诚非易事，日本在和会上能继承德国在山东的利权并不仅仅是依据中日密约那样简单，还有英法等国在中国参战前与日本签订的同意战后日本占领青岛的密约，而后者对中国而言更是致命的。在英法被密约束缚手脚和威尔逊向英法日妥协的情况下，拒签和约比直接收回青岛更现实可行，因为收回青岛需要外在力量的帮助与支持，而拒签和约则只需要凭自己的意志即可达到。换言之，直接收回青岛是一种外在外交行动，而拒签和约是一种内在意志活动，二者之间对于实力不足的中国而言，后者更容易达成，也是外抗强权的最后防线。

自小幡恫吓外交部后，国人始知有中国参战后的中日密约这一对和会外交的不利因素。至4月底5月初，对中国外交双重打击的噩耗同时传来：

> 确闻某方面接到巴黎紧要可靠消息，言意大利之出和会，我之外交颇受其影响，因意国如不出会则日本之态度尚不敢过于强硬，亦不敢轻

---

① 静观：《北京通信：最近学政两界之波澜》（18日晚9时），《申报》1919年6月21日，第6版。

言脱离和会以要挟也。自意大利有此一举，日本乃声言如不彻底其所主张，即将依照意大利之办法，美总统与英法等对于意国之出会已极感其困难，今见日本态度如此，则和会殆有动摇之虞。山东问题或将因此而生极大之变化，明知日本利用机会而三国不能不有所踌躇。至日本最近所借口者为四年五月二十五日中日间二十一款及去年九月之中日协定。此种条约如不废除，日本即永远据为外交口实。一方又有可惊之消息，英国因山东问题其先亦与日本议有密约，故英法虽明知日本之野心，欲对我有所尽力，然为条约所束缚，亦甚难于为力。①

这条新闻说明对中国外交具有重大杀伤力的，一是意大利退出和会，日本若不达目的欲仿效之，致使威尔逊立场动摇；二是日本与西方列强也有密约，导致英法对中国爱莫能助。至此，蒙在鼓里的国人方才明白导致中国外交失利的因素除中日密约外，还有令人无可奈何的国际阴谋。

随后媒体披露了日本与欧洲列强签订的密约具体内容。《晨报》在 5 月 2 日报道日本在和会上对青岛问题"态度颇为从容"，其原因在于"其所恃者实为千九百十七年之《伦敦密约》"，内容系约定"英法意俄四国应支持日本对于赤道以北之德属太平洋群岛及山东之要求，同时日本对于赤道以南诸岛应主张承认英国之要求"。② 在 4 月 22 日的会议上，美国代表蓝辛"仍持强硬态度"，对于山东问题"援用国际法'敌国条约以宣战消灭'之条款与日代表驳论"，但"英法意三国因与日本有密约在先，会议皆守沉默"。③ 到 5 月 9 日，威尔逊在 4 月下旬巴黎和会各次会议上与劳合·乔治及日本代表争论的消息传出，因在青岛问题上"英日协办与美为难"，威尔逊"孤掌难鸣，遂一一承诺日本之主张"，中国民众知道"大事去矣"。④

明白大势已去的中国民众放弃了对威尔逊与和会的幻想，于是模仿梁启

---

① 《山东问题之警报》，《晨报》1919 年 5 月 1 日，第 2 版。
② 《协约国对山东问题之密约》，《晨报》1919 年 5 月 2 日，第 2 版。
③ 《山东问题外讯一束》，《晨报》1919 年 5 月 4 日，第 2 版。
④ 《呜呼！大事去矣》，《晨报》1919 年 5 月 9 日，第 2 版。

超电报要求国人督促政府与和会代表对德和约"万勿署名"的口吻，开始致力于向政府提出"电专使坚不署名"①、"万勿承认"②、"万勿屈辱签字"等要求。③ 这样的要求是在支持中国的外在条件变化后的目标调整，是基于对自己实际力量的客观评估，是抛弃幻想后的现实考量，也是中国外抗强权的最佳选择。

巴黎和会中国对内的目标是惩办"卖国贼"。何为惩办？从五四运动爆发的初衷来考察，即处死。巴黎和会期间，第一次要求惩办"卖国贼"的呼声是王正廷从巴黎发回的那封攻击梁启超"卖国"的电报，在这封电报中，王正廷号召同胞对"卖国贼"要"严诛"。④ 中日密约披露后，章宗祥从日本回国，国人视其为"卖国贼"，认为只要是卖国贼，"人人得而诛之"。⑤ 五四运动消息刚传到上海，上海商业公团联合会致电北京政府，"此次外交失败，人人知为章宗祥、曹汝霖、陆宗舆等所误，几乎国人皆欲杀之"。⑥ 康有为听闻五四运动，也通电支持学生运动，认为曹、章、陆三人若在日本，"则众怒诛之久矣"。⑦

如果说上述"诛""杀"之词的表达还带有一点文学色彩，那么下述文字表达的则为理性之诉求。5 月 4 日北京学生在天安门广场集中时，书有标语的白旗飞扬，其中一面写有"卖国之四大金刚应处死刑"。⑧ "四大金刚"指的是曹、章、陆，再加上同是留日毕业的汪荣宝，其时作为驻瑞士公使在巴黎协助中国代表。北京学生在运动之初明确要求对"卖国贼"应处以死刑，这与"诛""杀"处于同一层意思上。5 日，北京各校学生在北大法科大礼堂召开全体大会，要求政府惩办"卖国贼"，拒签和会，释放被捕学生。有许多代表上台演讲，警官学校的代表演说时出示血书"杀卖国贼"

---

① 方文：《山东问题与国人之决心》，《晨报》1919 年 5 月 4 日，第 2 版。
② 《鲁人愿为政府后盾》，《晨报》1919 年 5 月 4 日，第 2 版。
③ 《学界对于山东问题之呼吁》，《晨报》1919 年 5 月 7 日，第 2 版。
④ 《王正廷声讨卖国贼》，《民国日报》1919 年 4 月 2 日，第 2 版。
⑤ 《国人共弃之章宗祥》，《民国日报》1919 年 4 月 23 日，第 2 版。
⑥ 《国民对于山东问题之大决心》，《民国日报》1919 年 5 月 7 日。
⑦ 《康南海请诛国贼救学生电》，《晨报》1919 年 5 月 11 日，第 3 版。
⑧ 《山东问题中之学生界行动》，《晨报》1919 年 5 月 5 日，第 2 版。

四字，① 说明处死"卖国贼"是学生的共同心声。再从学生的认识看，五四运动时学生愤于国事而轻于自身性命者常有，如山西学生的罢课宣言"苟可以达救国之目的，即牺牲生命，亦所不惜"。② 学生准备以自己的生命与"卖国贼"拼命。5月4日北京学生界宣言，其中对"卖国贼"的警告是"至有甘心卖国，肆意通奸者，则最后之对付，手枪炸弹是赖矣"。③ 学生的诉求也被各界群众接受，或者说各界群众与学生具有相同的要求。顺直省议会在控诉曹汝霖的罪状中，认为政府有责任"首诛曹汝霖之卖国贼"。④ 为何国人在当时未经法律审判就要置曹汝霖等人于死地？北大学生杨振声说："当时的心情，恨内奸更甚于恨敌国，因为他们是中国人。"⑤ 杨振声的话具有一定的代表性。

五四运动发生后，曹、章、陆处于两难之境。上书辞职（章宗祥被打成脑震荡，未有辞职书），被当作脱责狡辩。曹汝霖的辞职书被国人看作"表功"、"嫁罪"和"造谣"，⑥ 其辞职书中有对总统徐世昌言"二十一条""我大总统在国务聊内知之甚详"之语，学生将之解读为"直欲举其责任以归于元首，移其罪谤以加诸极峰，窥其用心，殆思引起极大之政潮而后快"。⑦ 在学生看来，曹汝霖在辞职的时候，用心不良，不仅要将总统徐世昌拉下水，而且还嫌学潮规模不够大。陆宗舆的辞职书中有陈述自己在驻日公使任上迫使日本声言交还胶州、缩小战区、取消"二十一条"第五项等功绩，国人以"有裨大局"四字讥讽之。⑧ 陆宗舆的辞职书与曹汝霖的辞职书一样，在学生眼里都是"饰词狡辩，要挟求去"。⑨

如果沉默不语，曹汝霖等人则又会被视作俯首服罪。传播学有一种理论

---

① 《昨日各校学生联合大会详情》，《晨报》1919年5月6日，第3版。
② 龚振黄编《青岛潮》，《五四爱国运动》（上），第318页。
③ 龚振黄编《青岛潮》，《五四爱国运动》（上），第310页。
④ 龚振黄编《青岛潮》，《五四爱国运动》（上），第334页。
⑤ 杨振声：《回忆五四》，《五四运动回忆录》（上），第262页。
⑥ 《曹汝霖之通电》，《晨报》1919年5月11日，第2版。
⑦ 龚振黄编《青岛潮》，《五四爱国运动》（上），第325页。
⑧ 《陆宗舆有裨大局》，《晨报》1919年5月15日，第2版。
⑨ 龚振黄编《青岛潮》，《五四爱国运动》（上），第323页。

叫"沉默的螺旋"（Spiral of Silence）。人们对某个问题表态前，为了避免出现错误或失误而受到惩罚，会对社会风向进行观察。如果自己是少数派，就会屈服于环境压力保持"沉默"或转向附和；如果自己是多数派，则会倾向于大胆表达自己的意见。如果人们觉得自己的观点与社会舆论越来越远，会更加保持"沉默"。他们越是选择"沉默"，其他人越是觉得他们的观点不具有代表性，他们受此影响，则会更加保持"沉默"。这样循环下去，便形成一方的声音越来越大，另一方越来越沉默的螺旋式过程。"沉默的螺旋"理论揭示大众传媒构建的媒介环境未必是社会意见分布的真实情况，但只要是对方沉默，传媒揭示的即使是少数人的意见，也会被当作"多数意见"来认知。

梁启超被王正廷攻击为"卖国贼"时，为梁辩护的有政府官员、社会名流、民间组织，梁本人也努力为自己申辩，而曹、章、陆被打成"卖国贼"后，为其开脱的只有陈独秀一人。陈独秀在《每周评论》上撰文说："曹、章、陆等未必真有卖国的行为，……曹、陆不过一种机械，章宗祥更不比曹、陆，他的罪恶，只是他的现职连累了他，此外也没有什么特别积极卖国的大罪恶。国民啊！爱国学生诸君啊！外交协会诸君啊！你们若是当真把这根本大罪恶都加在曹、陆、章诸人身上，实在冤屈了他们啊！"① 然而，即使是新文化运动领袖，在"沉默的螺旋"境况下，也无力改变"多数意见"。

"沉默的螺旋"理论还体现在日常生活和工作中，非所有的问题都是多数意见占上风。在社会伦理道德、行为规范等价值问题上，多数意见能对个体意见发挥重大影响，但对于一些技术性、程序性问题，多数意见未必有影响。② 在"卖国贼"问题上，普通民众若从法律角度来对曹、章、陆三人量刑定罪，则没有多少话语能力，出现沉默现象，但若将"卖国贼"这一法律问题转换成政治问题或道德问题，则人人都可以置喙，轻而易举地形成"多数人的意见"，出现众声鼎沸、舆论一边倒的现象，甚至连北京政府内部皖系军阀也附和起学生的惩贼要求。上海护军使卢永祥要求政府"委曲

---

① 只眼：《对日外交的根本罪恶》，《每周评论》第21号，1919年5月11日。
② 郭庆光：《传播学教程》，中国人民大学出版社，1999，第223页。

求全、力顾大局","准将三人一并免职"。① 湖南督军张敬尧虽对曹、章、陆"毫无恶感",但认为政府庇护他们三人"殊属不值",伏愿徐世昌"明令斥免曹章等"。②

"沉默的螺旋"理论能够帮助人们更好地理解曹汝霖等人成为"卖国贼"的原因,但是如何处理"卖国贼"还要看当时群众与政府之间的博弈。曹汝霖等三人被免职而未被处死,除段祺瑞实力强大外,还与总统徐世昌有关。曹汝霖等人尽管是段祺瑞派的骨干,但与徐世昌之间也有情义。徐在清末曾向朝廷推荐和提拔过他们,③ 他们对徐投桃报李,在徐任总统后克服困难,为其筹措经费,顺济、高徐二铁路2000万元对日借款就是为徐竞选总统和与南方和谈准备的,所以徐世昌到6月10日在万般无奈的情况下才同意罢免他们三人公职。徐不愿惩罚三人,同时政府也在做安抚工作,对"二十一条"曹汝霖等人的责任、1918年9月中日密约与青岛的关系做出解释。5月17日,政府的解释刊登在《晨报》的"重要新闻"栏上。政府认为曹、陆在"二十一条"问题上不仅没有"罪",反而有"功","其时陆宗舆任驻日公使,又密向日要人切陈利害,遂将关系中国命脉之第五号一概撤销,即当日青岛一役战区得以缩小,亦赖曹汝霖与陆宗舆斡旋之力为多"。政府强调济顺、高徐两铁路借款"并非许其继承德国权利,与二十一条绝无关系",因铁路路线可以变更,说明它"与青岛本不相涉",而条约却能迫使日本把胶济铁路沿线军队撤退到济南、青岛两地,又撤废民政署,胶济铁路改由中国自己组织巡警队保护,这样的结果来之不易,"其时曹汝霖任财政总长,章宗祥任驻日公使,与当事诸人悉力磋商,始克有此结果"。④

尽管有少数学生认识到曹汝霖等三人职务被免,只是受到"薄惩",⑤

---

① 《护军使道尹请免曹陆章电》,《申报》1919年6月10日,第11版。
② 蔡盦编《学界风潮记》,《五四爱国运动》(上),第404~405页。
③ 沈云龙:《徐世昌评传》,台北:传记文学出版社,1979,第108~110页。
④ 《政府之外交问题说明书》,《晨报》1919年5月17日,第2版。
⑤ 匡互生:《五四运动纪实》,《近代史资料》1957年第2期。

但罢免三人职务是学生与政府对话复课的条件，因而学生界对于三人被罢免，"积愤已消除大半"。① 由于罢免三人也是其他各界对政府的最低要求，因此对于三人被罢免，其他各界也均表示满意。三人被罢免的第二天，《字林西报》报道了当时中国人的普遍满意心态："当得知北京要让步的消息时，中国民众表达了极大的满意，预计罢工者将返回工作，商店将于今天恢复营业。"② 6月12日所有罢市、罢工结束后，"此时各商家认为对内已达到目的，于是同时开门营业，并各升旗鸣爆以志庆贺"，而"各界见商市已开，亦复喜气洋溢"。③ 可见，在当时的情况下，鉴于徐世昌的态度与段祺瑞皖系仍掌握实权的现实，以及政府对和会失败三人责任的认定，罢免曹汝霖等三人的职务是各方都能接受的结果，包括被冲击的曹本人。曹汝霖晚年在回忆录中说，"由于学子不明事实真相，误听浮言，以致有越轨行动，情有可原"，然而五四运动"于己于人，亦有好处。虽然于不明不白之中，牺牲了我们三人，却唤起了多数人的爱国心，总算得到代价"。④

国内分歧

五四运动到拒签和约时结束，国内的分歧也是一个重要原因。国内分歧包括：学生与商人的矛盾，政潮跌宕，国民党的消极。

罢课、罢市、罢工的"三罢"运动既是五四运动的高潮阶段，也是五四运动情况更复杂、矛盾更尖锐的阶段。罢市伊始，并不是所有商人和店主都愿意参加罢市运动，罢市之所以能形成全行业的集体行动，与学生的强制手段有关。

上海学生为了使5日的罢市能顺利进行，当天黎明结队来到南市十六铺各水果行前，"跪求闭市"，对于"少不表同情者"，学生则"跪求不起"，

---

① 静观：《北京通信：学潮平静后之余闻》（17日9时发），《申报》1919年6月20日，第7版。
② "Tsao Ju-lin Dismissed," *The China Press*, June 11, 1919, p. 6.
③ 《各地罢市之结束》，《申报》1919年6月14日，第8版。
④ 《曹汝霖一生之回忆》，第213~214页。

一时感动商民，遂全体罢市。于是由南市而城内，从租界再到闸北，到中午时分，"家家皆关门闭户矣"。然而，罢市对商家而言意味着经济损失，有的商家在学生走后重新开门，也有固执无视学生要求者。温明远在西门外经商，对学生要求不予理睬，各商铺唯温马首是瞻，学生"乃跪地而哭"，"温董无法，始首颔"。城内侯家路一家米店，初不肯罢市，有几名学生到店"长跪泣求"，该店伙反欲殴击学生，店主竟对学生辱骂："何物小鬼，敢扰乃公。"众人大怒，"前拔店主之须去其大半"。①

跪哭手段不止上海学生使用，天津学生有过之而无不及。天津商人受爱国情怀感召和学生宣传影响，纷纷响应罢市，然而仍有不愿关门息业之人。对于劝导无效的"顽固商民"，天津学生组织一批"跪哭团"，"团员都身穿白孝服，手拿哭丧棒，专到那些顽固商家去哭劝，来感动他们。……跪哭团去那一商店，如果不达到目的是不会走的。这种办法实行以后，很起作用"。②

由于使用带有一定胁迫性的手段，在"三罢"过程中，学生与商家产生矛盾在所难免，有时到动武之地步。在冲突中，有的米店被捣毁，有的商店不仅货物被焚，而且店主被迫戴上"无常高帽"游街示众等。③ 罢市时间越长，商人损失越大，学生与商人之间的冲突越频繁越激烈。在上海罢市的7天中，商人损失达2000万银元以上，工人损失20多万银元。④ 若无补贴，长期下去，罢市难以为继。

"三罢"期间，学潮达到高峰，政潮也达到高峰。五四运动发生后，教育总长傅增湘于5月15日辞职，政府任命教育次长袁希涛代理总长职位，袁上任没有多久又因学潮辞职。6月5日，政府任命教育总长职位由另一位教育次长傅岳芬代理，不到一个月三易教育总长。与此同时，政府在蔡元培辞去北大校长南下的情况下，任命北大工科学长胡仁源署理校长之职，遭北

---

① 《五四爱国运动》（下），第163、195、215页。
② 《五四运动在天津》，《五四爱国运动》（上），第557页。
③ 《五四爱国运动》（下），第63、183页。
④ 〔美〕周策纵：《五四运动史》，第229~230页。

大师生一致反对。10日，总统徐世昌签署命令免去曹汝霖等三人职务后，提出辞职，内阁总理钱能训也提出辞职。13日，钱能训辞职获准，财政总长龚心湛代理内阁总理。徐世昌和钱能训均非皖系人物，都为亲美派，且徐的声名要好于段祺瑞，尽管徐的辞职未被国会同意，但这波辞职风潮对以抵制日货和以罢免三名"卖国贼"为目标的"三罢"运动来说并非利好消息。教育系统的人事更替分散了学生一定的注意力，给他们从事罢课斗争与社会活动带来了一定的压力。

一贯激进的国民党在五四运动中却一反常态，表现比较消极，这使学生运动失去了一股强劲的推力。五四运动时期，孙中山正在专心著书立说。据中美通讯社新闻，"孙中山氏近日专以著书为事。既用英文著铁路统一论，尝登《远东时报》。兹复著一长论，亦系关于铁路计划，全用英文，约数万言，不日即当发表。此外用汉文著述者，则有《孙文学说》八，此八卷中，大抵本'行之匪艰，知之维艰'之义而发挥之，约十万言，正与商务馆交涉印行"。① 埋头研究的孙中山对五四运动不是太有兴趣，国民党其他党员对五四运动也兴趣不大，甚至在工人起来罢工时持负面看法。

国民党机关报《民国日报》认为工人"缺乏智识"，"妨害秩序"的罢工"是最可忧虑的"。对于提倡国货而言，工人非但不应该"罢工"，反而需要"加工"。② 《民国日报》总编辑叶楚伧认为，如果一味地附和工人罢工，对工人罢工不加纠正，便会"走到歧路上去"。③ 戴季陶对工人的看法更加消极，在其眼里工人的形象是"无组织、无教育、无训练"，"一点也没有"觉悟，工人的罢工是"一个极大的危险"，因而呼吁"大家想法子劝告工界的人，不要罢工"。④ 此时的国民党比较涣散，本来对五四学生运动缺乏兴趣，加上对罢工持反对态度，也构成了五四运动在6月底结束的一个因素。

---

① 《孙中山先生殚心著书》，《民国日报》1919年4月22日，第10版。
② 《罢工问题的商榷》，《民国日报》1919年6月9日，第2版。
③ 叶楚伧：《工界救国要有个分别》，《民国日报》1919年6月11日，第2~3版。
④ 《与戴季陶的谈话》（1919年6月22）,《孙中山全集》第5卷，第68~69页。

在华英美报刊的意见

正如五四运动的爆发与英美在华势力分不开一样，五四运动的结束也与英美在华势力相关。

五四运动爆发后的一个月内，在华英美报刊尽管有对运动可能偏向排外的担忧，但主调对学生运动是同情和支持的，认为这是中国人觉醒的一场运动。持同样态度的还包括其他在华的英美人士，如美国驻华公使芮恩施听闻五四运动爆发，将其归咎于"控制巴黎和会的老年人所作的决议"，使中国人"陷于非常失望和幻灭的境地"，因而对五四运动给予深深的同情，"我想起中国人民如何忍受这样的打击，就感到烦闷和沮丧，因为这个打击意味着毁灭他们的希望和破坏他们对国际公道的信心"。当上海工部局对租界内的示威游行准备镇压时，芮恩施指示上海总领事汤姆斯·萨门斯（Thomas Sammons）劝告在那里的美国侨民，"既不要鼓励也不要反对"中国人的示威游行，"因为它是中国人的事情"。① 美国在华机构与传教士、专业人员以及商人联名抗议巴黎和会的决定，支持中国"合理合法之要求"。② 美国在华机构包括美国在华商会、美国在华协会、美国在华大学俱乐部、美国在华妇女俱乐部。③ 发出同样电报的还有在华英美人协会（Anglo-American Association）。④ 在华英美报刊将英美在华机构的同情言论刊登出来，对中国人的抗议活动是一种支持与鼓励。

然而，学生运动毕竟会对社会秩序造成冲击，在抵制日货的时候，特别是到了"三罢"阶段，外人开始担心和恐慌，何况义和团运动才过去十几年，外人记忆犹新。日本人想联合列强对华干涉，将罢工运动歪曲为"第

---

① 〔美〕保罗·S. 芮恩施：《一个美国外交官使华记》，第276、284页。
② "Editorial Paragraph," *Millard's Review of the Far East*, Vol. 8, No. 13, May 24, 1919, pp. 465–466.
③ "Shanghai Organizations Telegraph to Wilson on Shantung Question," *The China Press*, June 4, 1919, p. 1.
④ "Anglo-Americans at Peking Oppose Shantung Decision," *The China Press*, June 8, 1919, p. 1.

二次义和团暴动"。①《密勒氏评论报》在运动爆发之初也曾担心中国人会像义和团那样去谋杀传教士与外交官。② 对学生运动的担心和恐慌在美国人当中特别明显,因为当时人们认为是威尔逊"背叛"了中国、"出卖"了中国。芮恩施说:"我担心,这种普遍失望的情绪可能会激变为一种反美情绪;……他们很难了解美国为什么这样卑鄙地彻底地屈服。外国报纸也说美国要负主要责任。……我很担心中国人也许会感觉到他们是在朋友家里被人家出卖了。"③ 然而在"三罢"之前,英美人士所担心的局面并没有出现,学生对游行示威和抵制日货运动的组织和管理让在华英美人感到基本满意与放心。当运动刚进入"三罢"阶段,远远超出学生运动范围时,如火如荼的局面使在华英美人坐立不安,态度发生明显变化,对租界内的骚动由容忍转变为反对。

6月5日,"三罢"第一天,上海公共租界工部局就用中文发布告示,"租界内不容散发煽惑性质之传单,悬挂有碍治安之旗帜,违者惩戒不贷"。④ 第二天,工部局再次发出警告,对租界内的抗议活动限制更严,"本局须即用严厉办法维持界内公安",禁止散发"煽惑人心之传单",不许悬挂"有直接激动扰乱公安"的旗帜,不得"在道路闲游或和附杂入各扰乱人之中",所有安分守法的居民"应于晚间在家静坐"。⑤ 8日晚,工部局召开会议,一个小时后发布告示,所有统一着装或穿戴醒目,戴有标志某组织、协会、团体的徽章或帽子的人,未经授权,不得上街或出现在公共场所。告示还指明任何人不得用欺骗手段携带用中文或其他外语写有题词的旗帜、横幅,或穿戴类似的饰带出现在街上与公共场所。警告于9日下午4点生效。⑥

工部局的决议得到一些外国商人和驻沪的英国、法国、比利时领事馆的

---

① "Slandering the Strike," *The China Press*, June 18, 1919, p. 10.
② "Editorial Paragraph," *Millard's Review of the Far East*, Vol. 8, No. 12, May 17, 1919, p. 426.
③ 〔美〕保罗·S. 芮恩施:《一个美国外交官使华记》,第 276 页。
④ 《工部局注意传单与旗帜》,《申报》1919 年 6 月 5 日,第 11 版。
⑤ 《英美工部局昨日之布告》,《申报》1919 年 6 月 7 日,第 10 版。
⑥ "Lawlessness in Shanghai," *The North-China Herald*, June 14, 1919, p. 685.

支持，但芮恩施反对这样做。芮恩施曾致电萨门斯尽一切努力劝说工部局改变这种行为，但"修改拟定的镇压政策的努力落空了"，"工部局发动了一切力量去推行这个严厉的决议"。① 6月12日，曹汝霖等人被免职的消息传到上海后，庆祝游行的队伍进入公共租界遭到镇压，结果造成1死9伤。② 惨案发生后，法国总领事13日下令法租界内"不准成群结队游行"。③ 法捕房以法租界与公共租界毗连，深恐示威运动扰及法租界治安，也在当日下达《临时戒严令》，"特饬中西越各探捕均携枪械在英法交界处妥为弹压"，在法方的高压之下，法租界内"毫无纷扰情形"。④

面对喷薄而出的群众运动和工部局的强硬态度，中国报界希望运动限制在罢免三名亲日派官员和抵制日货上，不要逸出这个范围从而影响到英美等国在华利益。《申报》认为为了罢免"卖国贼"，国人罢工、罢市，已经做出重大牺牲，只要坚持不变，"终必有收效之一日"，但是"勿生意外枝节，反为有所借口"。⑤ 何为"意外枝节"？即不要损及英美公司的利益。这在《申报》另一篇评论里讲得更清楚。为防止外人误会罢市，《申报》认为罢市"纯为对内问题"，只是要求政府罢免"三数卖国奸徒"，此问题不仅与对外问题"截然两事"，而且与学生罢课一样，"同为一种可怜之手段"。关于这一点，《申报》特别强调"吾人敢为友侨告者也"。为了让友邦人士放心，《申报》还告诫同胞"凡国家荣誉，地方治安，自当慎重注重"。⑥ 可谓凡是外人没有想到的，《申报》都想到了。与《申报》对商人喊话的含蓄相比，《民国日报》向工人明确表示反对意见则直接许多。《民国日报》警告工人，罢工对中国有利的，"便老老实实地罢"，但是"于友邦旅沪商人有不利

---

① 〔美〕周策纵：《五四运动史》，第 297~298 页。
② 相关报道可见《昨晚爱多亚路之惨剧》，《申报》1919年6月13日，第11版；《续志爱多亚路山东路口之惨剧》，《申报》1919年6月14日，第11版；《三志山东路口之惨剧》，《申报》1919年6月14日，第11版；《四志山东路口之惨剧》，《申报》1919年6月17日，第11版；《五志山东路口之惨剧》，《申报》1919年6月18日，第11版。
③ 《法总领通告不准结队游行》，《申报》1919年6月14日，第11版。
④ 《法租界巡防周密》，《申报》1919年6月14日，第11版。
⑤ 默：《商学界之牺牲》，《申报》1919年6月6日，第8版。
⑥ 庸：《商界表示之真谛》，《申报》1919年6月8日，第10版。

的，便万不可罢"。譬如水厂工人罢工，致使国人没有水喝关系不大，因为国人救国，"血尚可流，怕甚么没水喝？"然而，"至于租界上，便不应该因工人救国，渴死了他国商人"，如果这样，就是"走到歧路上去"了。①

中国报纸对"三罢"的担心如此，在华英美报刊对"三罢"的担心则更甚。如果说"三罢"前在华英美报刊对学生运动毁誉参半的话，那么"三罢"后则很难看到对学生运动的正面评价。英国报纸《字林西报》和《北华捷报》此时彻底改变了对学生运动的看法。6月7日，《北华捷报》称学生为骚动的"煽动者"，指责学生在实行一场"将中国拖入深渊的自私的犯罪政策"，挑拨商人抵制学生的"胁迫"。② 9日，《字林西报》反对学生运动，要求学生各守本分，坚守学业。③ 10日，《字林西报》认为学生联合商人罢市和工人罢工，是"明明侵犯租界法律的举动"，"不啻断然招外国出面干涉"。④ 同日的《字林西报》和14日的《北华捷报》刊登同一篇通讯，称学生运动为"骚乱"，谴责学生通过"威胁"和"勒索"手段强迫商人罢市，已对公共租界构成了"严重的威胁"，因此"不论中国学生的观点怎样，毫无疑问，正如那些动辄企图勒索把这里当作避难所的前政府官员和其他人的钱财的敲诈犯，学生们也没有权利进入公共租界并对这里的居民采取暴力手段"。⑤

美国人办的《大陆报》和《密勒氏评论报》对"三罢"运动的观感稍好于《北华捷报》和《字林西报》。6月7日，在中国报纸转载工部局禁止游行告示和《北华捷报》指责学生运动的同一天，《大陆报》发表《对外国人也是对中国人来说：保持冷静》，认为罢市虽属"愚众"行为，但是"极和平形式之抗议"，与西方各国的群众运动相比，"有与众不同之稳健"。⑥

---

① 《工界救国要有个分别》，《民国日报》1919年6月11日，第2~3版。
② "The Students' Agitation," *The North-China Herald*, June 7, 1919, p. 617.
③ "The Chinese Student," *The North-China Daily News*, June 9, 1919, p. 6.
④ "The Strike," *The North-China Daily News*, June 10, 1919, p. 7.
⑤ "Lawlessness in Shanghai," *The North-China Daily News*, June 10, 1919, p. 6; "Lawlessness in Shanghai," *The North-China Herald*, June 14, 1919, p. 685.
⑥ "To Foreigners as Well as Chinese: Keep Your Head," *The China Press*, June 7, 1919, p. 8. 译文采自《美报对于罢市之评论》，《申报》1919年6月8日，第11版。

11 日,《大陆报》又发表《对全体中国人和对部分外国人言》,公开其与《字林西报》对"三罢"运动看法的分歧,暗示运动已不纯粹是学生运动,不能只责怪学生,需要做说服商人和工人的工作,让他们开门营业和恢复工作,"勿因循失时,致使尔我子弟为暴民之牺牲"。① 由于观感不同,处理的方法也就不同。相对于在华英国报刊"堵"的主张,在华美国报刊则倾向"疏"的措施。《大陆报》认为对于"愚众"最好的方法是"听其自然,非至愚众自起暴动时,未必干涉之",切不可"压抑之或激怒之",因为不干涉,"愚众"在集会游行过程中,"自觉既乏且饥,而相率散归",但是如果"防备过早或操切过甚",就会促成"愚众"的"爆裂"。②

在抵制日本或解决国内问题需要英美国家支持的时候,国人对在华英美报刊的言论常常非等闲视之。1919 年初,中外记者在北京开会讨论中国国内和平与中外关系时,有人认为外国人"干预"了中国事务。但是《申报》主笔陈冷血说:"干预,非美名也,然亦须视其命意之如何。假使我能自了,而局外者无端干预,此不可受也。假使干预者之意有从中自利之心,此亦不可受也。苟无有于二者,而其所持之说,又实为解决难局至平易公允之法,是相助也,非干预也。奈何以干预之嫌而不与采择哉?"③ 到"三罢"斗争更需要英美支持来抵制日货时,在华英美报刊的"干预"更是中国人决策与行动不可或缺的参照物,甚至是标准。

《大陆报》发表《对外国人也是对中国人来说:保持冷静》的第二天,《申报》刊登评论《读大陆报有感》,认为《大陆报》的社论是"药石之言","深感主持正义者于我国民之痛苦,能谅解而无憾也",因此中国民众切不可采取"积极的行动",唯有忍痛牺牲,"以消极之表示,冀促北京当局之反省"。④ 即将斗争限制在内部,促使北京政府罢免曹汝霖等三人,不

---

① "To the Chinese, and Some Foreigners," *The China Press*, June 11, 1919, p. 10.
② "To Foreigners as Well as Chinese: Keep Your Head," *The China Press*, June 7, 1919, p. 8. 译文采自《美报对于罢市之评论》,《申报》1919 年 6 月 8 日,第 11 版。
③ 冷:《读旅京外记者团集议有感》,《申报》1919 年 1 月 10 日,第 3 版。
④ 庸:《读大陆报有感》,《申报》1919 年 6 月 8 日,第 12 版。

可生"意外枝节"。6月15日,《申报》发表一篇英国《诚报》记者"静轩"反对在租界内游行的投函。这封投函主张保留租界,维护外国人在租界内的特权,狡辩"华商在租界内无利权与西人在租界外无利权相伍",赞成工部局游行必先申请的规定,反对未经授权就在租界游行之举,支持工部局对学生组织"幸勿暴动"劝导队的取缔,将劝导队比喻成"非其事而务之,与非其责而任之,乃犹非斯鬼而祭之,谄也"。劝说中国人即使失败也不能"暴动","论君之举动,如果以暴动取胜,实不及文明失败。盖文明失败,必有取胜之一日,若暴动取胜,终必有失败之一日"。① 此时上海公共租界刚发生工部局镇压游行队伍,导致1死9伤事件,"静轩"的投函用意非常明显,游行犯法,镇压有理。然而,《申报》在刊登这封投函时却冠以《英人掬诚之宣言》的标题。更有甚者,有一位名叫"瞿宣颖"的当天就对这封投函进行回应,认为"静轩"的宣言是对中国人的"指导",中国人对其"指导",觉得"甚诚挚可感",因为有英国人的"指导",中国人"自今以后必更能了解外人心理而彼此益加推诚相与也"。瞿宣颖认为中国的希望在学生身上,中国学生是英国人的朋友,英国人是中国学生的老师,因而中国的前途由学生决定,但也"取决贵国人民"。② 在"三罢"期间,英美人的言论对学生运动的影响到底有多大?这个不容易量化,然而从6月20日《大陆报》发表的社论《国外对学生示威处理不当及其教训》中可见端倪。《大陆报》社论说学生最初决意在租界游行,以示抗议,"后因某外人劝告,遂幡然变计,帖然服从"。③ 这篇社论多少反映了英美人对学生意识的巨大影响作用。

国内的"三罢"运动让在巴黎的中国代表团也感觉到了压力。6月14日,陆征祥致电政府,"近日美国方面得中国消息,上海各处风潮剧烈,不特抵制日货,且渐露排外之象。查此时国际前途关系非常重大,若因此而有

---

① 《英人掬诚之宣言》,《申报》1919年6月15日,第12版。
② 《瞿宣颖致〈诚报〉书》,《申报》1919年6月16日,第12版。
③ "Foreign Mishandling of the Student Demonstration and Its Lesson," *The China Press*, June 20, 1919, p. 10. 译文采自《〈大陆报〉评罢市事件》,《申报》1919年6月21日,第10版。

排外举动，更启借口，危险何堪设想？务请严饬各省地方，意图注意，多方晓谕，至为切祷"。① 陆原电中有"此次山东问题不能满意，对于日货稍有表示，尚可为人共喻"一句，② 媒体披露时删去。从这封电报中可以看出，中国代表团的压力来自美国，美国代表团认定"三罢"带有排外性质，所以陆征祥向政府进言，抵货运动只限制在抵制日货范围内，不失国际同情，但若超出这个限度，则后果严重，因此要求政府对"三罢"运动进行取缔，以配合巴黎外交。在巴黎的中国代表团对国内事务的消息具有一定滞后性，陆征祥来电时"三罢"运动已经结束，但是中国代表团的意见对国人的自我评价具有一定的约束意义。而在陆电来到之前，中国学生联合会于6月9日从上海公共租界被驱逐至法租界，11日又被法租界驱逐。在华英美人也包括法国人的态度越来越不利于学生运动。学生内部自曹汝霖等三人被免职后关于继续罢课还是复课也出现了严重分裂。北京各校学生联合会为复课之事"屡次开会"，终因北大校长蔡元培出走南下之后问题未能得到圆满解决而"迁延未定"，但是每次开会"均有复行上课之提议"。③ 6月17日，北京学生开会，高等师范等十几所学校主张上课，北京大学、法政学校、汇文大学三所学校则主张继续罢课，不达目的不罢休，双方争执激烈。汇文等三所学校声言如果高师等学校上课，它们即日脱离学界联合会，"另行组织三校联合会"。④ 在华英美报刊的态度、外国人的反对、中国代表团的意见与学生内部的分裂，加上租界工部局的高压措施，使五四运动难以为继。

五四运动分为两个阶段：5月4日至6月4日，这个阶段主要是学生罢课与抵制日货运动；6月5日至28日，这个阶段主要是"三罢"和拒签和约运动。与五四运动的分期相对应，在华英美报刊对五四运动的态度也分为两个阶段：在五四运动第一个阶段，在华英美报刊歌颂学生运动是中国人的

---

① 《陆专使最近来电》，《京报》1919年6月23日，第2版。
② 《发外交部电》（1919年6月14日），《北洋政府外交部档案》，台北中研院近代史研究所档案馆藏，档案号：03-13-068-06-001。
③ 静观：《北京通信：学潮平静后之余闻》（17日9时发），《申报》1919年6月20日，第7版。
④ 《北京学生事件余闻》，《申报》1919年6月20日，第7版。

"觉醒",尽管对抵货运动有所担心,但赞扬它是抵制日本的"唯一武器";当五四运动发展到第二个阶段,在华英美报刊因维护租界的特权和对运动的恐惧而态度大变,称"三罢"运动是"愚众"运动,是"骚乱",甚至是"暴行"。如何对待租界内出现的"三罢"运动?在华英美报刊意见不一,在华英国报刊主张用"堵",而在华美国报刊主张用"疏"的方法来解决。

五四运动以并没有完全实现其初衷而结束,其"外争国权"目标不是在收回青岛而是在拒签和约层面上实现,"内惩国贼"目标不是在法办而是在免职层面上停止,这固与天气逐渐炎热、国人现实考虑以及国内认识分歧相关,也受在华英美报刊意见的影响。在多种因素综合作用下,免职拒约是多方博弈的结果,也是各方都能接受的方案。

结　语

　　在华英美报刊的出现与近代西方列强侵略中国的进程紧密相关。其从性质上看可分为宗教性报刊和商业性报刊，从语言上看可分为外文报刊和中文报刊。其发端于鸦片战争前夕，最初目的在于传教。然而传教的理想与中国人抵制传教的现实之间的巨大差距使在华英美报刊走上了为殖民侵略提供舆论准备的道路，因此在华英美报刊不论是教会的还是商业的，不论是中文的还是外文的，自在中国落地就与外交有一种天然的联系。其中的侵略性，商业的和外文的要露骨于教会的和中文的。

　　在华外报中，英国报刊实力最为雄厚。国人对外报的信任，美国报刊占据首位。在华英美报刊对华态度也有差别，英国报刊维护租界和外人在华的特权地位，存在一种所有外国人普遍拥有的殖民统治心理，美国有少数报刊打破这种局面，主张中外平等、取消特权。

　　随着传播技术的发展，在在华外报的示范作用下，国人开始自办报刊。从上层统治者、政党到学生都认识到报刊"纸弹"的威力，养成读报的习惯。然而，在政府的专制高压之下，中国报刊采取挂"洋"旗与译报的方式来避祸。不同性质与不同立场的中国报刊对同一篇在华英美报刊报道会出现不同的翻译。译什么和怎么译，在一定程度上反映了在华英美报刊对解决中国事务的价值与影响。

　　第一次世界大战是西方列强大分裂的标志，也造成了外国在华势力的分裂，在舆论领域主要表现为在华英美报刊对日本在华利益的批评与攻击。这种批评和攻击既有母国利益的驱动，也有公理道义的考量。到巴黎和会阶段，在华英美报刊对日本的批评与攻击以及对中国事务的介入，对五四运动整个过程都具有重要的影响。

　　具体来说，在在华英美报刊与五四运动的关系上，在华英美报刊与美国在华机构对威尔逊"十四点"的介绍与宣传使威尔逊及其主义在中国广为人知，甚至达到对其崇拜的地步。受威尔逊及其主义影响，中国在参加巴黎和会时对美国与威尔逊产生严重依赖心理。和会外交失败消息传来，对威尔逊的失望和对失去美国支持的后果的担心，促使北京学生首先走上街头。

　　在华英美报刊的亲美宣传与反日宣传互为表里。在华英美报刊的反日宣传对中国人而言最大的功用不在于揭露日本人对中国的野心，而在于让中国人知道在抵制日本的侵略时有人同情。正因为知道在巴黎和会上美国和威尔逊会帮助中国，在中国反日道路上有人摇旗助威，国人才对巴黎和会的期望越来越高，在组建代表团问题上听从美国建议，在反对日本上态度强硬。

　　自鸦片战争开始，中外之间近80年的历次战争总以中国割地赔款结束。作为战胜国，同时又自我承认"参战不力"，在巴黎和会上该提出哪些要求，是对当时国人勇气与心理的一种考验。在华英美报刊在提案问题上出谋划策，借箸代筹，给出了具体的建议，但总体来看，其建议集中在废除"二十一条"和收回山东问题上，也即主要是针对日本在华利益。至于废除领事裁判权和关税自由等涉及英美切身利益的提案，它们的立场趋向保守。

　　在中国代表团问题上，在华英美报刊附和美国政府组建南北联合代表团的建议，在人选上强烈反对亲日派参加。在在华英美报刊的影响下，中国最终组建了一支没有与日有关外交人员参加的联合代表团。由于代表团成员结构不合理,代表团的联美制日政策只在"联美"上取得成功,"制日"没有达到目的,对中日密约不能做出有利于自己的解释,束缚了手脚。雪上加霜的是,代表团是两个敌对势力的联合,加上团长陆征祥能力与魄力欠缺,代表团一直内讧不断,和会还未结束,已四分五裂,溃不成军。代表团的这些问题,是中国在和会上失利的一个因素。

五四运动爆发于梁启超的一封电报和林长民的一篇社论,这并不是说梁电和林论有多么耸人听闻,有多大的威力,而是在这之前的中日关系曝光使人充满了外交危机四伏之感。在华英美报刊对"日使恫吓事件"的揭露,使国人自此被动员起来。在反对"日使恫吓事件"的过程中,北京学生的集会为五四运动爆发做了一次预演。在五四运动爆发前的一个月,在华英美报刊对"卖国贼"问题的关注与报道,特别是对顾维钧与曹汝霖女儿订婚谣言的报道,击溃了国人心理的最后防线,从五四运动前夕媒体在报道山东问题时所用"最后五分钟"、"生死呼吸之顷"①、"危急万分"②等语句来看,社会空气像气球那样紧张到了极限。梁电、林论恰如一根尖刺,戳破了气球,一场声势浩大的爱国运动就此爆发。

五四运动爆发后,在华英美报刊对学生运动的态度分为两个阶段。在五四运动前期,在华英美报刊对学生运动态度矛盾,但同情与支持大于担忧与反对。进入"三罢"后,即在五四运动后期,在如何解决租界内"三罢"问题上,尽管在华美国报刊主张用"疏"的方法,但在华英美报刊对学生运动态度全部转向了反对的一面。五四运动没有实现收回青岛和严惩国贼的目标,而是在拒签和约与罢免曹汝霖等人公职层面上结束,原因有多方面,在华英美报刊的反对态度是其中之一。

综观在华英美报刊与五四运动的关系,其实两者之间存在一个由中国本土报刊转述的关系。对五四运动而言,在华英美报刊的首要功能在于利用自身优势,进行内幕揭露、热点追踪和舆论引导,然后中国报刊对在华英美报

---

① 《山东问题之最后五分钟》,《晨报》1919年5月3日,第2版。
② 《危急万分之山东问题》,《晨报》1919年5月4日,第2版。

刊揭露的内幕、追踪的热点和刊登的舆论进行翻译，付诸报端，向不能阅读英文的广大民众及时公布，引起巨大的民情激荡，形成不可遏制的社会洪流。

尽管在华英美报刊对五四运动的发生、发展和结束有着重大影响，但五四运动爆发的根本原因在于中国人国家意识中的民族意识和主权意识的觉醒。这种觉醒在巴黎和会召开之初，在华英美报刊就已经发现。1919年1月30日，《华北明星报》就认识到中国从前是一"静听外人要求之人"，对于列强的侵略与瓜分"皆不敢发一言"，现在竟敢将主张公开提出，"本其所信以为重要者，悉力要求"。① "三罢"运动发生后，有人给《大陆报》写信，认为"爱国主义精神"在中国发展"如此之快"，即使最下层的穷苦阶级，"其爱国情感已经提升到较高水平"。② 运动接近尾声时，《字林西报》发现"学生运动最显著特点是完全独立于外国的刺激指导，不寻求外人帮助，也不寻求外人建议"。它成功唤起了中国人"一种真正的公民意识和公共责任"。③ 巴黎和会结束后，中国人民的这种觉醒给世界各国留下了更深的印象。从巴黎回国途经中国的日本代表牧野伸显在上海发表演讲，告诉日本侨民，中日代表在巴黎的辩论不单单是中国代表的觉醒，而且是整个中国民族的觉醒。牧野演讲称："世人不察，以为在巴黎之中国委员为血气所驱使，为功名所激发，致有此等行动，而余之观察则不如是。余深信，此种感情早已浸润于中国一般国民，酝酿已数年之久，有触即发，巴黎和会不过其表现之机会耳。"牧野希望欲图中日"永久亲善"的日本人对中国的觉醒不可"漠然视之"。④

在此需要追问的是，中国人的国家意识是如何觉醒的？本尼迪克特·安德森在《想象的共同体——民族主义的起源与散布》一书中对报刊的作用进行了阐述。在中国，民族认同和主权概念是舶来品，报刊对国人的启蒙作

---

① "Chinese Demand Release of Kiaochow," *North China Star*, January 30, 1919, p.1. 译文采自《巴黎会议之中国问题》，《申报》1919年2月4日，第7版。
② "Correspondence: Retrospect of Strike Movement," *The China Press*, June 14, 1919, p.8.
③ "The Power of the Student," *The North-China Daily News*, June 24, 1919, p.7.
④ 《牧野之中日关系谈》，《晨报》1919年9月13日，第2版。

用更加重要和巨大。在民族意识和主权意识觉醒的情况下，报刊中任何不利于国家利益的信息都可能成为点燃火药桶的火星。传播学大师韦尔伯·施拉姆的话也许更适用于宏观观察报刊（包括在华英美报刊和中国报刊）对五四运动的影响。施拉姆说："通常是信息流的增长播下了变革的种子，也是信息开阔了人们的眼界，从而孕育了'全国性'的气候。"① 1920年，孙中山对五四运动的发生进行了总结："推其原始，不过由于出版界之一二觉悟者从事提倡，遂至舆论放大异彩，学潮弥漫全国，人皆激发天良，誓死为爱国之运动。"② 孙中山的这句话说明了出版物与爱国运动之间的关系。联系到当时的国际新闻和中日关系新闻基本是由中国报刊对在华英美报刊的译介，在华英美报刊关于巴黎和会与中日交涉的新闻成了中国报刊国际消息和中日关系新闻的信息源头。从当时在华英美报刊对中国民众的影响来考察，五四运动从爆发到结束，在华英美报刊都起到了不可忽视的作用。

---

① 〔美〕韦尔伯·施拉姆：《大众传播媒介与社会发展》，金燕宁等译，华夏出版社，1990，第44页。
② 《致海外国民党同志函》（1920年1月29日），《孙中山全集》第5卷，第210页。

参考文献

未刊档案

《筹备媾和会议论》，中国第二历史档案馆藏，档案号：1016-126。

《关于美总统发表对德和议要旨及美前驻德大使演说"中国人参战心理"讲摘录抄件》，中国第二历史档案馆藏，档案号：1016-2-61。

《关于参加巴黎和会事前准备及鲁案交涉各情文件》，中国第二历史档案馆藏，档案号：1016-2-63。

《关于第一次世界大战后在巴黎和会召开期间中国代表团内部会议记录之印本》（1919年），中国第二历史档案馆藏，档案号：1039-2-233。

《中德奥宣战的紧要文第一次大战后有关巴黎和会反对德奥问题的文件及议和筹备处第一至第十五次会议记录（缺一、六次）》，中国第二历史档案馆藏，档案号：1039-2-373。

《关于山东问题如何提交国际联合会及有关山东问题之说帖》，中国第二历史档案馆藏，档案号：1039-2-380。

已刊档案与资料

包天笑：《钏影楼回忆录》，中国大百科全书出版社，2009。

北京大学法律系国际法教研室编《中外旧约章汇编》第2册，三联书店，1959。

《曹汝霖一生之回忆》，中国大百科全书出版社，2009。

《陈独秀文章选编》（上），三联书店，1984。

陈书良编《梁启超文集》，北京燕山出版社，1997。

凤冈及门弟子谨编《三水梁燕孙先生年谱》（下），出版社不详，1946。

丁文江、赵丰田编《梁启超年谱长编》，上海人民出版社，1983。

高平叔编《蔡元培全集》第3卷，中华书局，1984。

《龚德柏回忆录——铁笔论政书生色》，台北：龙文出版社股份有限公司，2001。

《顾维钧回忆录》第1分册，中国社会科学院近代史研究所译，中华书局，1983。

顾执中：《报人生涯：一个新闻工作者的自述》，江苏古籍出版社，出版时间不详。

《国家图书馆藏民国孤本外交档案》第21册，全国图书馆文献缩微复制中心，2003。

季啸风、沈友益主编《中华民国史史料外编——前日本末次研究所情报资料》第1册，广西师范大学出版社，1996。

贾熟村：《曹汝霖传》，浙江教育出版社，1988。

蒋梦麟：《西潮·新潮》，岳麓书社，2000。

李长仁主编《李鸿章全集》第8册，时代文艺出版社，1998。

《李大钊全集》第1卷，人民出版社，2006。

李家璘等编辑《北洋军阀史料·吴景濂卷》（3），天津古籍出版社，1996。

〔英〕李提摩太：《李提摩太在华回忆录》，陈义海译，江苏凤凰文艺出版社，2018。

李毓澍：《中日二十一条交涉》（上），台北：中研院近代史研究所，1982。

《梁启超全集》第2、3、4、9、10册，北京出版社，1999。

林开明等编辑《北洋军阀史料·徐世昌卷》(8、9),天津古籍出版社,1996。

〔日〕陆奥宗光:《蹇蹇录》,伊舍石译,商务印书馆,1963。

陆征祥:《回忆与随想》,王眉译,上海远东出版社,2016。

〔澳〕骆惠敏编《清末民初政情内幕——〈泰晤士报〉驻北京记者、袁世凯政治顾问乔·厄·莫理循书信集》,刘桂梁等译,知识出版社,1986。

《美国总统威尔逊和议演说》,钱智修译,商务印书馆,1919。

《美国总统威尔逊参战演说》,蒋梦麟译,商务印书馆,1918。

全国政协文史资料委员会办公室编《五四运动亲历记》,中国文史出版社,1999。

〔美〕保罗·S.芮恩施:《一个美国外交官使华记》,李抱宏等译,商务印书馆,1982。

上海社会科学院历史研究所编《五四运动在上海史料选辑》,上海人民出版社,1960。

沈云龙:《徐世昌评传》,台北:传记文学出版社,1979。

施肇基、金问泗:《施肇基早年回忆录——外交工作的回忆》,中华书局,2016。

《孙中山全集》第1卷,中华书局,1981。

《孙中山全集》第5卷,中华书局,1985。

陶菊隐:《记者生活三十年》,中华书局,1984。

天津市历史博物馆编辑《秘笈录存》,中国社会科学出版社,1984。

王铁崖编《中外旧约章汇编》第1、2册,三联书店,1957、1959。

《王统照文集》第5卷,山东人民出版社,1982。

王芸生编著《六十年来中国与日本》第6卷,三联书店,1980。

王芸生编著《六十年来中国与日本》第7卷,三联书店,1981。

《五四时期期刊介绍》第1集,三联书店,1978。

《颜惠庆日记(1908~1919)》第1卷,上海市档案馆译,中国档案出版社,1996。

《颜惠庆自传——一位民国元老的历史记忆》，吴建雍等译，商务印书馆，2003。

姚公鹤：《上海闲话》，吴德铎标点，上海古籍出版社，1989。

〔美〕约翰·本杰明·鲍惠尔：《在中国二十五年——上海〈密勒氏评论报〉主持人鲍惠尔回忆录》，尹雪曼等译，黄山书社，2008。

张友渔：《报人生涯三十年》，重庆出版社，1982。

张允侯、殷叙彝等：《五四时期的社团》，三联书店，1979。

中国第二历史档案馆编辑部编《五四爱国运动档案资料》，中国社会科学出版社，1980。

中国第二历史档案馆编《中华民国史档案资料汇编》第3辑（民众运动、外交），江苏古籍出版社，1991。

中国第二历史档案馆整编《中华民国史史料长编》（民国六、七、八年），南京大学出版社，1993。

中国社会科学院近代史研究所编《五四运动回忆录》（上、下），中国社会科学出版社，1979。

中国社会科学院近代史研究所编《五四运动回忆录（续）》，中国社会科学出版社，1979。

中国社会科学院近代史研究所近代史资料编辑组编《五四爱国运动》（上、下），中国社会科学出版社，1979。

中国社会科学院近代史研究所近代史资料编译室主编《一九一九年南北议和资料》，知识产权出版社，2013。

中研院近代史研究所编《中日关系史料——巴黎和会与山东问题》，台北：中研院近代史研究所，2000。

中研院近代史研究所编《中日关系史料——欧战与山东问题》（上、下），台北：中研院近代史研究所，1974。

中研院近代史研究所编《中日关系史料——中日二十一条交涉》（上），台北：中研院近代史研究所，1985。

周光培整理、集注《中华民国史史料三编》，辽海出版社，2007。

Arthur S. Link, ed., *The Papers of Woodrow Wilson*, Vol. 54 (Princeton: Princeton University Press, 1986).

Arthur S. Link, ed., *The Papers of Woodrow Wilson*, Vol. 57 (Princeton: Princeton University Press, 1987).

Arthur Roy Leonard, *War Addresses of Woodrow Wilson* (Boston: Ginn and Company, 1918).

Complete Report of the Chairman of the Committee on Public Information, 1917: 1918: 1919 (Washington: Government Printing Office, 1920).

Government War Advertising: Report of the Division of Advertising, Committee on Public Information (Washington: The Committee, 1918).

Papers Relating to the Foreign Relations of the United States, 1919, Vol. I (Washington: United States Government Printing Office, 1934).

Papers Relating to the Foreign Relations of the United States, 1919, Vol. III (Washington: United States Government Printing Office, 1943).

Papers Relating to the Foreign Relations of the United States, 1919, Vol. V (Washington: Government Printing Office, 1946).

President Wilson's State Papers and Addresses (New York: George H. Doran Company, 1918).

The Lasing Papers, 1914 – 1920, Vol. I (Washington: Government Printing Office, 1939).

The Lasing Papers, 1914 – 1920, Vol. II (Washington: Government Printing Office, 1940).

Winthrop M. Daniels, *Recollections of Woodrow Wilson* (New Haven: Privately Printed, 1944).

报刊 (1918 ~ 1919)

《晨报》

北京《益世报》

《大公报》

《民国日报》

《申报》

《新青年》

《每周评论》

《东方杂志》

The North-China Daily News

The North-China Herald

The China Press

Millard's Review of the Far East

North China Star

工具书

刘寿林等编《民国职官年表》，中华书局，1995。

论著

曹聚仁：《上海春秋》，上海人民出版社，1996。

陈三井：《中国跃向世界舞台》，台北：秀威资讯科技股份有限公司，2009。

邓野：《巴黎和会与北京政府的内外博弈——1919年中国的外交争执与政派利益》，社会科学文献出版社，2014。

方汉奇、张之华主编《中国新闻事业简史》第2版，中国人民大学出版社，1995。

方汉奇主编《中国新闻传播史》第2版，中国人民大学出版社，2009。

方汉奇主编《中国新闻事业通史》第2卷，中国人民大学出版社，1996。

方汉奇主编《中国新闻事业通史》第1卷，中国人民大学出版社，1992。

方激编译《龙蛇北洋：〈泰晤士报〉民初政局观察记》，重庆出版社，2017。

费成康：《中国租界史》，上海社会科学院出版社，1991。

冯悦：《日本在华官方报：英文〈华北正报〉（1919~1930）研究》，新华出版社，2008。

高莹莹：《第一次世界大战与中国的反日运动》，中国社会科学出版社，2017。

戈公振：《中国报学史》，三联书店，1955。

郭庆光：《传播学教程》，中国人民大学出版社，1999。

侯中军：《中国外交与第一次世界大战》，社会科学文献出版社，2017。

〔加〕马歇尔·麦克卢汉：《理解媒介——论人的延伸》，何道宽译，商务印书馆，2000。

金士宣、徐文述编著《中国铁路发展史（1876~1919）》，中国铁道出版社，2000。

赖光临：《七十年中国报业史》，台北："中央"日报社，1981。

李剑农：《中国近百年政治史（1840~1926）》，复旦大学出版社，2002。

李新、陈铁健：《伟大的开端（1919~1923）》，中国社会科学出版社，2000。

李新等主编《中国新民主主义革命时期通史》第1卷，高等教育出版社，1959。

李泽厚：《中国现代思想史论》，三联书店，2010。

李占才主编《中国铁路史（1876~1949）》，汕头大学出版社，1994。

刘家林编著《中国新闻通史》（上、下），武汉大学出版社，1995。

刘建明编著《舆论传播》，清华大学出版社，2001。

刘彦：《帝国主义压迫中国史》（下），上海太平洋书店，1929。

刘彦：《欧战期间中日交涉史》，上海太平洋印刷公司，1921。

刘彦：《最近三十年中国外交史》，上海太平洋书店，1930。

刘永明：《国民党人与五四运动》，中国社会科学出版社，1990。

吕芳上、张哲郎编《五四运动八十周年学术研讨会论文集》，台北：台湾政治大学文学院，1999。

马长林：《上海的租界》，天津教育出版社，2009。

马光仁主编《上海新闻史（1850～1949）》，复旦大学出版社，2014。

〔美〕本尼迪克特·安德森：《想象的共同体——民族主义的起源与散布（增订版）》，吴叡人译，上海人民出版社，2011。

〔美〕费正清编《剑桥中华民国史（1912～1949）》上卷，杨品泉等译，中国社会科学出版社，1993。

〔美〕哈罗德·D. 拉斯韦尔：《世界大战中的宣传技巧》，中国人民大学出版社，2018。

〔美〕何振模：《上海的美国人：社区形成与对革命的反应（1919～1928）》，张笑川等译，上海辞书出版社，2014。

〔美〕吉尔伯特·罗兹曼主编《中国的现代化》，国家社会科学基金"比较现代化"课题组译，江苏人民出版社，1988。

〔美〕林毓生：《中国意识的危机："五四"时期激烈的反传统主义》（增订再版本），穆善培译，贵州人民出版社，1988。

〔美〕罗伊·沃森·柯里：《伍德罗·威尔逊与远东政策（1913～1921）》，张玮英、曾学白译，社会科学文献出版社，1994。

〔美〕马克斯韦尔·麦库姆斯：《议程设置：大众媒介与舆论》，郭慎之、徐培喜译，北京大学出版社，2008。

〔美〕马士、宓亨利：《远东国际关系史》，姚曾廙等译，上海书店出版社，1998。

〔美〕培德：《巴黎和会实录》，谭震泽、杨钧译，中华书局，1919。

〔美〕舒衡哲：《中国启蒙运动：知识分子与五四遗产》，刘京建译，新星出版社，2007。

〔美〕威罗贝：《外人在华特权和利益》，王绍坊译，三联书店，1957。

〔美〕韦尔伯·施拉姆：《大众传播媒介与社会发展》，金燕宁等译，华夏出版社，1990。

〔美〕沃尔特·李普曼：《公众舆论》，阎克文等译，上海人民出版社，2006。

〔美〕沃纳·赛佛林、小詹姆斯·坦卡德：《传播理论：起源、方法与应用》第4版，郭慎之等译，华夏出版社，2000。

〔美〕徐国琦：《中国与大战：寻求新的国家认同与国际化》，马建标译，上海三联书店，2008。

〔美〕周策纵：《五四运动史》，陈永明等译，岳麓书社，1999。

潘英：《恶梦与幻梦交织下之近世中日关系》，台北：明文书局，1990。

彭明：《五四运动史》（修订本），人民出版社，1998。

秦珊：《美国威尔逊政府对华政策研究》，中国社会科学出版社，2005。

〔日〕白井胜美：《中日关系史（1912~1926）》，陈鹏仁译，台北：水牛出版社，2003。

〔日〕五百旗头真编著《日美关系史》，周永生等译，世界知识出版社，2012。

〔日〕信夫清三郎：《日本外交史（1853~1972）》（上、下），天津社会科学院研究所译，商务印书馆，1980。

桑兵：《晚清学堂学生与社会变迁》，广西师范大学出版社，2007。

史俊民：《中日国际史》，台北：文海出版社，出版时间不详。

宋林飞：《社会传播学》，上海人民出版社，1994。

唐启华：《巴黎和会与中国外交》，社会科学文献出版社，2014。

王立新：《美国对华政策与中国民族主义运动》，中国社会科学出版社，2000。

王润泽：《北洋政府时期的新闻事业及其现代化（1916~1928）》，中国人民大学出版社，2010。

魏舒歌：《战场之外：租界英文报刊与中国的国际宣传（1928~1941）》，魏舒歌等译，社会科学文献出版社，2020。

吴义雄：《在华英文报刊与近代早期的中西关系》，社会科学文献出版社，2012。

武寅：《从协调外交到自主外交》，中国社会科学出版社，1995。

应俊豪：《公众舆论与北洋外交——以巴黎和会山东问题为中心的研究》，台北：台湾政治大学历史系，2001。

〔英〕保罗·法兰奇：《镜里看中国：从鸦片战争到毛泽东时代的驻华外国记者》，张强译，中国友谊出版公司，2013。

余英时等：《五四新论：既非文艺复兴，亦非启蒙运动》，台北：联经出版事业股份有限公司，1999。

张国良主编《新闻媒介与社会》，上海人民出版社，2001。

张一志编《山东问题汇刊》（上、下），台北：文海出版社，出版时间不详。

张忠绂编著《中华民国外交史（1911~1921）》，华文出版社，2012。

章伯锋：《皖系军阀与日本》，四川人民出版社，1988。

郑保国：《〈密勒氏评论报〉：美国在华专业报人与报格（1917~1953）》，北京大学出版社，2018。

《中国近代铁路史资料》第1册，中华书局，1964。

中国社会科学院近代史研究所编《纪念五四运动六十周年学术讨论会论文选》，中国社会科学出版社，1980。

中华文化复兴运动推行委员会主编《中国近代现代史论集》第22、23编，台湾商务印书馆，1986。

周守一：《华盛顿会议小史》，中华书局，1922。

周玉山编《五四论集》，台北：成文出版社，1980。

朱心佛：《还我青岛》，台北：文海出版社，出版时间不详。

C. A. Middleton Smith, *The British in China and Far Eastern Trade* (London: Constable & Co. Led, 1920).

Carl Crow, *I Speak for the Chinese* (New York: Harper & Brothers Publishers, 1937).

Carl Crow, *China Takes Her Place* (New York: Harper & Brothers

Publishers, 1944).

D. W. Y. Kwok, *America in the Chinese Pericodical Press*, *1915-1945*, 美国密歇根大学图书馆收藏。

David Hapgood, *Charles R. Crane* (Philadelphia: XlibrisCorp., 2000).

George Creel, *How We Advertised America* (New York and London: Happer & Brothers Publishers, 1920).

G. Zay Wood, *China, the United States, and the Anglo-Japanese Alliance* (New York: Fleming H. Revell Company, 1921).

Harold D. Lasswell, *Propaganda Technique in the World War* (New York: Peter Smith, 1938).

Min-Chien T. Z. Tyau, *China Awakened* (New York: The Macmillan Company, 1922).

Norman E. Saul, *The Life and Times of Charles R. Crane, 1858-1939* (Lanham: Lexington Books, 2013).

Pao-chin Chu, *V. K. Koo: A Case Study of China's Diplomat and Diplomacy of Nationalism, 1912-1966* (Hong Kong: The Chinese University Press, 1981).

S. Couling, *The History of Shanghai* (Shanghai: Kelly & Walsh, Limited, 1923).

Seth P. Tillman, *Anglo-American Relations at the Paris Peace Conference of 1919* (Princeton: Princeton University Press, 1961).

Thomas F. Millard, *America and the Far Eastern Question* (Moffat, New York: Yard and Company, 1909).

Thomas F. Millard, *The Shantung Case at the Conference*, Second Edition (Shanghai: Millard's Review of the Far East, 1921).

Why China Refused to Sign the Peace Treaty (New York: Chinese Patriotic Committee, 1919).

W. Reginald Wheeler, *China and the World-War* (New York: The Macmillan

Company, 1919).

Zhang Yongjin, *China in the International System*, 1918–1920: *The Middle Kingdom at the Periphery* (London: Macmillan, 1991).

论文

陈春华:《第一次世界大战期间美国的战时宣传策略》,《军事历史》2014年第2期。

冯悦:《近代京津地区英文报的舆论与外交评析》,《北京航空航天大学学报》(社会科学版) 2010年第3期。

高莹莹:《一战前后美日在华舆论战》,《史学月刊》2017年第4期。

李青:《威尔逊主义外交政策理念及影响》,《国际关系学院学报》2006年第4期。

麦沾恩:《中国最早的布道者梁发》,《近代史研究》1979年第2期。

戚其章:《日本大亚细亚主义探析——兼与盛邦和先生商榷》,《历史研究》2004年第3期。

王效:《19世纪英国对鸦片认识的转变》,硕士学位论文,东北师范大学,2018。

图书在版编目（CIP）数据

在华英美报刊与五四运动/熊玉文著.--北京：社会科学文献出版社，2021.9
ISBN 978-7-5201-8173-0

Ⅰ.①在… Ⅱ.①熊… Ⅲ.①五四运动-史料 Ⅳ.①K261.106

中国版本图书馆CIP数据核字（2021）第146656号

在华英美报刊与五四运动

著　者 / 熊玉文

出 版 人 / 王利民
责任编辑 / 李期耀
文稿编辑 / 李蓉蓉 等
责任印制 / 王京美

出　版 / 社会科学文献出版社
　　　　　地址：北京市北三环中路甲29号院华龙大厦　邮编：100029
　　　　　网址：www.ssap.com.cn
发　行 / 市场营销中心（010）59367081　59367083
印　装 / 三河市龙林印务有限公司

规　格 / 开　本：787mm×1092mm　1/16
　　　　　印　张：18.25　字　数：278千字
版　次 / 2021年9月第1版　2021年9月第1次印刷
书　号 / ISBN 978-7-5201-8173-0
定　价 / 98.00元

本书如有印装质量问题，请与读者服务中心（010-59367028）联系

▲ 版权所有 翻印必究